논어는
아름답다

논어는 아름답다

논어에서 배우는 삶의 아름다움과 사랑의 힘

아시아의 미 21

초판 1쇄 발행 2024년 10월 20일

지은이   김경희 진은영
펴낸이   이영선
책임편집   김종훈

편집   이일규 김선정 김문정 김종훈 이민재 이현정
디자인   김회량 위수연
독자본부   김일신 손미경 정혜영 김연수 김민수 박정래 김인환

펴낸곳 서해문집 | 출판등록 1989년 3월 16일(제406-2005-000047호)
주소 경기도 파주시 광인사길 217(파주출판도시)
전화 (031)955-7470 | 팩스 (031)955-7469
홈페이지 www.booksea.co.kr | 이메일 shmj21@hanmail.net

《아시아의 미Asian beauty》는 아모레퍼시픽재단의 지원으로 출간합니다.

아시아의 미
Asian beauty 21

논어는
아름답다

논어에서 배우는
삶의 아름다움과
사랑의 힘

김경희·진은영
지음

서해문집

차
례

3 삶의 미학화

4 유럽의 댄디와 유가의 군자

5 치유와 성장을 위한 삶의 서사

prologue

예술,
선물의 순환

19세기의 프랑스 소설가 귀스타브 플로베르(Gustave Flaubert)는 신비주의자가 신 안에서 서로 사랑하듯 우리는 예술 안에서 서로를 사랑해야 한다고 말했다. 우리는 플로베르의 이 아름다운 생각을 동아시아의 오래된 전통에서 발견할 수 있다. 동아시아 사상의 거대한 흐름에서 시원에 위치하는 위대한 철학자 공자 (孔子)라면 우리가 배움 안에서 서로 사랑해야 한다고 말했을 것이 분명하다.

이 책을 쓰는 내내 저자들은 배움 안에서 인간에 관한 사랑을 이야기하는 공자와 그 제자들의 담론에 매혹되었다. 이 강력한 매혹 덕분에 책은 처음의 집필 계획과는 꽤 다른 작업이 되었다. 저자들은 애초에 동아시아의 전통 미학을 대표하는 두 흐름인 유가와 도가의 미학 사상을 개괄하고 두 사상이 어떻게 서로 보완하는지를 다루려고 했었다. 그런데 이 책을 쓰려고《논어》를 다시 읽고 함께 토론하면서 저자들은 《논어》에 기록된 내용을 바탕으로, 고대 유가의 배움의 공동체가 어떻게 형성되었는지, 그 속에서 인간의 성장과 변화를 어떻게 도모했는지를 독자에게 생생히 전달하는 일에 더 큰 의미를 두기로 의견을 모았다.

유학은 역사가 긴 만큼 문제의식과 사유의 갈래가 다양하고, 《논어》와 공자의 행적에서 드러나는 초기 유학과 한나라 시대 이후 관변화되면서 확립된 제국의 유학은 차이가 크다. 또한 도가사상은 역사에서 실현된 유가의 이념이 가진 한계와 문제를 비판함으로써 그 견제자로서 동아시아 문화에 활력과 역동성을 제공하는 중요한 역할을 했다. 그렇지만 《논어》에 다시금 천착하면서 저자들은 다른 종류의 차이에 관심을 두게 되었다. 초기 유가든 한나라 시대 이후의 유가든, 또는 유가든 도가든, 모두 현대의 자본주의적인 삶을 지탱하는 기본 사유 방식과는 매우 거리가 멀고 해소할 수 없는 차이가 있다. 자본주의가 인류 역사에 등장하기 한참 전에 형성된 사상이니 당연할 것이다.

대학 시절, 동아시아는 자본주의적 경제 양식이 뒤늦게 성립해서 유럽에 비해 역사 발전이 크게 뒤처졌다고 평가하는 서양 학자의 이야기를 들으며 불편했던 기억이 떠오른다. 물론 자본주의적 합리성과 거리가 먼 동아시아 사유의 독특한 특징은 종종 '전근대성'이라는 부정적 의미를 함축한 단어로 소환되곤 한다. 이렇게 오가는 이야기 중에는 타당성과 현실적 근거가 있어 귀담아듣게 되는 내용도 있다. 그렇다고 하더라도 고대 사상에 매료되는 많은 연구자가 그러하듯, 저자들은 자본주의적 삶의 양식에서 태어나고 자란 사상에서 좀처럼 보기 힘든 빛나는 성찰에 감동하면서 《논어》에서 보여 주는 전근대성, 아니 반(反)근대성의 대기를 천천히 호흡해 보기로 했다.

여기서 반근대성이라고 부르는 것은 시장의 흐름을 저지하거나 그것에 역행하는 힘이다. 상품은 자본주의 이전에도 존재했지만, 오늘날처럼 모든 것을 상품화하는 시장의 논리가 공동체를 독식하고 개인의 삶을 붕괴한 적은 없었다. 긴 역사의 시간 동안 이를 저지하는 사유의 기제가 광범위하게 작동했기 때문이다. 유가의 또 다른 고전 《맹자》의 첫머리에서 들리는 철학자의 목소리에서 우리는 일찌감치 이런 저지의 의지를 확인할 수 있다. 맹자는 공동체의 담론에서 어떤 경우라도 이익이 아닌 인간다움으로서의 사랑과 정의가 최우선 가치가 되어야 한다고 강조한다.[1] 이익을 추구해서는 안 된다는 의미라기보다 어떤 종류의 이익을 추구하든 그보다 우선하면서 그것을 규제하는 상위의 원리가 있어야 한다는 것이다. 이런 사유가 지배적인 공동체의 구성원은 신 안에서, 예술 안에서, 때로는 배움 안에서 서로 사랑하는 일을 당연한 것으로 여기는 시절을 살 수 있었다.

그러나 우리 시대에는 이 사랑을 지켜 내기가 참 어려운 것 같다. 우리는 주변의 모든 존재를 상품이나 상품의 가치를 높이는데 필요한 부속물로 생각할 뿐만 아니라, 우리 자신도 상품의 관점에서 이해하고 평가하며 더 나은 상품이 되려고 애쓰며 살아간다. 공동체의 취약한 구성원을 보호하고, 넘쳐 나는 재화가 궁핍한 이를 향해 흘러가게 함으로써, 특정한 개인이 아니라 공동체 전체를 풍요롭게 해야 한다는 관념은 이제 많은 사람에게, 특히 공동체를 위해 중요한 결정을 내리고 실행하는 위치에 있는 이에게, 고루하고 현실성이 없으며 심지어 불공정한 발상으로 여겨진다.

그럼에도 인간은 여전히 서로 사랑하는 일을 멈추지 않는다. 다만 이러한 사랑이 유지되는 공동체가 시장 논리의 압력으로 찌부러져서 가족 단위로 축소되었을 뿐이다. 더 정직하게 말하자면 가족 안에서도 이러한 사랑을 확인하는 일이 점점 어려워지고 있다. 이제 우리는 친밀한 관계조차 거래의 관점에서 보는 일이 잦아졌다.

이 책에서 저자들은 우리 자신과 우리의 일부를 거래 대상으로만 여기는 삶에서 멀어지기 위해 예술작품의 관념을 도입하고자 하였다. 우리의 삶은 상품이 아니라 예술작품이다. 물론 예술작품이 소더비즈 같은 경매회사를 통해 수십억, 수백억에 거래되는 현실에서 예술작품은 결코 상품이 아니라고 주장하기는 힘들다. 그러나 미국의 시인이자 문화비평가인 루이스 하이드(Lewis Hyde)는 예술작품은 시장경제에 속해 있을 때조차도 상품으로 환원할 수 없는 성격이 있다고 말한다. 바로 선물로서의 성격이다.[2] 시인이 자신이 쓴 시를 누군가에게 무료로 들려주는 광경을 떠올려 보라. 그렇다고 시의 예술적 성격이 사라지지는 않는다. 다른 사람에게 전해져 그 마음에 깊은 울림을 남길 수만 있다면 시는 예술작품으로 작동한다. 하지만 시집을 구매해서 소유해도 그 시집을 한 번도 열어 보지 않는다면 그것은 그저 얼마짜리 상품일 뿐 예술작품이 아니다. 선물처럼 누군가에게 건네져 기쁨이나 슬픔의 울림이 만들어질 때 그것은 예술작품으로 존재한다.

우리는 선물을 받으면 그것을 준 사람에게 다른 선물로 돌려줘야 한다고 여기는 경향이 있다. 선물의 논리가 두 사람 사이의 이자적(二者的) 교환관계에서 작동한다고 생각하기 때문이다. 선물은 주고받는 둘 사이에 친밀함을 만들어 내며 그 관계를 강화한다. 그런데 고대의 선물 경제는 우리가 생각하는 것과 조금 다른 방식으로 운영되었다. 선물을 받으면 더 큰 선물로 돌려주는 관례가 있었지만, 그 선물을 돌려받는 이는 선물을 준 사람이 아니라 제삼자다. 즉 선물은 공동체의 구성원 사이를 순환한다. 선물은 선물을 받은 이가 무언가를 덧붙임으로써 양적으로 증가하고 또 그 증가에 힘입어 더 많은 사람에게 전해질 수 있다. 소설가 마거릿 애트우드(Margaret Atwood)는 예술가가 되고 싶어 하는 모든 이에게, 예술이 무엇인지 이해하려면 하이드의 《선물》을 읽으라고 권유하면서 이 책의 핵심을 이렇게 요약한다.

> 선물은 손에서 손으로 전해진다. 선물은 전달을 통해 존속한다. 주는 사람과 받는 사람 모두에게 새로운 영적 삶을 일으키고, 이를 통해 선물 자체도 재활하고 재생한다.[3]

예술작품 또한 한 사람에게서 시작하지만, 다른 사람에게 계속 전달됨으로써 예술적 활기를 만들며 공동체의 유대를 강화하거나 새로운 공동체를 출현하게 한다.

시장 논리가 정신과 육체에 각인되기 훨씬 전에 만들어진 공자의 사상과 《논어》를 둘러싼 많은 사람의 이야기를 살펴보면서, 저자들은 인간의 삶을 일종의 기능 실현, 특히 사회가 요구하는 기능 실현의 과정으로 보는 관점에 맞설 수 있는 사유의 단초를 찾아내려 했다. 바로 선물처럼 순환하는 예술과 배움 안에서 생각과 감정을 나누고 확인하는 사랑의 공적인 능력이 우리에게 있다는 점이다. 그리고 이 능력을 키우는 배움의 과정이 미적교육(aesthetic education)의 성격을 지닌다는 점을 밝히려 했다.

사랑의 공적 능력이 개개인에게 있다는 것을 확인하는 과정은 현대사회에서 마구잡이로 왜곡되고 침해당하는 공공적 가치를 방어하고 보호할 수 있는 시작점이 될 수 있다. 이 책은 이런 낙관적 전망에서 출발한다. 어쩌면 이 낙관성은 현실과 역사에 관한 냉철한 분석 능력을 충분히 겸비하지 못한 채, 한 권의 고전을 앞에 두고 몽상하길 좋아하는 두 철학 전공자의 순진함에서 비롯된 것일지도 모르겠다. 우리의 몽상에 현실적 생기를 입히고 채워 줄 다정한 조언에 계속 귀를 기울이고 보충하려고 한다. 평생 현실 정치에서 제대로 채택되지 못한 정치적 이상에 관해 지치지 않고 생각하고 다른 이와 대화한 공자처럼, 열린 배움의 과정을 천천히 따라가다 보면 저자들의 사유가 더 아름답게 무르익을 것으로 믿는다.

책을 집필하는 과정 자체가 개방적이고 느린 대화의 과정이었다. 프롤로그, 1장, 4장의 일부, 에필로그는 서양철학을 전공하고 시를 쓰는 저자가 초고를 작성했다. 《논어》의 내용과 공자의 일화를 소개하고 음미하는 2~5장은 동양철학을 전공하고 인문상담을 가르치는 저자가 초고를 맡았다. 작성된 초고들을 가지고 함께 토론하고 서로의 견해를 확인하여, 여러 차례 바꿔 가면서 가필해 나가는 작업은 그 자체로 서로 배우고 대화하는 과정이기도 했다. 강물처럼 흘러가는 삶에서 공자와 그 제자들이 놓은 사유의 징검다리를 건너 또다른 삶의 풍경을 만나는 데 이 책이 부족하나마 도움이 되었으면 한다. 건강한 근대성의 세계를 세우고 그 안에서 살아가기 위해 우리가 고전이라고 부르는, 반근대적 성찰의 보고를 자주 열어 보며 철학적 친교를 나누기를 희망한다.

I

미적교육에 관한
일곱 가지
이야기

아름다움과
미적태도

미적교육(aesthetic education)이란 무엇일까? 아름다움을 교육하는 일이니 예술교육(art education)의 다른 이름쯤으로 생각하기 쉽다. 미적교육 전문가의 논의에 따르면 좁은 의미에서 미적교육은 예술교육을 말한다. 그러나 넓은 의미로는 인간 경험의 미적 차원의 교육을 가리킨다.[1] 우리는 다시 물을 수 있다. 그렇다면 경험의 '미적' 차원은 무엇을 의미하는가? 미적인 것에 관한 견해는 학자마다 다르지만 이 분야에서 가장 영향력 있고 널리 알려진 견해는 서양 근대철학자 칸트(Immanuel Kant, 1724~1804)가 제시한 것이다. 칸트는 자신의 《판단력비판》에서 미적 판단이 무엇인지 상세히 설명한다. 그러나 이 지면에서 《판단력비판》이 다룬 내용을 다 소개할 수는 없으니, 공자(기원전 551~기원전 479)의 미적 교육을 이해하는 데 도움이 될 만한 몇 가지 아이디어를 간략히 설명하고자 한다.

몇 년 전 많은 사람에게 사랑을 받은 역사 로맨스 드라마가 있다. 구한말에 비밀결사 조직에 가입해 나라를 위해 싸우는 당찬 양갓집 규수가 여자주인공으로 등장하는 〈미스터 션샤인〉이다. 그녀에겐 일본 유학을 마치고 돌아온 댄디 보이 정혼자가 있다. 그는 악덕 만석꾼 집안의 부모와 조국의 현실에 무력감을 느끼며 냉소적 반응을 일삼는 사내인데, 입버릇처럼 이렇게 말한다. "내 원체 이리 아름답고 무용한 것들을 좋아하오. 달, 별, 꽃, 바람…." 댄디 보이다운 대사다. 꽃은 얼마나 빨리 떨어지고 달은 얼마나 쉽게 기우는지. 이런 덧없음의 감정에 빠져 있으면 세상 사람이 쓸모 있다고 말하는 모든 일에 무관심하고 무신경해질 것만 같다. 세상 사람의 관심과 견해에 거리를 두려는 회의적 태도와 냉소적 쓸쓸함이 느껴진다.

칸트가 말한 아름다움에 관한 판단에는 댄디 보이가 보여 주는 무관심한 '거리두기'의 태도가 있다. 칸트는 아름다움에 관한 판단을 '취미판단'이라고 불렀는데, 취미판단을 하려면 일반적인 인식판단과 거리를 두어야 한다고 보았다. 어느 천문학자가 망원경으로 달을 보는 모습을 떠올려 보자. 그는 달이 지구를 도는 위성이고 지구를 한 바퀴 돌 때마다 27.3일이 걸린다는 것을 안다. 물론 시인도 의무교육을 받은 만큼 달에 관해 그 정도는 알고 있다. 그렇지만 달의 아름다움을 노래할 때는 '저기 지구의 위성이 떠 있군'이라고 생각하지 않는다. 학창 시절에 배운 과학적 지식에서 거리를 둘 때에만 달의 아름다움을 판단할 수 있기 때문이다. 달에 관한 시인의 표현에 잠깐 귀를 기울여 보자. 19세기 미국 시인 에밀리 디킨슨(Emily Dickinson, 1830~1886)의 〈달은 바다와 멀리 떨어져 있지만〉의 일부다.

> 달은 바다와 멀리 떨어져 있다—
> 그렇지만 호박빛 두 손으로—
> 바다를 이끈다— 소년처럼 순한 그를—
> 정해진 모래사장으로—

디킨슨의 시를 읽으면서 과학자는 이렇게 말할 것이다. '바닷물이 밀려들었다 빠져나가는 걸 과학에서는 조수라고 부른다. 그건 달의 인력으로 해수면이 상승했다 하강했다 하는 것이지.' 물론 시인도 자신이 이미지로 표현한 그 정황이 과학적으로 어떻게 인식되는지 안다. 그러나 시인은 '그런 달은 잠시 잊어 주세요'라고 말할 것이다.

천문학자의 달과 시인의 달은 얼마나 다른가! 그러나 천문학자 또한 달을 보면서 늘 '지구의 위성'만을 떠올리지 않는다. 그에게 시를 쓰고 싶은 밤이 찾아오면 그는 인식적 관심을 멈추고,

그림 1-1. 이반 아이바즈프스키, 〈달빛 아래 잔잔한 바다를 항해하는 배〉, 1897

즉 과학적 판단을 중지하고 달을 다른 방식으로 생각하고 표현할 것이다. 다시 말해 천문학자의 달은 시인의 달과 다르지만 천문학자도 시인의 눈으로 달을 볼 수 있다. 마찬가지로 어느 날 문득 우주의 신비에 과학적 매혹을 느낀 시인이 천문학자의 눈으로 달을 관찰할 수도 있다. 그러니까 아름다움을 느끼고 말하는 일은 달이라는 대상이 아니라 눈에 달려 있다. 어떤 눈으로 보느냐에 따라 우리 주변의 사물, 일상의 일도 아름다움의 대상이 될 수 있다. 이것이 칸트의《판단력비판》에서 가장 중요한 아이디어다. 미적인 것은 사물에 들어 있는 어떤 불변하는 속성이 아니라 우리가 사물과 사람, 세상의 모든 것과 만나는 태도의 문제이다. 따라서 미적교육은 모든 것에 미적태도를 취할 수 있게 하는 교육이다. 기존의 선입견이나 당연하다고 생각한 관념, 식상한 감각과 거리를 두고 세상과 만나는 미적태도를 취함으로써 미적 체험이 가능해진다.

독자가 더 많은
아름다움을
발명한다

소설가 앙드레 지드(Andre Gide, 1869~1951)는 "시인의 재능: 자두를 보고도 감동할 줄 아는 재능"²이라고 말했다. 식탁에 놓인 작은 과일 하나도 새로운 눈으로 볼 수 있어야 아름다움에 다가갈 수 있다는 것이다. 이 말을 들으면 예민한 사람은 속으로 중얼거릴지도 모르겠다. '나는 자두에 관해 미적태도를 취할 수는 있지만 시를 쓸 재능은 없는데….' 미적태도로 어떤 사물을 아름답다고 판단하는 일과 아름다운 작품을 만드는 일은 확실히 다르다. 우리는 예술작품을 보고 아름답다고 느끼거나 좋은 작품이라고 판단할 수는 있지만 그렇다고 그것을 만들 수는 없다. 감상과 창작은 서로 다른 영역이니까. 칸트의 미학 또한 창작자보다는 감상자의 경험을 다루는 수용자 미학의 성격을 띤다.

구한말의 저 댄디 보이가 아름답고 무용한 것을 좋아한다고 말했을 때, 우리는 그런 것을 만든 재능에 관해서는 생각하지 않

그림 1-2. 장 밥티스트 시메옹 샤르댕, 〈자두 그릇〉, 1728년경
샤르댕은 일상의 평범하고 소박한 사물을 그림 소재로 삼기 시작한 정물화가다.

는다. 그가 말하는 아름다운 것이 대부분 자연물이기 때문이다. 달, 별, 꽃, 바람은 만든 이가 없다. 그래서 자연의 아름다움을 말할 때는 예술작품의 아름다움을 말할 때와 달리 창작자-감상자, 생산자-수용자의 구분에 따른 문제가 발생하지 않는다. 칸트는 다른 미학자와 달리 자연미를 인공적 예술미보다 더 중요하게 다루었고 아름다움을 생산하는 문제는 조금만 고민했다. 아름다움에 관한 감상자의 판단과 예술가의 관념이 서로 다를 때에는 단호히 감상자의 편을 들어 주었다. 《판단력비판》에서 칸트는 "천재의 날개를 자르라"고 말한다. 어떤 이는 칸트 자신이 예술에 조예가 깊지 않아 자신을 철저히 감상자의 위치에만 세워 두고 예술가의 사정을 살필 줄 몰라서 그랬다고 설명하기도 한다. 그러나 칸트의 문제의식 자체가 남달랐던 것은 아닐까? 그는 아름다움의 문제에 이전과 다른 방식으로 접근한다. 아름다움이 꼭 예술작품에만 있을까? 도처에 있지는 않을까? 그렇다면 아름다움은 대상의 불변하는 속성이 아니라 그 대상을 대하는 사람이 취하는 태도의 문제가 아닐까? 우리가 예술이라 부르는 활동에서 창작만이 최고의 가치를 가질까? 그는 이런 질문을 미학의 영역으로 가져왔다.

칸트의 질문은 우리가 이 책에서 사용할 '미적교육'이라는 용어의 윤곽을 잡는 데 도움을 준다. 아름다움을 어디에서나 발견할 수 있다면, 우리는 다른 사람과 맺는 관계나 우리 자신의 인생도 예술작품의 아름다움을 다루는 방식으로 아름답다고 느끼고 말할 수 있을 것이다. 미적교육은 예술작품을 향유하는 방식뿐만 아니라 우리의 삶 전체에서 아름다움을 발견할 수 있는 능력, 즉 미적태도를 가르치고 배우는 활동이다. 아름다움이 불변하는 속성으로서 사물이나 인간관계에 들어 있지 않다면, 아름다움을 '발견한다'는 표현이 적절하지 않을 수도 있다. 아름다움은 우리의 미적태도를 통해 생겨난다는 점에서 감상자에 의해 '발명된다'고 말하는 것이 더 정확하다. 감상과 향유는 일반적인 통념처럼 수동적인 활동이 아니라 적극적이고 능동적인 능력을 요구하는 활동이다. 그렇다면 한 편의 시를 쓰는 시인도 아름다움의 발명자이지만 그 시를 읽는 독자도 제각각 자신의 시선으로 아름다움을 발명하는 존재가 아닐까? 어쩌면 시가 쓰인 자리보다 읽히는 자리에서 더 많은 아름다움이 발명된다고 할 수 있을 것이다.

아름다움은
더불어
느낄수록 더 즐겁다

칸트가 취미판단을 설명하면서 강조한 것 가운데 하나는 우리가 아름다움을 논하는 자리에서 다른 사람의 동의를 열렬히 원한 다는 점이다. 갈릴레오는 종교재판의 압박에 못 이겨 태양이 지 구의 주위를 돈다고 말하긴 했지만, 재판정을 나오면서 '그래도 지구는 돈다'라고 중얼거렸다는 후문이 전해진다. 지동설을 믿 는 과학자는 다른 사람의 동의가 그다지 중요하지 않다. 다른 이 가 동의하든 그렇지 않든 지구가 돈다는 객관적 진리가 그의 편 이기 때문이다. 이와 달리 미적 경험은 근본적으로 타자 지향적 이다. 칸트의 견해에 따르면 로빈슨 크루소처럼 무인도에 고립 된 사람은 자기 움막을 꽃으로 꾸미거나 제 몸을 가꾸려 하지 않 는다. 세련되고 아름다운 사람이 되고 싶은 욕망이 생기는 것은 우리가 다른 사람 사이에 있을 때이다. 또 우리는 어떤 것을 아 름답다고 느끼면 그 쾌감을 다른 이에게 전달하고 싶어 하며, 다

그림 1-3. 에밀 되르스틀링, 〈칸트와 식탁에 앉은 친구들〉, 1900년경

른 이의 공감을 얻을 때 더 흡족해한다.[3] 감상자는 자기 시선으로 발명한 아름다움을 자족적으로 즐기는 데 머물지 않고 그것을 다른 이도 아름답다고 느끼기를 강렬히 희망한다. 그런 점에서 아름다움은 사회적인 감정이다.

칸트의 이러한 견해는 오래전 중국의 맹자(孟子, 기원전 372~기원전 289)가 이야기한 면과 비슷하다. 맹자는 개인 차원에서 아름다움을 느끼고 쾌감을 누리는 '독락(獨樂)'과 그 체험을 많은 사람과 공유하는 '여민해락(與民偕樂)'의 차이를 말하면서, 여민해락에서 진정한 미적 향유가 일어난다고 주장했다.[4] 예를 들어 음악의 경우 "혼자만 음악을 즐기는 것(獨樂樂)"과 "다른 사람과 함께 음악을 즐기는 것(與人樂樂)" 가운데 후자가 더 큰 미적 쾌락을 제공한다는 것이다. 나아가 "많은 사람과 함께 음악을 즐기는 것(與衆樂樂)"이 "몇몇 사람과 음악을 즐기는 것(與少樂樂)"보다 더 큰 즐거움을 준다고 말한다.[5] 이처럼 동아시아의 유가 사상은 오래전부터 미적 경험의 사회성과 공동체적 특성에 관심을 가졌다.

아름다움의 사회적 성격은 창작활동에 관한 예술가의 관념에서도 드러난다. 시인 샤를 보들레르(Charles Baudelaire, 1821~1867)는 "여러 사람이 사용하는 상투어를 하나 만들어 내는 것, 그것이 재능이다. 나도 상투어를 만들어야 한다"[6]라고 다짐했다. 시를 쓴다는 것은 자신이 혼자 독점하며 즐거워할 표현을 발명하는 일이 아니다. 시인은 자신의 새로운 시어가 여러 사람에게 읽히고 자주 사용되어 결국 상투어가 되기를 원한다. 미국 작가 내털리 골드버그(Natalie Goldberg)는 저서《뼛속까지 내려가서 써라》에서, 아무도 자기 시를 읽지 않는 상황에 대한 작가로서의 불안과 초조함을 토로하면서《뉴요커》에 실린 만화 한 컷을 언급한다. 만화는 비행기를 납치한 괴한이 장총을 겨누면서 승객 앞에서 노트를 펼치는 모습을 그렸는데, 괴한은 다음과 같이 외친다. "여러분, 군소리하지 말고 앉으시오. 이제부터 내가 쓴 시 몇 개를 읽어 주겠소. 잘 들어 보시오."[7]

독자를 만들기 위해서라면 비행기도 납치할 수 있을 것 같은 극단적 절박함에 시달리는 이가 작가이다. 위대한 작품을 쓰고 싶은 그의 욕구는 다른 사람의 마음과 접촉하고 싶다는 소망에서 나온다. 작가에게 '나는 내가 쓰는 것을 통해 다른 이에게 나를 표현하고 싶다'라는 마음이 없다면 작품은 쓰이지 않을 것이다. 혼자 멋진 일기를 쓰는 것만으로도 충만한 기쁨을 느낄 테니 말이다. 물론 당대의 누구도 자기 작품에서 아름다움을 느끼지 않는데, 고집스레 무언가를 쓰고 그리는 예술가가 있다. 그 예술가는 자신의 고집스러움으로 살아남아서 후대에 위대한 예술가로 평가되기를 원한다. 이 경우 그가 자신의 심미안을 고수하며 작품을 만들어 내는 힘은 미래의 친구를 기대하는 마음에서 온다. 지금은 아니지만 언젠가 내 작품과 우정을 나눌 독자나 감상자가 생길지도 모른다는, 그 멈출 수 없는 낙관이 작업을 계속하게 한다. 롤랑 바르트(Roland Barthes, 1915~1980)가 말했듯, "글을 쓰는 사람은 … 마치 적어도 한 명의 독자는 이 텍스트를 필요로 한다는 듯이" 쓰며, "한 작품의 필연성이란 그 작품이 세계 어딘가에서 한 명의 독자의 필요로 응답한다"는 데 있다.[8] 이 별이 붕괴하는 순간까지 단 한 명도 자기 작품을 필요로 하지 않고 그것에 공감하지 않을 거라고 생각하는 순간, 예술가는 펜이나 붓을, 또는 조각도를 힘없이 떨어뜨리고 말 것이다.

예술의 전문가라기보다
삶의 전문가:
군자불기(君子不器)

아름다움이 사람의 사회적 감정과 연관이 깊다는 데 주목하면, 창작은 우월한 활동이고 감상은 창작에 종속된 활동이라는 식의 편견을 고수하기 힘들어진다. 그리고 그런 편견이 제거될 때 '미적교육'은 우리가 흔히 생각하는 '예술교육'과 다른 것이 된다. 많은 사람이 예술교육은 예술적 기예를 가르치는 교육이고, 그 교육의 최종 목표는 엘리트 예술가를 만들어 내는 것이라고 여긴다. 악기 하나쯤을 다룰 줄 알아야 교양인이라고 생각해서 아이를 피아노학원에 보내는 부모도 '우리 아이가 아직 발굴되지 않은 조성진이나 임윤찬 같은 천재가 아닐까' 내심 기대하는 것이다. 그러나 미적교육은 예술적 기예를 가르치는 과정을 포함할 수는 있지만 예술 전문가 양성을 최종 목적으로 삼지는 않는다.

현대사회는 전문가를 키워서, 그들이 각 분야에서 최고의 기량을 발휘하게 하거나 사회의 당면한 사안에 관해 가장 합리적이고 최선을 선택하게 하려는 전문가주의적 경향이 있다. 이런 경향은 예술 분야에서도 어김없이 나타난다. 그러나 고대인의 관점에서 보자면 현대인의 전문가주의는 당연한 것이 아니다. 아리스토텔레스(기원전 384~기원전 322)는 그리스의 젊은이에게 예술교육은 필수라고 여겼지만, 그들이 예술의 전문가가 되기를 원하지는 않았다. 누군가 아리스토텔레스에게 음악 교육에서 학생은 악기 연주를 어느 정도까지 훈련해야 하느냐고 질문했다. 그러자 아리스토텔레스는 악기 연주는 감상에 도움이 될 정도면 되고 수준 높은 연주는 노예나 전문 악사에게 맡기면 된다고 대답했다. 자유로운 교양인은 연주를 이해하고 즐기는 것으로 충분하고 전문적인 수준에 도달하는 것을 목적으로 하면 안 된다는 것이다. 그럴 경우 예술교육이 인문 교양교육에서 직업교육으로 타락한다고 말할 정도로 이 고대 철학자는 전문가의 존재를 비하했다.[9] 공자 또한 학생에게 시와 음악 등 예술교육의 중요성을 강조했지만 전문 예술가나 특정 영역의 전문가가 되라고 권유하지는 않았다. 공자는 "군자불기(君子不器)", 즉 "군자는 일정한 용도에만 쓰이는 그릇이 아니다"[10]라는 유명한 말을 남겼다. '군자'는 유가의 교육을 받는 사람이 추구해야 할 인격적 이상을 가리킨다. 그런 인격적 존재는 특정한 용도로 쓰이거나 기

능적 전문성을 발휘하는 데만 특화된 인간으로 환원할 수 없다
는 의미이다.

현대인이 선망하는 최고의 전문적 기능인을 완전히 다른 시
선에서 바라보는 옛 철학자의 관점은 현대사회의 여러 문제를
성찰하는 데 도움을 준다. 현대사회는 각 영역이 수많은 전문
가 집단으로 세분화되면서, 사회의 중요한 선택과 결정을 소수
의 전문가로 구성된 위원회에 위임하는 경향이 두드러지게 나타
난다. 그런데 한 분야의 전문가가 다른 분야에서도 전문가인 경
우는 극히 드물다. 이 때문에 자기 영역에서 전문성을 지닌 이가
사회의 다른 영역을 종합적으로 고려한 통합적 판단에 도달하기
쉽지 않고, 편협한 시선에 갇혀 큰 실수를 범할 위험이 커진다.
다른 한편으로 사회 구성원이 전문가 위임의 방식에 익숙해지면
사회의 정치영역 자체가 실종될 수 있다. 우리 삶의 질을 좌우할
중요한 의제에 관해, '전문가에게 맡기지 뭐. 나는 잘 알지도 못
하는 데다 관심도 없어'라는 식으로 정치적 무관심의 태도가 만
연하기 쉽기 때문이다.

전문가주의는 사회적으로도 문제를 일으키지만 개인의 삶에
도 큰 부작용을 낳는다. 현대사회는 변화의 속도가 그 어느 때보
다도 빠르기 때문에 사회가 요구하는 도구적 전문성도 계속 달
라진다. 누군가 지금 어떤 분야의 전문가라고 해서 앞으로도 계

속 그 분야의 전문가로 남아 있으리라는 보장이 없다. 많은 이가 전문성을 확보하는 교육을 장기간 받고 또 이를 유지하는 보수 교육에 시간을 들인다. 그러다 보니 자신이 하는 일의 의미를 확인하고 고민할 겨를도 없이 자기를 소진하고 번아웃증후군에 시달리는 사람도 늘어난다. 우리가 어떤 직업에 종사하든 그 직업이 요구하는 기능적 우수성과 탁월성을 갖는 데에만 삶의 에너지를 다 바치는 것은, 자신이 탄 배가 어디로 가는지 모르는 채 열심히 노만 젓는 노예의 상태와 다를 바 없다. 이런 이유로 고대 그리스인은 오직 직업인으로서만 살아가는 삶은 자유인의 삶이 아니라고 보았다.

공자의 제자 자하(子夏)는 전문적 기술인과 군자를 이렇게 비교한다.

모든 기술자들은 일터를 지킴으로써 그들의 일을 이루어 내고, 군자는 배움으로써 그 도에 이르게 된다.[11]

자하는 일터를 지키는 기술자가 목표로 삼는 것과 군자가 추구하는 것을 구분하고, 군자는 배움의 과정을 통해 일생 삶의 터에서 자기완성의 길을 가는 사람이라고 보았다. 물론 아리스토텔레스가 활동한 고대 그리스 사회나 공자가 활동한 춘추시대의 중국 사회는 모두 계급사회였다. 노예나 장인, 생산에 종사하는 서민이 사회의 실용적 업무를 주로 담당했기 때문에, 귀족이나 지식인 엘리트는 통치에 필요한 종합적 판단 능력과 소통 능력을 기르는 데 전념하고 고귀한 인격의 완성을 추구할 수 있었다. 고대인과 비슷하게 우아하고 자유로운 삶을 추구한 19세기 유럽의 댄디 또한 삶의 여건이 비슷했다. 보들레르는 댄디에 관해 이렇게 설명한다.

우월한 인물이란 무엇인가? 그는 전문가는 아니다. 그는 여가를 즐기며 교양교육을 받은 인물이다. 부자이며 동시에 일을 즐길 것.[12]

계급사회에선 인간 활동에서 두 가지 중요하고 필수적인 요소가 사회의 두 영역으로 분담되었다. 사회구조가 바뀌었다고 해서 인간 삶의 두 요소가 지닌 중요성까지 없어지지는 않는다. 지배하는 이와 지배받는 이의 이분법이 적어도 제도적으로는 사라진 현대사회는 한 사람의 삶에서 이 두 가지가 조화롭게 개발되어야 한다. 예전에 특정 계급에 속한 사람만이 소유한 종합적 판단 능력, 이견을 가진 이와 대화하는 능력, 인간 공동체의 행위에 의미를 부여하는 능력, 한마디로 교양인으로서의 능력은 이제 민주 시민이라면 누구나 갖추어야 할 것이 되었다. 따라서 현대의 미적교육은 고대 동서양의 정치 엘리트가 받은 인문예술 교양교육을 모든 시민에게 확대하려는 목적이 있다. 자연물이나 인간관계가 아니라 예술작품을 매개로 할 때도, 미적교육은 배우는 사람이 예술의 전문가가 되기보다 자기 힘으로 판단하고 자유로이 대화하며 동료 시민과 연대할 수 있는 삶의 전문가로 성장하는 데 의의를 둔다.[13]

미적교육은
아마추어를
추앙한다

현대 미적교육론자들은 '미적교육'을 매우 유용한 개념으로 여긴다. 기존의 예술교육이 연주나 그리기 등의 실습 활동을 중심에 두고 기예 습득에 집중한다면, 미적교육은 예술적 행위와 더불어 감상이나 비평과 같은 수용자 중심의 활동도 포함할 수 있기 때문이다.[14] 칸트의 취미판단에 관한 논의에서 이미 언급했듯이, 미적 경험은 예술작품을 비롯한 모든 사물에 거리를 두면서 관조하는 감상의 경험 즉 미적태도에서 오는 경험을 가리킨다. 이런 미적태도론의 영향을 받은 미적교육론은 당연히 미적 감상과 비평 교육을 중시한다. 그러면서 창작 및 연행(演行, perfor-mance)과 같은 생산적 교육도 포함할 수 있다. 감상과 창작은 밀접하게 연관되어 있기 때문이다.

소설가의 집을 잠시 상상해 보자. 그의 책장에는 어떤 책이 꽂혀 있을까? 자기가 쓴 책만 있을까? 그런 일은 없다. 책장은 그가 그동안 읽었고 앞으로 읽을 책으로 빼곡하다. 침대맡이나 식탁 위, 거실 바닥에도 여러 권의 책이 뒹군다.《뉴욕타임스 북 리뷰》는 작가와 인터뷰한 기사를 많이 싣는 잡지이다. 그 인터뷰에서 대표적으로 하는 질문 가운데 하나는 이런 것이다. '지금 당신의 침대 옆 탁자에 어떤 책이 놓여 있나요?' 이 질문은 소설가는 자기 전까지 남의 책을 읽는 사람이라는 전제가 있어야 할 수 있다. 그런 전제가 당연하다는 듯이 소설가는 '사실 침대 주변 방바닥 전체가 탁자죠. 늘 바닥에 책이 한가득이에요!'라고 답한다. 어떤 작가는 오디오북도 듣는다. 물론 침대 옆에 책이 한 권도 없다고 답변하는 작가도 있긴 하다. 그는 책을 읽으면 잠이 달아나 밤을 새우는 일이 많아서 침대 곁에는 절대 책을 두지 않는다고 고백하면서, 대신에 아침에 커피 내리는 동안 읽으려고 부엌 조리대에 놓아둔 책에 관해 이야기한다.

　소설가는 이 지구에서 가장 열렬히 소설책을 읽는 사람이다. 독자인 적이 없는 소설가를 찾아내는 일은 사막에서 헤엄치는 물고기를 찾아내는 일만큼 어렵다. 그는 항상 닥치는 대로 읽으면서 안목이 뛰어난 독자 또는 훌륭한 비평가가 되려고 애쓴다. 그래야 자신이 쓰는 글을 제대로 바라볼 수 있기 때문이다. 예술가의 창작 과정은 감상과 창작이 완전히 독립된 활동이 아니라 서로 넘나들 수 있고 깊이 연결된 활동임을 보여 준다.

물론 모든 독자가 작가가 되려고 하지는 않는다. 소설책을 열심히 읽는 것만으로 만족하는 독자가 있다. 화가가 되지 않고 미술관에서 작품을 감상하는 것만으로 충분한 사람도 있다. 하지만 이 만족스러움과 충분함의 감정은 감상의 가치를 존중해서라기보다 우리 사회에 만연한 전문가주의에서 비롯되었을 수 있다. 최고가 될 게 아니라면 무언가를 시도하는 일은 무익하다거나, 재능 없는 분야에 시간을 쏟는 것은 낭비라는 식으로 생각하게 하기 때문이다. 마음속으로 '열심히 해 봐야 제대로 된 시인이나 연주자가 되겠어? 고작 아마추어 시인이나 피아노 연주자가 되겠지'라고 생각하는 것은, 아마추어 비하나 혐오가 내면화했음을 보여 준다. 이 때문에 현대의 미적교육론자는 예술 활동을 하는 데 일종의 자격이 필요하다는 관념에 사로잡혀 예술 활동을 기피하는 학생을 학교에서 자주 만난다. 그는 학생에게서 두려움의 감정을 몰아내려고 애쓴다. 그러나 고대인에게 이런 관념이나 감정은 매우 낯설다. 고대 그리스의 어린 학생들은 리라 연주를 배웠지만, 아무도 오르페우스처럼 최고의 연주자가 되어야 한다고 채근당하지 않았다. 학생은 리라를 연주하면서 거기에 맞춰 시인의 시를 음미했다. 시인의 지혜가 자기의 영혼에 새겨질 수 있는 정도로만 연주할 수 있으면 되었다. 즉 리라 연주는 직업교육이 아니라 "전인적인 인간의 미적 형성"[15]이라는 자유로운 도야를 위한 것이었다.

고대 동아시아 사회도 마찬가지였다. 음악을 무척 사랑한 공자는 금(琴)과 슬(瑟) 같은 현악기나 타악기인 경쇠(磬) 연주를 즐겼고, 노래 부르기를 일상다반사로 하였다. 30대 중반에 제나라에 갔을 때 공자는 옛날 순임금이 지은 음악인 소(韶)를 듣고는 푹 빠져서 석 달 동안 고기 맛을 잊을 정도였다고 한다.[16] 그러나 이런 공자조차 음악에서 중요한 것은 종이나 북 같은 악기를 잘 다루는 데 있지 않다고 말한다.[17] 그는 오히려 "사람이면서 인(仁)하지 않으면 악(樂)은 해서 무엇하겠는가"[18]라고 반문한다. 음악이 궁극적으로 추구해야 할 것은 숙달된 전문적 기예의 연마가 아니라, '인(仁)' 즉 인간다움이라는 가치를 구현하기 위해 삶 전체를 예술작품처럼 완성해 갈 수 있는 미적태도를 기르는 것이다.

롤랑 바르트의 표현을 빌리자면, 특정 분야의 숙련화는 '관리된 빈곤'[19]으로 변질할 위험이 있다. 전문가적 시각은 세계와 다채로운 방식으로 유연하게 만나는 것을 방해할 수 있기 때문이다. 보들레르는 어느 법관에 관한 우스갯소리로 전문가가 빠질 수 있는 편협한 시선의 문제를 제기했다.

만약 예수 그리스도가 두 번째로 이 땅에 내려온다면, (법관) 프랑크

카레 씨는 말하리라: 재범(再犯)이다라고.[20]

그런 점에서 아마추어나 초보자가 어떤 사물과 처음 만나면서 겪는 강렬한 경험은 교육적으로 중요하다. 이질적이고 강렬한 경험은 학생에게 세계와 인간에 대한 수용 능력을 확장할 기회를 제공한다. 미적교육에서 세계와 새롭게 만나는 아마추어의 경험은 한 분야의 숙련된 전문가가 되는 일만큼이나 가치 있고 소중한 것으로 평가된다.

차이를 만드는
대화적
대화

미적교육을 통해 학생이 얻는 중요한 능력 가운데 하나는 대화의 능력이다. 사회학자 리처드 세넷(Richard Sennett)이 말한 '대화적 대화'의 능력 말이다. 세넷은《투게더》에서 두 종류의 대화를 구분한다. 변증법적 대화(dialectic conversation)와 대화적 대화(dialogic conversation)다. 전자는 서로 견해차가 커서 대립하고 갈등하는 이들이 대화를 통해서 그 견해들에 숨은 공동의 기초를 찾아내는 대화이다. 세넷은 이 대화의 목표는 궁극적으로 공동의 이해에 도달하는 데 있다고 말한다. 이와 달리 대화적 대화는 공동의 이해나 보편적 진리를 찾는 것을 목표로 하지 않는다. 세넷은 '대화적'이라는 말을 20세기 러시아의 문학이론가 미하일 바흐친(Mikhail Bakhtin, 1895~1975)에게서 가져왔다. 대화적 대화에서는 서로의 차이가 하나의 공통성 안에서 지워지지 않고 서로에게 자극이 되어 오히려 더 명료해진다. 세넷은 자신의 음악회 리허설 경험을 바탕으로 대화적 대화의 특징을 설명한다. 그는 사회학자가 되기 전에 첼로를 전공한 음악도였다. 손을 다치는 바람에 전공을 바꾸긴 했지만, 사회학자로 활동하면서도 종종 실내악 무대에 서곤 했는데 한번은 이런 일이 있었다고 한다.

예전에 클라리넷 주자와 슈베르트 팔중주의 리허설을 한 적이 있다. 그는 어느 지점에 이르자 내게 이렇게 말했다. "교수님, 고음 부분에서 소리를 거칠게 내시는군요." 혼자서 연습하다 보니 내가 내는 소리가 어떻게 들리는지 잊어버리고 있었는데, 동료 연주자가 그 사실을 깨우쳐 준 것이다. 하지만 나는 내 소리를 더 부드럽게 바꾸지 않았다. 소리가 거칠게 나야 하는지 아닌지에 대해 곰곰이 생각했고, 결과적으로 그래야 한다고 판단했기 때문에 오히려 더 거친 소리를 냈다. 이렇게 의견을 교환한 덕분에 나는 그가 싫어하는 소리의 성질을 더 의식적으로 평가하게 되었다.[21]

연주자에게 연습과 리허설은 다르다. 연습은 악보에 있는 곡을 반복적으로 연주하면서 신체에 특정한 음악적 습관을 들이는 과정이다. 그러나 연습만으로는 이 음악적 습관이 다른 이에게 어떻게 들리는지 알 수 없다. 리허설이라는 집단적 경험에서 연주자는 다른 연주자의 반응을 통해 자신의 연주가 어떻게 들리는지 깨닫는다. 세넷은 이런 리허설의 과정이 대화적 대화의 과정과 비슷하다고 본다. 서로 다른 의견이 오가고 그 과정에서 각자 자신이 원하고 추구하는 것이 더 분명해진다. 꼭 공동의 합의를 끌어낼 필요는 없다. 대화의 장은 불일치하는 의견이 모였다가 서로 갈라지는 곳이 될 수 있다. 공동의 지향점을 만들어 내지 못했다고 해서 대화가 실패했다고 보아서는 안 된다. 바흐친이 말하는 "함께 짜였다가도 서로 길이 달라지는"²² 대화적 교환은 우리 삶과 성장에 기여하기 때문이다. "수렴하는 합의를 지향하는 변증법과 정반대 방식의 대화"²³야말로, 우리를 무섭게 끌어당기는 교조적인 삶의 형태에서 벗어나서 우리가 서로 다른 삶을 살아가는 데 도움을 준다.

　미적교육을 지향하는 교사는 하나의 진리로 학생을 인도하려고 애쓰지 않는다. 오히려 학생이 차이에 주목하면서 다른 존재와 어우러지는 대화적 대화를 배우길 바란다. 또한 학생이 무턱대고 교육적 권위를 가진 스승의 이야기에 동의하기보다 자기 자신의 고유한 관점을 분명히 드러내고 평등한 상대로서 대화에 참여하기를 원한다. 앞으로 다룰《논어》에서 우리는 이런 미적교육론자의 면모를 지닌 공자를 만날 수 있다.

삶이 되려는 예술,
삶을 넘어서는
예술

프랑스 철학자 자크 랑시에르(Jaques Rancière)는 미학적 운동에는 일치와 불일치의 힘이 모두 들어 있다고 말한다. 우리가 어떤 사물이 아름답다고 판단할 때 그 판단에 되도록 많은 사람이 동의해 주길 바란다는 점에서 미적 판단은 조화와 일치를 추구하는 경향을 띤다고 할 수 있다. 그러나 우리는 이미 모두가 아름답다고 동의하는 사물을 진부하거나 상투적인 아름다움을 가졌을 뿐이라고 폄하하기도 한다. 아름다움의 이름으로 늘 세상에 새로운 것이 등장하길 원하기 때문이다. 보들레르가 고백했듯이 시인은 세상에 없던 시구를 발명해서 상투어가 될 만큼 사용되기를 바라는 사람이지 처음부터 상투어를 발명하는 사람은 아니다. 미적 활동은 언제나 전례 없던 것이나 기존에 있던 것과 불일치하는 감각적 발명품을 만들어 내는 활동이다.

　랑시에르는 예술의 낯선 발명품이 우리의 낡은 감성적 삶을 바꾸어 다른 감성적인 삶으로 데려가는 역할을 한다고 보았다. 다시 말해 예술작품은 우리의 통념과 우리의 일상적 삶의 양식을 벗어난다. 그 점에서 예술은 삶을 넘어서는 활동이라고 할 수 있다. 그러나 예술은 그저 삶을 넘어선 채로만 있지는 않다. 모든 비일상적인 예술작품은 우리를 매혹하고 다시 삶으로 들어와서 삶을 바꿔 놓는다. 루트비히 비트겐슈타인(Ludwig Wittgenstein, 1889~1951)은 우리의 눈이 아름다운 무언가를 볼 때면 우리의 손은 그것을 그리고 싶어 한다고 말했다.²⁴ 아름다움은 복제하고 싶은 욕망을 우리에게 만들어 내고 우리의 행동을 촉발한다. 우리는 아무리 낯선 것도 그것이 아름답기만 하다면 그 아름다움을 따라 움직이면서 삶을 바꾸어 버린다. 이처럼 불일치의 예술은 삶의 양식을 바꾸고 새로운 공동체를 만들고 가꾸는 데 이바지할 수 있다.

예술적 활동 안에 불일치와 일치의 이중 운동이 있다고 생각한 것은 랑시에르가 처음은 아니다. 18세기 시인이자 철학자인 프리드리히 실러(Friedrich Schiller, 1759~1805)는《인간의 미적교육에 관한 편지》에서 아름다움에는 *끄는 힘*(이질적 매혹)과 밀어내는 힘(삶으로 돌려보내기)이라는 상반된 힘의 움직임이 들어 있음을 이미 강조했다.²⁵ 실러의 이 책은 그가 칸트의《판단력비판》을 읽고 흥분이 채 식지 않았을 무렵에 집필되었다. 그런 점에서 미학 안에 존재하는 일치와 불일치라는 관념의 원조는 칸트라고 할 수 있겠다.

《판단력비판》에서 이런 관념이 가장 잘 드러나는 것은 미와 숭고를 비교하는 부분이다. 칸트는 미적 판단을 취미판단과 숭고판단으로 구분했다. 취미판단은 우리가 흔히 말하는 아름다움에 관한 판단으로서, 하나의 대상을 보면서 우리 마음의 여러 능력이 조화를 이룰 때 생겨난다. 아름다움이라는 미적 감정은 우리에게 생명이 약동하는 기쁨을 선물한다. 이와 달리 숭고의 미적 감정은 우리가 두려움을 느끼는 대상에서 발생한다. 거대한 산맥이나 폭풍이 몰아치는 바다처럼 위압적인 대상을 마주했을 때 느끼는 공포와 전율의 감정이 숭고이다. 그런데 칸트에 따르면 거대한 크기로 우리를 압도하는 자연물 앞에서 우리가 느끼는 두려움과 존경의 감정은 사실 자연물에 관한 것이 아니다. 우리의 상상력이 무한히 큰 것을 그려 내는 데 한계가 있음에도, 이성은 상상력의 한계를 넘어서 어떤 무한한 것을 추구하라고 우리 정신에 끊임없이 요구한다. 이렇게 상상력과 불일치하는 능력, 즉 우리의 인간적 한계를 넘어서 무한한 어떤 것을 추구하는 이성이 우리 안에 존재한다는 사실에 관한 존경과 감동이 바로 숭고의 감정을 불러일으킨다. 거대한 자연물을 볼 때마다 이성이라는 초월적 능력이 우리 안에 있음을 상기하고, 그 능력에 관한 존경심을 외부의 자연적 대상에게 치환함으로써 우리는 그 것을 숭고하다고 표현할 뿐이다.²⁶ 결국 숭고는 우리가 인간적 삶을 넘어서 초월을 추구하는 활동과 관계된 미적 감정이다.

랑시에르는 칸트의 숭고 미학을 강조하기보다 아름다움에 관한 우리의 판단 안에 이미 사회에서 지배적으로 통용되는 판단을 파괴하는 불일치의 활동이 있음을 강조한다. 즉 예술 활동이 보여 주는 새로운 아름다움의 추구가 이미 불일치의 성격을 띠며, 이 불일치는 불일치로만 남지 않고 공동체를 갱신하는 교육적 계기가 되어 다시 일치의 흐름을 만들어 낸다는 것이다. 아름다움에 매혹된, 한 소설 속의 주인공을 떠올려 보자. 마르셀 프루스트(Marcel Proust, 1871~1922)의 《잃어버린 시간을 찾아서》에서 주인공 마르셀은 기차 정거장에서 우유를 파는 낯선 소녀의 아름다운 얼굴을 본다. 그는 소녀를 자기 눈 안에 더 오래 담아 두기를 원하며, 그러기 위해 자기의 위치를 얼마든지 바꿀 수 있다고 생각하면서 "급류나 소, 기차가 있는 곳까지 함께 가서 항상 곁에 머물 수 있다면"²⁷이라고 중얼거린다. 영문학자 일레인 스캐리(Elaine Scarry)는 이 소설을 언급하면서 "자기 자신을 아름다움의 행로에 놓기 위해 자신의 위치를 계속해서 변경하려는 이러한 기꺼운 마음은 교육의 기저에 놓인 기본적인 추동이다"²⁸라고 덧붙인다.

그러나 칸트의 미학에서 숭고를 강조하는 철학자는 아름다움과 숭고의 차이를 부각한다. 숭고가 초월성에 기반한 만큼 숭고의 미학은 아름다움의 미학과 달리 삶이나 공동체 밖에 존재하는 예술의 이질성을 절대화하는 경향이 크다. 이들은 예술의 이질성을 공동체를 구성하는 새로운 질료로 보기보다 공동체적 삶으로 환원되지 않는 어떤 신비의 지평에 머무는 것으로 보고 싶어 한다. 우리가 앞으로 살펴볼 공자의 미적교육은 랑시에르의 미학에 더 가깝다. 공자는 시와 음악을 사랑했지만, 그 예술을 통해 도달하는 초월적 경지보다 새로운 정치공동체를 만들어 가는 데서 그것이 발휘하는 놀라운 교육적 능력에 매혹되었다. 물론 공동체적 삶에 관한 관심이나 인간사의 근심을 잠시 내려놓은 듯한 인상을 주는 이야기가《논어》에도 있다. 〈선진〉의 '증점지락(曾點之樂)' 장이다. 이 책의 4장에서 자세히 다루겠지만, 증점지락 장에 등장하는 증점이라는 인물에서 우리는 유가 특유의 한결같은 나라 걱정이나 백성 걱정을 찾아볼 수 없다. 그래서 혹자는 이 장이 도가사상의 영향을 받아 만들어진 이야기가《논어》에 삽입되었다고 주장하기도 한다. 공동체 밖에 머물면서 누리는 미적 향유의 태도를 강하게 드러내는 경향이 도가사상가에 있기 때문이다. 그래서 서양의 많은 동양학자가 도가의 미학을 칸트의 숭고 미학과 비교하면서 분석한 연구를 내놓기도 했다.

2

시를 통한
미적교육

《논어》는 체계 없는
잡다한
훈계록인가

비정기적인 기념일을 챙기는 것을 더 좋아한다

나에게 아무것도 섣불리 약속하지 않는

도덕군자들을 더 좋아한다.

지나치게 쉽게 믿는 것보다 영리한 선량함을 더 좋아한다.[1]

강의를 할 때 폴란드 시인 비스와바 쉼보르스카(Wisława Szym-
borska, 1923~2012)의 시 〈선택의 가능성〉을 학생들과 함께 읽으면
서, 좋아하는 문장을 하나씩 뽑아 보라거나 쉽게 이해가 가지 않
는 문장을 말해 보라곤 한다. 좋아하는 문장으로 제법 다양한 것
이 이야기되는데, 유독 무슨 말인지 알 수 없다거나 동의하기 어
렵다는 문장이 하나 있다. 바로 "도덕군자들을 더 좋아한다"라는
문장이다. 우리가 아는 도덕군자는 '공자 왈', '맹자 왈'로 시작하
는 성현의 말씀을 인용하며 고리타분한 훈계를 늘어놓기 일쑤인

데, 폴란드어 원어가 무엇이든 그런 부류의 사람을 어떻게 더 좋아할 수 있는지 모르겠다는 것이다. 또 도덕군자는 '이렇게 사는 게 올바르고 저렇게 사는 건 잘못이다'라는 식으로 단정하기를 좋아하고, 젊은 사람에게서 자기가 옳다고 믿는 삶의 규범을 지키겠다는 도덕적 약속을 꼭 받아 내려는 꼰대처럼 보이는데, 그가 섣불리 약속하지 않는다는 것도 이상하다는 것이다. 노벨문학상을 수상한 쉼보르스카의 시구인 만큼 뭔가 깊은 뜻이 있으려니 하면서 대놓고 이렇게 반응하지 않는 학생도 알쏭달쏭한 시구라는 표정을 짓는다.

'도덕군자'를 철 지난 도덕적 훈계나 하는 이를 가리키는 말로 아는 이런 반응을 접할 때면,《논어》같은 유교 고전을 도덕군자의 습관적 훈계를 담은 낡은 책 정도로 보는 선입견 또한 확인할 수 있다. 이런 선입견을 품는 것은《논어》를 제대로 읽지 않았기 때문만은 아니다. 유교 경전은 동아시아의 긴 역사에서 다양한 방식으로 이해되었고, 특정한 해석 틀에 따라 규범적인 강제성을 띠면서 사람의 삶을 관리하고 통제하는 문화적 환경을 만드는 데 조력하기도 했다. 이런 문화적 경험 때문에 많은 사람이 고전과 고전에 등장하는 철학자의 모습을 일면만 이해한 측면도 있다.

그런데 동양 문화를 실감 나게 체험한 적이 없는 서양 근대철학자 헤겔(Georg Wilhelm Friedrich Hegel, 1770~1831)도 자신의《철학사 강의》에서 비슷한 편견을 드러내었다. 헤겔은 공자가 중국인 가운데 가장 고명한 철학자라고 할 수 있지만, 공자와 제자들의 대화를 기록한《논어》는 맛없는 훈계를 늘어놓은 것에 지나지 않으며, 특히 철학적 탐구와 거리가 멀다고 불평했다. 19세기의 이 대단한 서양철학자가 보기에《논어》의 이야기는 윤리적이고 정직하기는 하지만 심오한 데가 없었다.

> 공자의 모든 저작을 합친 것보다도 키케로의《의무론》이 아마 더 낫고 우리에게는 더 흥미로울 것이다. 공자의 저작들은 도덕적 훈계를 늘어놓은 책들이 으레 그렇듯이 장황하기만 하다.[2]

헤겔은 이런 악평을 늘어놓은 다음 공자를 위해 조롱 섞인 배려를 덧붙이기도 했다. 이 고대 동양의 현인이 서양인 사이에서 누리는 명성에 해가 가지 않으려면《논어》는 번역되지 않는 편이 낫겠다고 말이다. 그런데 프랑스의 중국학자 프랑수아 줄리앙(François Jullien)은 헤겔의 관점이 서구 중심적인 편견을 과감히 드러냈음에도, 그 나름대로《논어》의 독특한 구성을 감지하였다고 본다.《논어》는 이론적 정의도 논리적 전개에 따른 체계도 없다. 개념에 관한 정의와 논리적 체계를 중시하는 서양철학의 관

cxvij

PHILOSOPHORUM SINENSIUM
PRINCIPIS
CONFUCII
VITA

UM FU CU, *sive Confucius quem Sinenses uti Principem Philosophiæ suæ sequuntur, & colunt, vulgari vel domestico potius nomine Kieu dictus cognamento Chum nhi, natalem habuit sedem in Regno Lu,* (quod Regnum hodie Xantum dicitur) in pago ceu ye territorij Cham pim, quod ad civitatem Kio feu pertinet: hæc autem civitas paret urbi Yen cheu dictæ. Natus est anno 21. Imperatoris Lim vam. Fuit hic tertius & vigesimus è tertia Familiâ, seu domo Imperatoriâ, Cheu dictâ, cycli 36. anno 47. Kem sio dictus secundo item & vigesimo anno Siam cum Regis, qui ea tempestate Regnum Lu obtinebat: die 21. undecimæ lunæ Kem ça dictæ, sub hora noctis secunda, anno ante Christi ortum 551. Mater ei fuit Chim, è Familia prænobili Yen oriunda: Pater Xo leam he, qui non solum primi ordinis Magistratu, quem gessit in Regno Sum, sed generis quoque nobilitate fuit illustris; stirpe quippe duxit (uti Chronica Sinensium testantur, & tabula genealogica, quæ annalibus inseritur, perspicuè docet) ex 27. sive penultimo Imperatore Ti ye è 2. familiâ Xam. Porro natus est Confucius Patre jam septuagenario, quem adeo triennis infans mox amisit: sed Mater puello deinde superstes fuit per annos unum & viginti; conjuge in morte Tum sam Regni Lu sepulto. Puer jam senculus præmatura quædam maturitate, viro, quam patro similior, cum æqualibus nunquam visus est lusitare. Oblata edulia non ante delibabat, quam prisco ritu, qui ceu tutamentur, cælo venerabundus obtulisset. Annorum quindecim adolescens totum se dedit capit priscorum libris revolvendis, & rejectis iis, quæ mixta utilia videbantur; optima quæque

G g

그림 2-1. 1687년 예수회 회원들이 루이14세에게 헌정하며
출간한 《중국철학자 공자》의 일부
이 책에는 공자의 생애 소개와 《논어》, 《대학》, 《중용》의 라틴어 번역문이 실려 있다.
계몽주의 사상가들이 이 책을 읽고 공자의 사상에 호의적 관심을 보였던 데 반해,
헤겔은 부정적 시각을 드러낸다.

점에서 보면,《논어》는 짧은 일화와 간결한 문답, 잡다한 기록을 나열해 놓은 책으로만 여겨질 뿐이다.[3]

공자는 기원전 6~5세기에 활동한 철학자이다.《논어》가 공자 사후에 편찬되어 지금 우리가 접할 수 있는 형태의 책으로 자리 잡은 것은 그로부터 한참 뒤이다.[4]《논어》의 확립 시기가 공자 가 활동한 시대에서 아무리 멀리 떨어져 있다고 해도, 헤겔이 본 격적으로 저술 활동을 한 1800년대보다 아주 먼 옛날에 형성된 책인 것만은 분명하다. 이렇게 오래전에 활동한 철학자가 평소 한 말을 기록한 책이다 보니, 정교한 개념 정의나 논리적 사유가 근대 철학자가 기대하는 만큼 충분히 발전하지 못한 과거의 산 물이 아니겠냐고 질문할 수도 있겠다. 그러나 기원전으로 거슬 러 올라가 고대 그리스 철학을 대표하는 플라톤(기원전 427~기원전 347)의 저술을 살펴본다면, 논리적 사유가 엿보이지 않는다는 점 을 고대 철학의 특징이라 할 수는 없을 것이다. 플라톤은 자신의 스승인 소크라테스(기원전 470~기원전 399)의 사상과 행적을 그의 대화록에 담았다. 여러 대화록의 내용은《논어》처럼 스승과 제 자가 주고받은 대화와 문답으로 이루어져 있기는 하지만, 논리 가 정교하고 체계적이며 심오한 진리 추구의 의지로 가득하다. 그렇다면 논리적인 대화를 찾아볼 수 없다는 것은 오래된 책의 일반적인 특성이 아니라 그저《논어》만의 한계일 뿐이라고 인정해야 할지도 모른다. 확실히 플라톤의 저술에 기록된 대화와 달리 공자와 제자들의 대화에는 체계나 논증이라고 부를 만한 것이 보이지 않는다. 그러나 그것을 과연 한계로만 보아야 할까?

논리적 체계나 논증이 중요한 영역은 주로 이성적 인식의 영역이다. 고대의 플라톤에서 근대의 헤겔에 이르기까지 서양철학자는 진리를 인식하는 일을 가장 중시했다. 서양철학자에게 논리적 체계의 구축은 인식의 올바른 길을 따라 영원불변하는 진리에 도달하기 위한 것이었다. 그러나 공자와 같은 동아시아 철학자에게 가장 중요한 일은 불변하는 진리를 깨닫는 것이 아니었다. 다시 말해 공자는 서양철학자가 몰두한 인식론적 관심보다 더 큰 다른 관심이 있었다.

> 선생님께서 말씀하셨다. "사람이면서 인(仁)하지 않으면 예는 해서
> 무엇하며, 사람이면서 인하지 않으면 악은 해서 무엇하겠는가?"[5]

공자는 예나 음악 같은 문화적 수단이 겉으로 보기에 아무리 세련되고 수준 높이 수행된다고 해도, 그 바탕에 인간다움(仁)이라는 가치의 추구가 없다면, 즉 수행하는 사람이 인간답게 살고자 하는 의지가 없다면 무슨 소용이 있는지 반문한다. 우리가 다른 사람에게 예를 행하고 악기를 연주하거나 음악을 감상하면서

심미적 기쁨과 즐거움을 누리는 것은, 결국 내가 인간다운 존재이고자 하는 의지를 실현하는 것이어야 한다는 의미이다. 무엇이 진리인지를 아는 일도 마찬가지로 그 자체만으로 가치 있는 일은 아니다. 사실 동아시아의 옛사람은 진리 인식에 그다지 집착을 보이지 않았다. 20세기 동양학 연구의 권위자 앵거스 그레이엄(Angus Graham, 1919~1991)에 따르면 서양철학은 현상들 너머에 있는 실재와 진리를 추구하여 그 진리의 인식을 목표로 한 반면, 중국철학은 우리가 속한 구체적 세계에서 우리가 걸어가야 할 길, 즉 도(道)를 찾는 데 관심이 있었다.[6] 공자는 예를 지키거나 음악의 기쁨을 누리는 일처럼 인식하는 일 또한 인간다움의 실현에 도움이 될 때 가치가 있다고 보았다. 이 때문에 제자와 나누는 대화가 진리 인식을 목적으로 하는 논리적 추론으로 채워질 필요가 크지 않았다.

예법을 다루거나 예술을 다루거나 간에 공자는 그것이 우리를 얼마나 인간다운 존재로 만들어 주고 실제 구체적인 생활에서 인간답게 살아가게 해 주는지에 일차적 관심이 있었다. 그리고 인간다움을 실현하는 데는 논리적 추론을 통한 교육보다 음악이나 시를 통한 미적교육이 더 의미 있고 도움이 된다고 보았다. 미적교육의 관점에서 인간의 활동은 수학적 결과나 논리적 과정에서 도출한 진리처럼 이미 정해진 답을 찾아가는 과정이 아니다. 약속된 진리는 없다. 다만 순간순간 처한 삶의 맥락과 구체적인 상황에서 최상의 아름다운 결론을 만들어 가는 미학적 인간이 있을 뿐이다. 그리고 이 미학적 욕구에 따르는 존재가 그렇게 행동하는 것은 내세의 구원이나 현세의 물질적 보상에 관한 약속 때문이 아니다. 그런 점에서 도덕군자는 나에게 아무것도 섣불리 약속하지 않는다는 시인의 말은 참으로 옳다.

시 한 줄로 예에 관해
대화를
나누다[7]

공자가 제자 가운데 '문학(文學)'에 뛰어나다고 평가한 인물이 있다. 자하(子夏)라는 제자다. 그는 본명이 복상(卜商)으로, 공자보다 44살이나 어렸다. 자하가 두각을 보인 '문학'이란 요즘처럼 언어적 창작활동에 국한된 예술의 한 분야를 의미한다기보다 문자언어(文)를 매개로 한 배움의 활동(學)을 폭넓게 가리키는 말이었다. 북송의 유학자 주희(朱熹, 1130~1200)는 "문학에 뛰어나다는 것은 시(詩)·서(書)·예(禮)·악(樂)의 글을 배워서 그 의미를 잘 말할 수 있는 것이다"[8]라고 설명하기도 했다. 자하는 이처럼 시와 역사에 관한 안목이 높고 이론적으로도 능통했으며, 또 예를 중요하게 생각한 사람이었다. 제자와 시에 관해 대화하는 것을 즐거워하면서 소중한 경험으로 여긴 공자가 자하와 나눈 다음 대화는 의미심장하다.

자하가 물었다. "'볼우물 지은 웃음 어여쁘고, 아름다운 눈동자 선명하구나, 하얀 바탕에 고운 색 입혔네'라 했으니, 이것은 무엇을 말하는 것입니까?"⁹

이 대화는 자하가 시구를 하나 인용하면서 그것이 무슨 뜻인지 공자에게 묻는 것으로 시작된다. 그런데 자하는 시구의 출처를 밝히지 않았고, 이어지는 대화에서 공자 역시 그것이 어떤 시에 나오는지를 전혀 묻지 않는다. 공자와 제자들은 300여 편으로 구성된 《시경(詩經)》의 시를 비롯해 당시 사람이 애송한 많은 시를 다 외운 듯하다. 그러니 한 구절만 들어도 시의 전문이 주르르 떠올라 어떤 시에 나오는지를 바로 알아채서 즉문즉답할 수 있었다. 자하가 어떤 시에서 이 시구를 인용했는지 우리는 100퍼센트 확실히 이야기할 수 없다. '일시(逸詩)', 즉 지금은 전해지지 않는 유실된 옛 시에서 따왔을 것이라는 의견이 있기는 하지만, 최소한 그 시구의 일부는 지금의 《시경》〈위풍(衛風)〉에 실린 〈석인(碩人)〉이라는 작품과 관련이 있다고 추정할 수 있다.

귀하신 분은 키가 훤칠하니
비단옷으로 입고 그 위에 홑옷을 덧입었네
제나라 제후의 자식이요

위나라 제후의 아내요

동궁의 매씨요

형나라 제후의 처제요

담나라 임금은 형부가 되신다네

손은 부드러운 띠풀과 같고

살은 엉긴 기름과 같고

목은 굼벵이와 같고

치아는 박씨 같고

매미 머리에 나비 눈썹이시며

볼우물 지은 웃음 어여쁘고

아름다운 눈동자 선명하구나

(후략)¹⁰

자하가 인용한 시구의 뒷부분 "하얀 바탕에 고운 색 입혔네"
는 이 시에 등장하지 않는다. 그래서 자하가 시구를 〈석인〉에
서 인용했다고 단정할 수 없지만, 내용으로 보아 아름답게 단장
한 한 여성의 외모를 묘사한 것임은 분명하다. 귀한 신분의 훤칠
한 여성이 하얀 얼굴에 곱게 색조 화장을 해서 보조개도 눈동자
도 선명하고 아름답게 잘 드러난다는 것이다. 그런데 자하처럼

'문학'에 뛰어난 사람이 설마 이런 뜻을 몰라서 물었겠는가? 그는 스승에게 이 시구의 표면적인 의미를 물은 것이 아니다. 이미 정해진 객관적 답변을 구하는 것도 아니다. 그는 자신이 던진 이 시구에 공자가 영감을 받아 그 순간 어떤 새로운 이야기를 들려줄지가 궁금했다.

자하의 반짝이는 눈빛을 보며 공자는 단 네 글자로 답한다. 이후 사자성어처럼 사용된 "회사후소(繪事後素)"이다. 이 네 글자를 두고 후세 학자의 해석은 크게 둘로 나뉘었다. 첫째는 그림 그리는 일은 먼저 그리려는 모양대로 채색을 한 뒤 채색된 부분 사이의 여백을 흰색으로 칠해서 그림을 선명하게 드러낸다는 뜻으로 보는 것이다. 둘째는 흰 바탕을 먼저 마련한 후에 그림 그리는 일을 한다는 의미로 풀이하는 것이다. 이를 얼굴 화장에 적용하자면 먼저 흰 분을 얼굴에 골고루 바른 후 그 위에 색조 화장을 해서 이목구비를 돋보이게 하는 방식이다. 둘 중 어느 쪽으로 해석하든 자하는 얼굴에 화장한 모습을 묘사한 시구를 인용했는데, 공자는 그림 그리는 일로 대답했다. 맥락이 크게 다르지 않더라도 대화의 초점에 미묘한 변화가 일어났다. 자하는 스승의 대답을 듣고 묵묵히 고개만 끄덕이지는 않았다.

자하가 물었다. "예를 뒤로해야 한다는 뜻입니까?"[11]

스승이 그림 그리는 일로 대답했는데, 제자는 갑자기 맥락을 벗어나 예의 문제와 연결해서 다시 질문을 했다. 자하가 공자가 말한 '회사후소'를 첫째 의미로 이해했다면, 이 질문은 흰색 칠을 예의 비유로 보아 예를 행하는 것으로 인간의 행위를 최종적으로 완성해야 하는지를 물은 것이다. 만일 둘째 의미로 이해했다면, 흰색 칠은 예가 아닌 예의 바탕이 되는 것에 관한 비유로, 자하는 예를 지키는 것보다 우선하면서 예의 바탕이 되는 무언가가 있는지를 물은 것이 된다. 즉 어떤 행위를 할 때, 그 행위가 겉으로 어떻게 드러나는지보다 더 중요한 것은 행위를 하는 자의 인격적 바탕이나 내적인 동기가 아니겠느냐는 것이다. 여기서 자하는 사실 자신이 모르거나 확신하지 못하는 것에 관한 정답이 궁금했다기보다, 예에 관한 자신의 생각을 드러내고 그것을 공자가 어떻게 생각하는지를 알고 싶었다. 공자 또한 자하에게 옳다거나 틀렸다고 답하지 않고 다음과 같이 말한다.

선생님께서 말씀하셨다. "나를 일깨워 주는 사람은 상(商)이로구나! 비로소 너와 더불어 시를 말할 만하구나."[12]

앞서 살펴보았듯이 공자는 제자들에게 "사람이면서 인하지 않으면 예는 해서 무엇하겠는가?"라고 말한 적이 있다. 예보다 인간다움의 가치가 선행하고 그것을 추구하려는 의지가 바탕이 될 때 예를 행하는 것이 의미가 있다는 것이다. 그렇다고 공자가 예를 갖추지 않은 행동에 관대해도 된다고 주장하는 것은 아니다. 그는 인간다움과 예를 '질(質)'과 '문(文)', 즉 바탕과 겉으로 드러나는 형식적 꾸밈의 관계로 보아, 둘 중 어느 하나가 우세하기보다 서로 잘 어우러져서 조화를 이루는 게 가장 이상적이라고 생각했다. 인간다움과 예의 관계는 이 책의 4장에서 자세히 다룰 것이다.

평소 예가 인간 행위에서 어떤 의미를 갖는지에 관심이 컸던 자하는 스승의 '회사후소'를 듣는 순간 예에 관한 '아하!'의 체험을 한다. 자하가 깨닫는 순간에 동참하면서 공자는 큰 기쁨을 느낀다. '회사후소'가 그림에서 흰 바탕이 중요하다는 뜻이든, 아니면 어떤 그림도 적절한 꾸밈을 통해 완성된다는 뜻이든, 이 가르침은 젊은 제자의 마음을 울렸다. 좋은 종을 제대로 건드려서 종의 몸통 전체가 공명하며 맑은 소리가 그 종이 놓인 공간과 그 주변을 넘어 멀리까지 그득하게 울려 퍼지듯 말이다. 그러나 이것은 스승의 일방적인 가르침이 아니다. 공자는 자하에게서 무언가를 새롭게 배웠다. '나를 일깨워 준다'는 말로써 공자는 화장과 그림의 비유를 예와 연결해서 생각한 자하에게 자극받아 예와 인간다움의 관계에 관한 자기 생각을 명료히 하고 그것을 다시금 발전시킬 어떤 계기를 얻게 되었음을 암시했다.

시처럼 간결하고 모호한
《논어》의
문답

머리로 이해하는 일은 분명 중요하다. 논리적인 말로 교육하고 설득하는 교사에게 우리는 많은 것을 배우기도 한다. 그러나 우리는 머리로 잘 알지만 행하지 못하는 것이 얼마나 많은가? 동아시아의 철학자들은 이성만이 아니라 감성과 몸으로 체득하는 지혜의 중요성을 강조했다. 논리적 사유를 통한 교육이 가장 중요한 교육방식이 아니었던 것도 그 때문이다. 자하와의 대화에서 공자가 한 말을 잘 음미해 보면, 공자식의 대화 교육에서 중요한 요소가 무엇인지 알 수 있다. 공자는 소크라테스식의 대화 교육, 즉 논리적 문답을 통한 대화를 높이 평가하지 않았다. 오히려 자하처럼 '더불어 시를 말할 만한' 사람과 하는 대화, 일종의 미학적 대화를 이상적인 대화로 생각했다.

　헤겔은 공자와 제자들의 대화가 교훈적이기만 하다고 투덜거리면서 《논어》는 번역되지 않는 편이 더 좋았겠다고 하기까지

했는데, 그들의 대화를 과연 시적이라고 할 수 있을까?《논어》의 상당 부분은 공자와 제자의 간결한 문답으로 이루어져 있다. 일견 제자는 묻기만 하고, 공자는 그 질문에 마치 모범답안이나 교훈적인 지침을 제시하듯 일방적으로 답하는 것처럼 보인다. 친절한 설명도 없고 논리적 설득의 과정도 없다. 때로는 거두절미하고 '선생님께서 말씀하셨다(子曰)'로 시작하면서 공자의 말만 짧게 기록해 대화적 맥락을 아예 드러내지 않기도 한다. 이런 경우 공자의 언어는 매우 지시적인(prescriptive) 형식을 띤 듯 보인다. 배움을 통한 성장에서 교사와 학생의 상호작용이나 감정의 교류를 중요하게 생각하는 이라면 절대적으로 피하라고 하는 화법이다. 교사뿐만 아니라 상담자 또한 좋은 상담자가 되려면 가급적 이런 지시나 명령의 화법은 피하는 것이 좋다는 조언을 내내 듣는다. 이렇게 보면 공자는 가르치기 좋아하는 고루한 도덕교사이고《논어》는 그냥 도덕 교과서일 뿐이지 철학서라고 하기 어렵다는 인상이 생겨나는 것도 무리가 아니다. 그러나 공자의 짧은 발언을 정말 지시적이라고 볼 수 있을까?

지시가 지시로서의 효력을 발휘하려면 의미가 모호해서는 안 되고 구체적이며 명확해야 한다. 또 지시하는 행위의 범위가 상세하고 정확하게 한정되어야 한다. 그런데 공자가 구사하는 언어는 지시적 언어라고 하기에는 구체성과 명확성이 부족하다.

이 때문에 다양한 해석으로 열려 있다. 무엇보다도 그의 발언과 답변은 그 자체로 질문을 연쇄적으로 일으키는 경우가 많다. 예를 들어 '인(仁)'에 관한 질문을 받고서 공자는 "사람을 사랑하는 것이다"[13]라고 답하는데, 이 문장은 '인'에 관한 명쾌한 답변이라기보다 오히려 사람을 사랑하는 것과 관련한 다양한 질문을 불러일으킨다. 우리는 모든 사람을 선인이든 악인이든, 혈연적으로 나와 가까운 사람이든 먼 사람이든 다 똑같이 사랑해야 하는 것일까? 나라는 사람에 관한 사랑과 타인에 관한 사랑은 어떤 관계가 있을까? 어떻게 사랑해야 인간다운 것일까? 사람이 아닌 다른 존재에 관한 사랑은 인간다움의 가치를 실현하는 것과 아무 상관이 없는 것일까? 이 밖에도 무수한 질문이 꼬리를 문다.

공자는 자신의 말이 그것을 듣는 사람, 또 그것을 전해 들은 사람과 만나서 다양한 의미를 낳을 수 있게 간결하면서도 함축적 여운이 풍부한 표현을 쓴다. 문학적 수사를 화려하게 구사하기보다 소박한 시적 언어를 사용하는 시인이 취하는 방식과 유사하다. 그런 시어는 누구나 쉽게 다가갈 수 있으면서도 감상과 해석은 읽는 사람마다 달라진다. 평범한 듯 보이는 단어와 문장 사이에 의미의 빈 구멍이 존재하면서 다양한 해석의 가능성을 만들어 낸다. 과학적 언어의 전략이 아니라 미학적 언어의 전략이다.

《논어》〈이인〉에 잘 알려진 사자성어가 등장하는 단락이 있다. 공자는 증삼(曾參)이라는 제자에게 "일이관지(一以貫之)", 즉 "나의 도는 하나의 원리로 꿰고 있다"라고 말하고, 증삼은 "그렇습니다"라고 답한다.[14] 공자가 자리를 떠난 뒤, 그 자리에 함께 있었던 다른 제자들은 증삼에게 모여들어 그 말의 의미를 묻는다. 이어지는 증삼의 대답이 어떠하든 간에, 이런 상황은 공자가 제자들이 자기의 발언을 조금도 훼손해서는 안 될 진리로 받아들이기보다 그 대답을 실마리로 삼아 스스로 생각을 시작하고, 또 그것을 징검다리로 삼아 각자의 사유를 진척할 수 있기를 바랐기 때문에 가능한 것이다. 때로 제자는 공자가 미처 생각하지 못했거나 전혀 예상하지 못한 새로운 사유로 나아가는데, 공자는 이를 적극적으로 장려한다. 그는 바로 이것이 교사의 역할이라고 생각했다.

《논어》〈위정〉에서 공자는 가르치는 자는 어떤 사람이어야 하는지 자신의 교육적 견해를 다음과 같이 밝혔다. "배운 것을 음미해 새로운 것을 터득해 나간다면 스승 노릇을 할 수 있을 것이다."[15] '온고지신(溫故知新)'이라는 사자성어가 여기서 나왔다. '온고지신'은 '차갑게 식어 버린 옛것에 따뜻한 생기를 불어넣어 새로운 인식을 얻는다'는 뜻으로, 공자는 이 능력을 교사의 핵심 자질로 삼았다. 그에게 교사는 자신이 이미 아는 지식이나 지혜를 제자에게 그대로 전달하거나 가르치는 자가 아니다. 교사가 기존의 지식이나 지혜를 교육 내용에 들여오는 것은 그것을 자신과 학생에게 새로운 인식과 사유의 길을 여는 실마리로 활용하기 위해서이다. 공자는 이것이 가능한 대화를 이상적인 교육적 대화로 보았고, 시적 언어를 활용하면 이런 대화가 더욱더 활성화될 것으로 확신했다. 그는 자하와 나눈 대화처럼 시를 매개한 문답에서 큰 교육적 희열을 경험하곤 했다.

이 점에서 공자식 대화와 소크라테스식 대화에는 결정적인 차이가 있다. 소크라테스는 대화의 과정을 통해서 상대방이 스스로 사유의 길을 찾아가는 걸 도와주려고 했지만, 그 진리의 길은 자기가 이미 다 알고 자기 자신이 직접 걸어간 길이었다. 논리의 길을 따라가면 하나의 진리가 나온다. 논리의 길은 한 사람이 가든 열 사람이 가든 똑같은 경로, 똑같은 단계를 거쳐 똑같은 결론에 이른다. 누군가의 결론이 다르다면 그것은 어디선가 논리에 어긋났기 때문이다. 하나의 정답, 하나의 진리가 있다. 교사는 그 진리를 이미 아는 사람이고 또 학생이 어떤 진리에 이를지를 예상할 수 있는 사람이다. 그래서 학생은 교사의 정교한 질문을 따라 그가 계획한 대로 나아간다.

플라톤이 저술한 《메논》의 유명한 일화에서 소크라테스는 메논의 시중을 들던 노예 소년을 한 명 불러서 자신의 진리 탐구의

그림 2-2. 플라톤의 아카데미, T. 시미니우스 스테파누스 빌라의 모자이크,
폼페이, 기원전 1세기

주특기인 산파술을 시연해 보인다. 영문도 모른 채 일하다 불려 온 노예 아이는 철학자가 묻는 말에 대답한다. 질문에 계속 답했을 뿐인데 아이는 한 번도 배운 적 없는 피타고라스의 정리를 훌륭하게 인식해 낸다. 소크라테스는 변증술의 논리로 무지한 아이에게서 수학적 진리를 끌어낸다. 그는 자신이 주도하는 정교한 질의응답 과정에 참여하기만 하면 어떤 계층의 아이든, 심지어 교육을 전혀 받지 못한 아이라도 참된 진리에 도달할 것임을 알았다. 물론 진리 발견의 과정은 놀랍게 느껴진다. 소크라테스는 계획한 대로 아이를 이끌어 가지만 자기 계획표는 알려 주지 않기 때문이다. 새로운 진리 발견자가 탄생한 것처럼 보인다.

그러나 그 뒤에 노예 아이는 어떻게 되었을까? 그는 아무 일도 없었다는 듯 다시 노예로서 누군가의 시중을 들려고 부엌으로 돌아갔을 것이다. 피타고라스의 정리를 순식간에 깨달은 아이의 삶은 그다지 큰 변화가 없었다. 위대한 수학적 진리도 소년의 삶에 큰 의미가 없었다. 사실 소년은 그 진리가 궁금하지도 않았다. 단지 야구 모자를 썼다거나 좌석 앞줄에 앉아 있었다는 등의 사소한 이유로 마술 무대에 갑자기 불려 나온 관객이 자기 모자에서 비둘기가 튀어 오르는 걸 보고 놀라듯이, 아이는 자기 머릿속에서 피타고라스 기하학의 비둘기가 날아오르는 걸 보고 잠시 신기했던 것이 전부가 아니었을까?

공자는 소크라테스처럼 학생에게 이미 확정된 이데아 세계의 진리를 가르치는 데 열성적인 교사였다기보다, 대화를 하면서 자신과 제자가 새롭게 사유를 시작하고, 또 사유를 시작하도록 자극을 주는 대등한 관계를 좋아한 사람이었다. 그가 가장 열망했던 대화는 상대방이 그 대화의 끝에 오히려 그 자신에게 사유의 계발을 주는 것이었다. 그는 이런 대화를 촉진하는 데 짧은 시적인 언어, 문학적인 언어가 특별히 효과적임을 잘 알고 있었다.

시는
'더불어 말하는 것'이다

시적인 언어가 우리가 일상적으로 쓰는 언어와 다른 점은 뭘까? 일상 언어는 대체로 그것으로 지시하고자 하는 객관적 대상이 정해져 있고, 거기에 따라 그 언어가 갖는 의미도 비교적 명확하다. 하지만 시적 언어는 그렇지 않다. 일상생활 속의 소재를 사용한다고 해도 그것의 일상적 의미만을 전달하려는 게 아니다. 시적 언어는 사람의 마음에 서로 다른 울림을 만들어 내고, 그 울림에 따라 의미가 다양하고 풍부해진다. 같은 사람이라도 시어의 의미는 읽을 때마다 달라진다. 시어는 우리 마음속에 간직된 수많은 경험의 흔적과 내면 풍경의 조각과 접촉하여 발화함으로써 생생한 의미의 세계로 진입하기 때문이다.

《논어》〈팔일〉에 기록된 공자와 자하의 대화는 "가여언시(可與言詩)", 즉 "너와 더불어 시를 말할 만하구나"라는 공자의 말로 마친다. '가여언시'는 《논어》〈학이〉에도 반복해서 나오는 표현이다.[16] 공자가 어쩌다 던진 말이 아님을 알 수 있다. 우리는 '시를' 이라는 목적어가 주어지면 그 뒤에는 당연히 '쓴다' 또는 '읽는 다'라는 동사가 따라올 것으로 생각한다. 시는 쓰거나 읽거나 둘 중 하나이다. 시를 쓰는 사람은 시인이고 시를 읽는 사람은 독자 이다. 그리고 시를 쓰는 일이든 시를 읽는 일이든 한 사람이 고 요한 밤이나 한갓진 시간에 홀로 조용히 앉아서 하는 일로 생각 한다. 물론 집단적인 낭송이나 공동 창작도 가능하겠지만, 그런 일은 예외적으로 아주 드물게 시도될 뿐이다.

그런데 흥미롭게도 공자는 시를 쓴다거나 읽는다는 표현을 쓰지 않는다. 그보다는 '시를 배운다', 다른 사람과 '시에 관해 이 야기 나눈다'라는 표현을 쓴다. 공자에게 시는 창작이나 독서의 대상이라기보다는 인용하고 활용해서 대화를 풍부히 만들어 줄 대상이었다. 그러나 그렇게 하려면 일단 인용하고 활용할 수 있 는 시가 먼저 있어야 한다.

요즘 방송이나 신문을 보면, 사회 명사가 자신이 아끼는 책을 소개하는 프로그램이나 지면이 있다. 만약 '내 인생의 책을 소개 합니다'라는 제목이 붙은 공간에 공자가 초대된다면, 그는 너무 읽어서 겉장이 너덜거리는 책 한 권을 품에서 꺼내 놓을 것이다. 당시에는 종이책이 없었으니, 끊어질 듯 닳고 닳은 가죽끈으로 묶여 있는 죽간(竹簡) 두루마리를 꺼내 놓을지도 모르겠다. 어쩌면 손가락으로 자기 머리를 톡톡 치며, 암기해서 그 속에 다 넣어 놓았다고 말할지도 모른다. 공자가 이처럼 아끼고 애독한 책이 바로 《시경》이다. 그렇다면 《시경》의 저자는 누구일까? 공자가 살았던 그 시절에 많은 사람이 흠모하는 위대한 시인들이 있었고, 그들이 공자가 극찬해 마지않은 《시경》의 시들을 썼을까?

《시경》의 저자는 당대의 유명 시인이 아니었다. 시를 지어 부른 이는 수많은 무명씨였다. 《시경》에 실린 시는 민간에서 유행하거나, 국가의 공식 행사와 의례에서 불린 작자 미상의 시였다. 시인이 실제로 누군지는 중요하게 생각되지도 않았다. 공자 시대에 이런 시는 항간에 3000편 정도가 있었다고 한다. 그중 300여 편이 엄선되어 《시경》으로 편찬되었다. 공자가 말하는 시는 이 《시경》에 수록된 시이다. '시경'이라는 명칭은 이 시집이 한나라 시대 이후 권위를 갖는 '경전(經)'의 지위를 얻으면서 본격적으로 사용되었고, 공자는 단지 '시' 또는 '시 삼백(詩三百)'이라고 불렀을 뿐이다. 이 책에서는 편의에 따라 《시경》으로 부르기로 하자.

공자는 《시경》의 시를 인용하면서 대화하는 것을 즐겼다. 시를 대화에서 활용할 때는 꼭 그 시의 원래 맥락에 충실할 필요도 없었고, 시 전체를 활용하지 않고 시어나 시구를 부분적으로 활용해도 무방했다. 중요한 것은 공자가 시를 혼자 읽고 감동하는 개인적 감상을 위한 것이 아니라, 내가 다른 사람에게 나를 표현하고, 또 상대방의 이야기에 귀를 기울이는 대화의 촉진제로 여겼다는 점이다. 공자는 그렇게 이야기를 함께 나누는 대화적 상황을, 시를 통한 문학적 실천에서 더 본질적인 것으로 보았다.

공자의 문학적 실천은 지금 우리가 생각하는 문학적 실천과 다르다. 근대 이후 서양 문화의 영향을 받아, 진리와 선(善)과 아름다움이 서로 다른 영역으로 분리된 것을 현대인은 당연한 것으로 받아들인다. 그래서 인간의 실천도 진리를 위한 인식적 활동, 선을 위한 도덕적 활동, 아름다움을 위한 심미적 활동으로 구분하고 이 세 종류의 활동을 서로 무관하다고 보는 경향이 있다. 하지만 공자 시대에는 그렇지 않았다. 공자에게 시는 문학적 취미를 가진 사람의 전유물이 아니었다. 공자에게 말하고 쓴다는 것은 인간을 인간답게 만들어 주는 핵심 활동이고, 그런 언어생활의 정수는 바로 시적 언어에 있었다. 그는 사람이 시적 언어를 사용해서 세상과 사물을 바로 볼 수 있고, 정치적이고 윤리적인 동시에 아름다운 존재가 될 수 있다고 확신했다.

제자들의 시 교육에
진심이었던
공자

동서양을 막론하고 고대에 시라는 언어 형식은 기본적으로 음악과 분리되지 않았다. 앞서 언급했듯이 《시경》의 많은 시가 공자가 살았던 시대까지 중국 곳곳에서 불린 노래 가사였다. 가사의 내용도 아주 다양하다. 살기 힘든 서민의 현실을 대변하거나 현실을 그렇게 만든 권력자를 비판하면서 분노를 표현한 노래도 있고, 요즘의 대중가요처럼 남녀의 사랑이나 이별의 슬픔을 다룬 노래도 많다. 왕의 업적을 기리는 노래나 국가의 공식 행사때 부르는 노래도 《시경》에 실려 있다.

공자는 제자들에게 시를 공부하라고 늘 당부했다. 자기 아들에게 《시경》의 어느 편을 읽지 않으면, 눈앞에 담벼락을 마주보고 서 있는 것처럼 암담한 사람이 된다고 말할 정도였다.[17] 인간이 사용하는 언어 형식 가운데서도 시적인 언어를 중시한 공자의 태도는 이후 동아시아 문화에서 지식인에게 큰 영향을 미쳤다. 그래서 글줄깨나 읽고 쓸 줄 아는 사람이라면 시를 지을 줄 알아야 했다. 삶의 중요한 순간에 그 순간을 가장 잘 담을 수 있는 것도 시적인 언어이고 자기 내면을 가장 효과적으로 드러낼 수 있는 것도 시적인 언어라는 생각이 보편화되어 있었다. 심지어 국가의 관리를 뽑는 과거에서도 답안을 시로 써내야 하는 경우가 있었다. 이처럼 동아시아의 인문학 전통에서 '시'라는 언어 형식이 차지하는 비중은 요즘 사람이 생각하는 것보다 훨씬 크다.

《논어》에는 공자가 시 교육에 얼마나 진심이었는지를 보여주는 장면이 여러 번 등장한다. 이 가운데 〈양화〉에는 공자가 제자들에게 시를 공부하는 일이 왜 중요한지를 이례적으로 상세히 이야기해 주는 단락이 있다.

선생님께서 말씀하셨다. "자네들은 어찌하여 시를 배우지 않는가? 시는 감흥을 불러일으킬 수 있으며, 풍속의 성쇠를 살필 수 있게 하며, 사람과 잘 어울릴 수 있게 하며, 윗사람의 잘못을 풍자할 수 있으며 가까이는 부모를 섬기는 도리가 있고, 멀리는 임금을 섬기는 도리가 있으며, 새와 짐승과 초목의 이름을 많이 알게 해 준다."[18]

공자는 안타깝다는 듯 제자들에게 묻는다. "자네들은 어찌하여 시를 배우지 않는가?" 여기서 '시'는 시 일반일 수도 있지만, 그가 특별히 '시 삼백'이라고 부른 《시경》을 가리킨다고 볼 수도 있다. 공자는 시를 공부하라는 채근만으로는 제자들을 독려하기에 부족하다고 생각했는지, 시 공부의 효용성을 하나하나 짚어 주고 있다.

첫째, 시는 "감흥을 불러일으킬 수 있다." 이는 '흥(興)' 자를 풀이한 것이다. 가만히 있는 것을 들어 올리거나 무언가를 불러일으킨다는 뜻이다.[19] 그러니까 시적인 언어는 가만히 정지해 있거나 딱딱하게 굳은 우리 마음, 특히 우리의 감성을 살아서 꿈틀거리게 하고, 우리 내면에서 일어나는 일과 세상에서 일어나는 일을 섬세히 느끼고 반응할 수 있게 해 준다는 말이다.[20]

둘째, 시는 "풍속의 성쇠를 살필 수 있게 한다." '보다', '관찰하다'라는 뜻의 '관(觀)' 자를 풀이한 것이다. 그런데 '관'은 그냥 눈에 보이는 대로 본다는 뜻이 아니다. 그런 때에는 '시(視)' 자를 쓴다. '시각', '시력' 같은 단어처럼 말이다. '관'은 어떤 목적을 가지고 집중해서 능동적으로 보는 행위를 가리킨다. 그러므로 시로써 '살필 수 있게(觀)' 한다는 것은 시라는 언어 형식을 통해 우리는 예사롭지 않은 주의력과 섬세한 태도로 세상을 바라볼 수 있게 된다는 말이다.

셋째, 시는 "사람과 잘 어울릴 수 있게 한다." 이는 '군(群)' 자를 풀이한 것이다. 이 글자는 '무리', '무리 짓다'를 뜻한다. 《논어》〈위령공〉을 보면 "군이부당(群而不黨)", 즉 어울리되 패거리를 만들지 않는다는 표현이 나온다. 공자가 군자를 설명하면서 한 말이다. 공자는 나와 의견이나 성향, 이해관계가 같은 사람하고만 편파적으로 관계 맺는 것을 당(黨), 즉 패거리 만들기라고 부르고, 서로의 차이를 인정하면서 조화로운 관계를 맺는 것을 군(群), 즉 어울림이라고 칭하면서 둘을 구별했다. 《논어》〈자로〉에 나오는 "화이부동(和而不同)"이라는 말 또한 같은 맥락에서 이해할 수 있다. 공자는 여러 면에서 차이를 보이는 사람들이 서로를 이해하고 공감하면서 사유와 세계의 확장을 경험하는 데 시가 어떤 언어적 형식보다도 큰 힘을 발휘한다고 믿었다.

넷째, 시는 "윗사람의 잘못을 풍자할 수 있다." '원망하다'라는 뜻의 '원(怨)' 자를 풀이한 것이다. 이것은 말 그대로 시적 언어를 사용하면 다른 사람으로 인해 마음속 깊이 쌓인 원한과 원망을 잘 표현할 수 있다는 뜻이다. 우리 마음속에는 항상 부정적인 기억과 감정이 쌓여 있다. 이런 기억이나 감정일수록 정제된 언어로 조심스럽게 표현해야 한다. 성급하고 거칠게 표현하면 그 순간에는 후련할 수 있지만, 곧 후회를 불러오거나 인간관계의 위축을 가져올 수도 있다. 시적인 언어는 그런 마음이 다른 사람의 마음에 닿을 수 있도록 진실하고 안전하게 표현할 수 있게 해 준다.

다섯째, 시에는 "가까이는 부모를 섬기는 도리가 있고, 멀리는 임금을 섬기는 도리가 있다." 옛사람도 매일 보는 부모님을 어떻게 대해야 하는지, 또 자기보다 지위가 높은 사람에게 어떤 태도를 보여야 하는지는 쉽지 않은 문제였던 것 같다. 《시경》에는 이럴 때 참고하면 도움이 되는 교훈적인 내용의 시도 있다.

여섯째, 시는 "새와 짐승과 초목의 이름을 많이 알게 해 준다." 많은 학자가 이 말을 공자가 시 공부의 부수적 효과를 언급한 것이라고 설명한다. 생물학적 지식과 교양도 덤으로 쌓을 수 있다는 것이다. 하지만 공자의 제자들이 농부나 사냥꾼도 아닌데 동물과 식물의 이름을 많이 알아서 뭐 하겠는가? 이 말은 자기 마음을 시적인 언어로 표현하려고 할 때 사용할 수 있는 비유를 많이 습득할 수 있다는 뜻으로 보아야 한다. 우리는 자기 마음을 잘 표현할 수 있는 비유를 어디에서 배울까? 어떤 비유를 사용해야 그것을 듣는 사람이 이 마음을 잘 이해하고 공감할 수 있을까? 당연히 화자뿐만 아니라 청자가 공통으로 경험하는 사물이나 대상에서 비유를 끌어와야만 한다. 옛사람은 그것을 자연에서 발견했다. 인간은 위대한 비유를 자연에서 배웠다. 《시경》의 시가 보여 주듯이, 자연은 개인이 자신의 고유한 내적 풍경을 서정적으로 묘사하는 데 사용할 풍부한 비유의 원천이 되고, 시를 읽는 사람의 감성을 환기하고 자극하는 데 탁월한 역할을 한다.

영국 작가 올리비아 랭(Olivia Laing)은 강의 상류를 찾아 걷다가 "이 행성에는 세상에 활짝 드러난 채로 흐르는 호수와 강뿐만 아니라 어딘가에 숨어 있는 호수와 강도 있다"[21]라는 생각이 떠올랐다고 한다. 그녀는 숨어서 흐르는 호수와 강의 비유를 통해, 자기 삶에도 드러나지는 않지만 숨어서 흐르는 생명의 힘이 있다는 사실과 눈에 띄지 않아도 샘솟는 사랑으로 생활의 뿌리를 충분히 적시는 성실한 사람의 존재를 환기했다. 그리고 이런 보이지 않는 힘과 사람의 정성에 은밀한 주파수를 맞춰야 한다는 것을 깨닫는다. 그런 깨달음이 찾아온 뒤로 랭은 이렇게 자신의 삶을 돌보았다고 고백한다. "강으로 이끌렸다. 삶이 휘청거릴 때면 저절로."[22] 우리를 삶의 고통에서 구제하는 가장 강력한 힘은 자연, 그리고 자연에서 길어 올린 비유에서 온다.

《시경》 또한 새, 짐승, 초목에서 온 자연의 비유로 가득하다. 이 시집에 수록된 첫 번째 시 〈관저(關雎)〉는 이렇게 시작된다.

구욱구욱 물수리는
강섬에서 울고
아리따운 아가씨는
사나이의 좋은 짝[23]

그림 2-3. 청나라 화가 비이경(費以耕), 〈관관저구(關關雎鳩)〉

이 시에 등장하는 물수리는 암수의 금슬이 좋아서 한번 짝이 맺어지면 평생 짝을 바꾸지 않는 새다. 한쪽이 죽으면 남은 새는 죽을 때까지 혼자 있을 정도이다. 이 시는 사나이 즉 군자(君子)가 자기에게 어울리는 평생의 좋은 짝을 애타게 기다리는 마음을 표현하기 위해 물수리의 울음소리로 시작하며, 그런 마음을 금슬이 좋은 새의 습성에 비유한다. 동시에 물수리처럼 군자가 좋은 짝으로 "요조숙녀(窈窕淑女)", 즉 교양 있고 아리따운 아가씨를 기다린다는 시의 내용은 그것 자체로 또 하나의 비유가 될 수 있다. 그러니까 이 시는 자신에게 어울리는 이와 결혼하여 다복한 삶을 사는 게 진정한 행복이니 이를 위해 애쓰라는 관습적이고 문화적인 지침을 확인하게 하는 시일 수도 있지만, 그것을 넘어서는 의미를 함축한 시가 될 수도 있다.

작가는 자신의 인생관과 세계관을 드러내려고 결혼의 비유를 사용하곤 한다. 소설가 데이비드 로런스(D. H. Lawrence, 1885~1930)는 《무지개》에서 한 등장인물의 입을 빌려 이렇게 말했다.

천사는 남자와 여자가 하나로 합쳐진 영혼이야. … 내가 천사가 된다면 그건 결혼한 나의 영혼이지 내 독신의 영혼은 아니야. 총각 시절 내 영혼이 아닐 거란 말이야. 왜냐면 그때 나는 천사를 만들 영혼

이 없었으니까.[24]

이 이야기는 우선 남녀관계의 일상적인 결혼 상태를 예찬하는 말로 보인다. 그러나 시인 존 키츠(John Keats, 1795~1821)의 멋진 표현처럼, 이 단락은 인생을 "영혼 만들기의 골짜기(a vale of soul-making)"[25]로 여기는 관점에 동참한 것으로 볼 수도 있다. 젊은 남자가 좋은 신부를 간절히 기다려서 맞이한다는 지극히 소박한 내용의 〈관저〉를 유학자들이 중요하게 생각한 것도, 세계와 인간의 삶에 무언가를 만들어 내는 결합의 원리가 이 시에 표현되어 있기 때문일 것이다. 인간의 영혼은 혼자서 저절로 무르익지 않고, 늘 자신과 다른 존재의 적극적이고 한결같은 관계 맺음을 통해 새로워지고 풍요로워질 수 있다는 깨달음을, 시 속의 젊은 남자는 물수리의 울음을 통해서 배웠다. 자신의 철학을 천하에 함께 실현해 줄 정치가들을 찾아 일생을 떠돈 공자였다. 그가 자신의 유교적 이상 국가를 완성해 줄 정치적 짝을 기다리는 것은 요조숙녀를 기다리는 군자보다 훨씬 간절했다.

아들에게도
각별히 당부한
시 공부

공자의 제자 진강(陳亢)이 하루는 백어(伯魚)를 만났다. '백어'는 공자의 아들 공리(孔鯉)의 자(字)이다. 아들이 태어났을 때 노(魯)나라의 고위층이 잉어를 선물로 보낸 것을 기념하여 이름을 잉어를 뜻하는 '리(鯉)'로 지었다는 이야기가 전해진다. 진강은 평소 스승이 자녀에게만 별도로 전수하는 비장의 학습 비법이 있지 않을까 의심스러웠던 모양이다.

　진강이 백어에게 물었다. "그대는 별도로 들은 것이라도 있는가?" 백어가 대답했다. "없습니다. 일찍이 홀로 서 계실 때 제가 종종걸음으로 마당을 지나가자, "시를 배웠느냐?" 하고 물어보셨습니다. "아직 배우지 못했습니다"라고 대답했더니, "시를 배우지 않으면 말을 할 수 없다" 하시기에 물러 나온 뒤에 시를 배웠습니다. 다른 날에 또 홀로 서 계시는데 제가 종종걸음으로 마당을 지나가니, "예를 배웠느냐?" 하고 물어보셨습니다. "아직 배우지 못했습니다"라고 하니, "예를 배우지 않으면 남 앞에 나설 수가 없느니라" 하시기에 물러 나온 뒤 예를 배웠습니다. 이 두 가지를 들었습니다." 진강이 물러나 즐거워하며 말했다. "한 가지를 물었다가 세 가지를 얻었다. 시에 대해 들었고, 예에 대해서 들었고, 군자가 자기 아들을 제자보다 특별히 가까이하지 않는다는 것을 들었다."[26]

중국에서는 명나라 시대부터 공자의 생애와 행적을 그림으로 그리는 일이 본격적으로 유행했다. 그런 그림을 '공자성적도(孔子聖蹟圖)'라고 통칭한다.[27] 이 중에 〈과정시례(過庭詩禮)〉, 즉 '뜰을 지나는 아들에게 시와 예에 대해 이야기하다'라는 제목의 그림이 있다. 백어가 전한 위의 일화를 묘사한 것이다. 이 일화는 그림으로 그려질 만큼 후대의 유학자가 중요하게 다뤘음을 알 수 있다. 앞서 언급했듯이 공자가 아들에게 '시를 배웠느냐'라고 물은 것은 이후에 《시경》으로 불린 시 300여 편을 열심히 공부하는지를 확인한 것이다. 대체 공자에게 《시경》이 어떤 책이길래 제자와 아들을 가리지 않고 학습을 당부한 것일까?

공자는 노나라 사람이었다. 노나라는 주나라의 제후국 가운데 하나였는데, 주나라에서 시는 당시 귀족 자녀의 교육 과정에 포함된 중요한 교과목이었다. 주나라가 각별히 귀족 교육에 신

過庭詩禮

孔子嘗獨立鯉趨而過庭曰學詩乎對曰未也不學詩無以言鯉退而學詩他日又獨立鯉趨而過庭曰學禮乎對曰未也不學禮無以立鯉退而學禮

그림 2-4. 〈과정시례〉, 《공자성적도》(何新 主編, 《孔子聖迹圖》, 中國書店, 2012)

경을 쓴 이유는 중국 전역을 효과적으로 통치하기 위해 봉건제
를 도입한 데 있었다. 주나라는 '은나라'로도 불리는 상나라를 무
너뜨리고 새로운 왕조를 건설했지만, 중국 전역을 통제하기가
쉽지 않았다. 따라서 천자(天子)가 직접 다스리는 직할지에서 멀
리 떨어진 지역의 영토를 종친이나 공신에게 하사하고 그들을
제후로 봉하여 지방 세력을 통제하고 변방의 영토를 수호하고

개척하게 하는 봉건제(封建制)를 새로운 통치 체제로 확립하였다. 그렇게 각 영토에 정착한 봉건 제후는 낯선 지역의 토착민이 어떻게 살아가고 성향이 어떤지 파악해 민정(民情)에 기반한 통치 전략을 세워야 했다.

이후 제후의 지위는 대대로 세습되기는 했지만, 처음에 각 지역으로 내려간 제후의 처지는 낯선 오지에 떨어진 문화인류학자와 비슷했을 것이다. 문화인류학자가 현장 연구를 위해 도착한 곳은 그가 살아온 곳과 기후도 계절도 달랐고, 들과 강에 사는 새와 뒤뜰에 피는 꽃과 나무도 달랐다. 토착민의 풍습과 표정도 그가 이때껏 경험해 보지 못한 것이었다. 문화인류학자를 타지인, 즉 친밀하고 오래된 지역공동체의 외부자로 취급하는 이들에게 다가가는 일은 너무 어려웠다. 제후도 마찬가지였을 것이다. 그 나라의 백성을 통치하려면 먼저 그들의 삶을 이해해야 했다. 그들이 하는 생각의 흐름을 살피고 희로애락을 함께 느끼며 지역의 고유한 생활양식도 파악할 수 있는 효과적인 방법이 필요했다. 그래서 시작한 것이 시를 채록하는 채시(采詩)였다.[28] 봉건 제후는 자신이 통치하는 지역의 민간에서 유행하는 노래를 채집해 오라고 명한 뒤, 소리꾼이 외워 온 민가를 듣고 가사를 기록해서 중앙의 천자에게도 보냈다. 이 과정에서 채집되어 기록된 민간의 노래가《시경》의 일부가 되었다. 흥미로운 것은 전국 각지에서 제후가 보낸 민가를 천자는 기록된 시의 형태로 읽지 않았다는 사실이다. 문자로 적힌 시가 천자에게 도착하면, 궁정에 소속한 전문 악사가 곡을 입히고, 그 곡을 전문 연주자인 악공이 천자 앞에서 정성스레 연주하며 노래로 불렀다. 애초에 노래였던 것이 시로 바뀌고, 시가 다시 전문 예술가의 손을 거쳐 재가공되어 연주됨으로써 최고 통치자는 각 지역 백성의 감정과 애환을 온몸과 마음으로 생생히 느낄 수 있었다.

현대 정치가가 각지로 조사원을 파견해 수집한 각종 정보로써 정세를 파악하고, 여론조사기관이나 연구기관에서 실시한 조사결과로써 여론을 읽는다면, 주나라의 정치가는 시로써 여론과 민심을 파악하는 작업을 했다고 할 수 있다. 정치공학적으로 설계된 요즘의 여론조사처럼 백분율의 숫자로 환원되는 민심이 아니라, 마음 한가운데로 곧장 파고들어 울림을 일으키는 생생한 민심 말이다. 시의 이러한 역할 때문에《시경》에 실린 3000년 전의 민가는 동아시아 지식인에게 공통의 핵심 교양이 되었다.

《시경》은 크게 〈풍(風)〉, 〈아(雅)〉, 〈송(頌)〉의 세 부분으로 구성된다. 먼저 〈풍〉에는 앞에서 말한 민간에서 채집된 160편의 시가 실렸다. 전체 305편 가운데 절반이 넘는다. 이 시들은 각각 채록된 지역과 나라에 따라 분류되어서 〈국풍(國風)〉이라고도 한다. 정나라의 노래는 〈정풍(鄭風)〉, 제나라의 노래는 〈제풍(齊風)〉,

이런 식으로 제후국마다 고유한 특색을 지닌 노래들이 정리되었다. 〈아〉는 귀족이 공식 연회에 손님을 초대하면 악기 반주에 따라 부른 노래들로, 105편이 여기에 실려 있다. 〈송〉은 주나라의 역사와 그 역사적 교훈을 담은 40편의 노래를 모은 것이다. 집단적 정신교육 자료라고 볼 수 있다. 귀족 자녀들은 송을 부르면서 노래에 담긴 역사적 교훈을 기억하고 내면화했다.²⁹

《시경》에 실린 시의 성격이 이러했기에 공자가 제자들과 아들에게《시경》 공부에 힘쓰기를 당부한 것은 자연스러운 일이다. 정치 엘리트가 되려면 통치할 지역의 풍속을 이해하고, 공식석상에서 품위 있는 행동으로 외교술을 발휘하며, 자신이 운영을 책임져야 할 공동체에 관한 역사의식과 사명감을 키워야 했는데, 그러기 위해 이 모든 영역에서 활용되는《시경》 공부가 필수였다.

3

삶의
미학화

한 줄의
시처럼 표현된
인생관

오랫동안 동아시아의 지식인에게 《시경》은 정치적·윤리적 실천을 위한 기초 교육의 교재였다. 그렇다면 이런 물음이 제기될 수 있다. 시를 통한 미적교육은 결국 문학과 예술을 핑계 삼아 도덕적이고 유능한 정치 인재를 양성하는 것이 주목적인 정치 엘리트 교육일 뿐이지 않은가? 이 물음의 저변에는 미적교육은 어떤 정치적 의도도 개입하지 않고 정치적 효과도 내지 않아야 한다는 미학적 순수주의가 깔려 있다. 이 관점을 두고 다양한 논쟁이 존재한다. 그러나 동양과 서양을 불문하고 적어도 고대인은 아름다움을 정치나 윤리와 분리해야 한다는 생각을 무척 낯설어했다. 고대인에게 그런 생각은 아름다움을 삶과 떼어서 보아야한다는 말과 비슷했기 때문이다. 그래서 동아시아의 미적교육의 전통을 이해하려면 정치나 도덕과 무관한 미학의 독자적인 영역을 찾으려고 하기보다, 고대 동아시아인의 미학적 관점이 그들의 도덕적 사유와 정치적 활동에 어떤 영향을 미쳤는지를 살펴보는 것이 더 바람직하다. 엄밀히 말해 그들에게 미적교육은 정치와 도덕 교육의 도구가 아니었다. 오히려 그것은 독특한 정치적 사유와 윤리적 사유를 배양하는 인큐베이터였고 발전의 방향을 이끄는 라이트모티프(Leitmotiv)였다. 나아가 그들은 미적교육을 통해 사람이 정치와 윤리를 아우르는 인생 전체에 관한 관점, 이른바 인생관을 갖기를 원했고 그 인생관을 시적으로 표현하려고 했다.

우리의 인생관은 어떻게 만들어질까? 인생관을 정립하는 데 출발점이 되는 물음이 있다. '삶이란 무엇인가?', '삶에 어떤 의미가 있을까?', '어떻게 살아야 할까?', '삶과 죽음은 어떤 관계가 있을까?' 등등. 이런 물음은 살면서 힘들고 고통스러운 일을 겪을 때나 삶이 위태로워지는 순간이면 자연스레 흘러나오기도 하지만, 이 물음을 가능하게 하고 그 답을 찾게 하는 근본 전제가 있다. 바로 죽음이다. 죽음이 없다면 삶에 관한 물음도 생겨나지 않을 것이다. 삶이 죽음으로 인해 한계가 정해진다는 사실이 우리를 이 물음으로 떠민다. 공자 또한 죽음이 인간이면 누구도 피할 수 없는 숙명임을 늘 의식하고 있었던 듯 보인다. 제자인 자공(子貢)과 정치를 주제로 하여 대화를 주고받다 공자는 은연중에 "예로부터 누구에게나 다 죽음이 있다"[1]라고 말했다. 그는 사람마다 얼마나 살지 길고 짧은 차이는 있겠지만, 인류 역사에서 불사(不死)의 인간은 단 한 명도 없었다는 사실을 떠올리면서 죽음을 인간에게 예외 없이 닥쳐올 귀납적 진리로 받아들인다. 《논어》〈자한〉에 이와 관련해서 생각해 볼 만한 짤막한 일화가 하나 실려 있다.

선생님께서 시냇가에서 말씀하셨다. "흘러감이 이와 같구나! 주야로 쉬지 않는도다."[2]

이 일화는 《공자성적도》에 〈재천관수(在川觀水)〉, 즉 '냇가에서 흐르는 물을 보다'라는 제목의 그림으로 남아 있다. 지극히 짧고 간결한 내용으로 이루어졌음에도 후대의 유학자에게 무척 의미심장하게 다가갔음을 알 수 있다. 하지만 공자가 한 말은 굳이 위대한 철학자가 아니더라도 누구든 흐르는 강물을 바라보면서 한 번쯤은 할 법한 말이다. 이해하기 어려운 용어가 전혀 사용되지 않았다. 너무 평이해서 오히려 《논어》의 편찬자가 이 일화를 기록한 특별한 이유나 의도가 따로 있는지 묻고 싶을 정도이다. 공자의 제자들이 스승의 어록을 편찬하면서, 자신들의 기억 속에 떠오른 스승의 말을 무작정 다 실었을 리는 없으니 말이다. 그 가운데 다른 사람에게 전할 만한 가치가 있는 말, 읽는 사람

그림 3-1. 〈재천관수〉, 《공자성적도》(何新 主編, 《孔子聖迹圖》, 中國書店, 2012)

이 자기의 삶과 연결해 많은 생각을 하게 하거나 다른 사람과 깊은 대화를 나눌 수 있게 하는 말을 엄선해서 《논어》로 엮었을 것이다.

"흘러감이 이와 같구나! 주야로 쉬지 않는도다"라는 공자의 말 또한 눈앞에 펼쳐진 자연현상을 단순히 묘사한 것이었다면, 《논어》에 실리지 않았을 것이다. 여기서 쉬지 않고 흐르는 물은 공자가 자신의 철학적 메시지를 전달하기 위한 비유로서 선택했음이 분명하다. 따라서 이 문장을 우리는 분석적인 방식으로 접근하기보다, 공자가 어떤 비유적 맥락에서 이 말을 했을지, 이 말을 한 공자의 의도가 무엇인지, 이 비유적 표현의 심층적 의미와 의도를 묻고 그 답을 상상해야 한다. 비유의 특성 때문에 그 답 또한 하나의 정답만 있지 않고 다양한 해석으로 열려 있다. 《논어》에는 이렇게 독자의 추측과 해석을 요하는 공자의 말이 많이 있다. 왜 공자는 제자들에게 이런 발언을 즐겨 했으며, 왜 제자들은 이런 문장을 《논어》에 그대로 수록했을까? 공자와 제자들은 비유적 표현을 사용하거나, 비유는 아니더라도 간결하면서도 함축성이 큰 문장을 구사함으로써, 다양한 해석으로 열려 있고 새로운 물음과 생각이 풍성하게 이어지는 대화를 자신들의 배움 공동체의 고유한 언어적 전략으로 삼았던 것은 아닐까? 말의 표면적 의미는 쉽게 이해할 수 있지만, 오히려 그 점이 사람에게 그 말을 실마리로 삼아 스스로 더 많은 말을 하게 하고 더 많은 의미를 생산하게 하는 그런 언어적 전략 말이다.

다른 고전과 비교해 볼 때, 《논어》가 구사하는 언어적 전략은 두 가지 요소가 두드러진다. 첫째 접근 가능성이다. 공자는 소수의 뛰어난 제자만 알아들을 수 있는 난해하고 전문적인 표현을 쓰기보다, 누구나 쉽게 접근할 수 있게 알기 쉬운 표현을 주로 사용했다. 둘째 앞에서 살펴보았듯이 해석의 다양성이다. 공자는 누구든 쉽게 접근할 수 있으면서도 말의 의미에 관한 해석은 사람마다 달라질 수 있게 간결하고 함축적인 문장을 구사했다. 사람마다 달라질 뿐만 아니라, 한 사람에게서도 시간의 흐름에 따라 의미의 이해가 더욱 확장되고 심화되기도 한다. 그래서 북송의 정이(程頤, 1033~1107)는《논어》독서 경험을 이렇게 고백했다.

> 나는 17~18세 때부터《논어》를 읽었는데, 그 당시에도 이미 글자 뜻은 알고 있었다. 그러나 그 후로 읽으면 읽을수록 그 의미가 더욱 깊어지고 커짐을 느꼈다.[3]

오래 읽을수록 의미가 깊어지고 커지는 "의미심장(意味深長)"의 언어적 전략을 공자는 체득하고 있었다. 그의 물의 비유는 이런 언어적 전략을 발휘한 대표 사례라 할 수 있다. 그런 만큼 이후에 다양한 해석이 나왔다. 후대의 유학자 사이에서 해석의 쟁점이 된 것은 당연히 밤낮으로 쉬지 않고 흘러가는 냇물이 과연 무엇에 비유되었는가 하는 점이다. 이를 둘러싸고 의견이 분분했다. 가장 앞선 반응은《맹자》〈이루하〉에서 발견할 수 있다.

> 서자(徐子)가 말했다. "공자께서는 자주 물을 찬미해 "물이여! 물이

여!"라고 하셨는데, 물에서 어떤 점을 높이 산 것입니까?" 맹자가 말했다. "근원을 가진 샘물은 솟구쳐나와 밤낮으로 쉬지 않고 흘러가며, 움푹 패인 웅덩이들을 다 채운 후에는 앞으로 나아가 사해(四海)에까지 이른다. 근원이 있는 것은 이와 같으니, 공자께서는 이 점을 높이 산 것이다. 근원이 없는 빗물의 경우, 칠팔월 사이에 빗물이 모여 크고 작은 도랑들을 가득 채우지만, 그것이 마르는 것은 서서 기다릴 만큼 금방이다." 그러므로 명성이 실제보다 지나친 것을 군자는 부끄럽게 여긴다.⁴

서자는 본명이 서벽(徐辟)인 맹자의 제자이다. 맹자는 그의 물음에 답하면서 사방의 바다로 흘러가는 물의 특성에 초점을 맞춘다. 원천에서 용솟음쳐 나온 물은《논어》〈자한〉에서 공자가 썼던 표현 그대로 "밤낮으로 쉬지 않고 흘러가(不舍晝夜)"면서 길에 난 모든 구덩이를 건너뛰는 법 없이 가득 채우고 지나간다. 얕으면 얕은 대로 움푹 파였으면 파인 대로 흘러들어 평평히 채운 뒤 계속 흘러가 큰 바다에 이른다. 그러나 한여름 소나기는 일시적으로 아무리 맹렬히 쏟아지더라도 반나절도 되지 않아 금세 말라 버린다. 끊임없이 물을 공급하는 샘이 없기 때문이다.

여기까지 맹자가 든 비유를 읽노라면, 백성이 겪는 삶의 곤궁함을 크면 큰 대로 작으면 작은 대로 물처럼 흘러가며 평평히 채워 주고 싶어 하는 유가의 정치 이상에 관한 아름다운 몽상이 피어오른다. 과시적이고 일회적인 정치적 이벤트가 아니라 인간 존재에 큰 철학적 이상을 품고서 사람의 삶을 돌보면서 그 이상을 향해 전진하려는 태도가 느껴지기도 한다. 또 맹자의 비유는 우리의 인격을 완성하는 과정에 관한 성찰을 불러오는 또 다른 상념을 낳기도 한다. 사람은 누구나 마음속에 크고 작은 구덩이를 안고 살아가지 않는가. 우리는 그 결핍의 구덩이를 보고 싶지 않아 매번 피해 가거나 건너뛰고 싶어 한다. 그러다 자기도 모르게 거기에 걸려 넘어지기도 하고 빠져서 헤어나지 못하기도 한다. 그런 구덩이는 영원히 사라지지 않을 수도 있다. 하지만 우리 마음속 어딘가에서 샘솟는 삶의 의지와 생명의 힘이 있다면 흐르는 물처럼 그것을 가득 적시고 채울 수 있을 것이다. 그 샘을 찾아서 물길을 터 준다면 구덩이로 송송한 우리 삶은 다시 건강해질 수 있지 않을까. 이처럼 흐르는 물이라는 근본 비유는 그 비유를 해석하는 이에게 또 다른 방향으로 뻗어 가는 생각의 길을 열어 준다. 공자는 밤낮으로 쉬지 않고 흘러가는 물의 이미지를 말했건만, 맹자는 모든 구덩이를 건너뛰는 법 없이 흘러들어 채우는 물의 속성을 덧붙이면서 비유의 맥락을 더 조밀히 엮어낸다.

서벽의 질문에 맹자가 한 답변은 군자의 명성과 실제에 관한 언급으로 끝난다. "그러므로 명성이 실제보다 지나친 것을 군자는 부끄럽게 여긴다"라는 결론이다. 그러나 맹자는 이 문장으로 공자의 물의 비유가 의도한 정확한 의미를 확정하려고 한 것 같지는 않다. 그는 단지 해석의 가능성을 명성과 실제의 관계로 좁혀서 지금 자기 앞에 있는 제자에게 꼭 들려주고 싶은 말을 했을 뿐이다. 주희는《맹자집주(孟子集註)》에서 추호(鄒浩)라는 북송 유학자의 해석을 소개했다.

　　공자가 물을 칭찬한 것은 그 뜻이 미묘하다. 맹자가 유독 이 점만을 취한 것은 서자에게 시급한 문제에 초점을 맞춰서 말했기 때문이다.[5]

　맹자는 공자의 본래 뜻이 어디에 있는지에 관심이 있다기보다, 공자의 비유를 활용해서 현재 배움의 맥락에 맞게 대화를 끌어가려는 듯한 인상을 강하게 준다. 맹자야말로 공자의 가장 독창적인 해석자 가운데 한 사람인 것이다.

　공자의 물의 비유에 관한 후대 유학자의 해석은 굳이 분류하자면 두 개의 서로 다른 견해로 나뉜다.[6] 하나는 이 문장을 탄식의 뉘앙스로 읽는 것이다. 이 견해에서 보면 흐르는 물은 시간의 돌이킬 수 없는 흐름, 이른바 시간의 불가역성을 비유한 것이다.

결국 그런 시간의 흐름에서 우리 인생은 무엇 하나 붙잡을 것 없이 무상하게 흘러가 버린다. 그리고 그 끝에는 죽음이 기다린다. 이렇게 이해하면 〈자한〉의 이 문장은 공자가 삶의 덧없음과 허무함을 한탄하면서 한 말이 된다. 또 하나는 이와 전혀 달리 이 문장을 감탄의 뉘앙스로 읽는 것이다. 냇물이 한순간도 고이지 않고 앞으로 나아가듯 우리도 부단히 공부하고 자기를 갈고닦아 인격이 향상할 수 있게 해야 한다는 교훈을 주려고 공자가 이렇게 비유했다는 것이다. 이렇게 보면 공자의 말은 제자에게 부단한 자기 성장과 발전을 촉구하려는 의도에서 나온 것이 된다.

삶의
진상을
응시하기

그런데 물의 비유에 관한 두 가지 해석을 꼭 배타적인 관계에 있는 것으로 보아야 할까? 두 해석은 양립할 수 없을까? 공자의 철학 전반을 두고 볼 때, 이 둘은 양립 가능성을 넘어서 본질적으로 깊은 연관이 있다. 공자가 우리에게 자기를 부단히 성장하게 해야 한다고 주장하는 그 이면에는 인생의 덧없음과 삶의 유한성에 관한 자각이 짙게 깔려 있기 때문이다. 공자의 철학에는 삶의 유한성에 관한 감각과 그 감각에 뿌리를 둔 자기 성장에 관한 관심과 의지가 함께 나타난다. 그는 자신의 철학을 관통하는 강렬한 허무와 자기완성의 욕망을 〈자한〉에 실린 한 줄의 시적 비유로 압축했다. 그렇다면 유한성에 관한 그의 예민한 감각은 어디에서 왔을까?

공자와 맹자가 살았던 춘추전국시대에는 '제자백가(諸子百家)'라고 불린 다양한 철학자와 갖가지 학파가 역사의 무대 전면에

일제히 등장해서 활약했다. 이런 철학자의 시대는 전쟁으로 삶의 불안과 위기가 일상화되다시피 한 현실에 바탕을 두고 있었다. 전쟁 시에는 부조리한 죽음이 난무한다. 죽음의 문제가 삶의 소란스러움에 가려지거나 삶의 언저리로 밀려나지 않고, 삶 한가운데에서 불쑥불쑥 그 모습을 내민다. 이런 때일수록 살아간다는 것의 의미가 무엇인지, 삶이 죽음보다 나은 이유는 무엇인지, 언제 어떻게 닥쳐올지 모를 죽음이라면 사는 동안 무엇을 위해서 살아야 할지 등의 문제에 사람은 진지해지기 마련이고, 이런 고민에서 철학적 사유도 깊어질 수밖에 없다. 공자가 세상을 떠난 지 한 세기 뒤에 태어난 철학자 장자(莊子, 기원전 369?~기원전 289?)는 이렇게 토로한다.

인간의 삶이라는 것이 정말로 이렇게까지 암담한 것인가? 아니면 나만 혼자 암담한가? 사람들 가운데 암담하지 않은 자도 있는가?[7]

장자는 다른 사람은 암담하지 않은데 자기만 그러한지가 궁금해서 이렇게 물은 게 아니다. 그는 삶의 고단함과 죽음이 주는 허무함, 거기서 엄습하는 암담한 심정이 자기처럼 예민한 몇몇 철학자만의 문제가 아니라 인간 실존의 보편적인 문제임을 반어 의문문의 형식으로 표현했다. 인생은 힘들고 고단하다. 이런 고단한 삶이 무언가 대단한 걸 위한 것이고, 고통스러운 만큼 찬란한 보상이 약속된다면 기꺼이 감내하고 살아 보겠는데, 결국에 다 끝나고 허무히 사라져 버린다는 사실이 우리를 한없이 슬프고 막막한 심정이 되게 한다. 그래서 장자는 삶을 이렇게 비유했다.

인간이 하늘과 땅 사이에서 살아가는 것은 마치 흰 망아지가 벽의 갈라진 틈 앞을 휙 지나가는 것처럼 한순간일 뿐이다. 모든 것이 솟구쳐 오르듯 불쑥 나왔다가, 모든 것이 흘러가 사라지듯 들어가 버린다. 한 차례 변화로 태어났고, 또 한 차례 변화로 죽어 간다. 살아 있는 존재들은 이를 슬퍼하고 인류는 이를 서러워한다.[8]

삶은 달아나는 흰 망아지를 벽 틈새로 얼핏 보는 순간처럼 짧다. 망아지가 태어났으니 이 어린 말이 잘생기고 늠름한 명마로 성장하는 모습을 오래오래 즐거이 지켜보고 싶지만, 벽의 갈라진 틈이 너무 좁아서 더는 볼 수가 없다. 우리는 모두 삶의 유한성이라는 벽 앞에 서 있다. 이 벽은 너무 두껍고 단단해서 부술 수도 없다. 어떻게든 눈을 가까이 가져다 대고 조금이라도 넓게 시야를 확보하려고 애써 보지만 눈앞으로 쏜살같이 지나가는 '순간' 말고는 아무것도 보이지 않는다. 말을 붙들어 타고 시원히 달리기는커녕 말의 전체 형상조차 온전히 감상할 수 없는 것이 인생이다. 또 우리의 삶이 그렇다고 말한들 그 말로 삶의 속절없음이 바뀌지도 않는다. 그래서 대부분의 사람은 죽음을 똑바로 보려고 하기보다 덮어 두는 쪽을 택한다. 어차피 죽음을 피할 수 없다면, 우리가 그것을 근심하고 고민하는 게 무슨 의미가 있을까? 열심히 살다 죽음의 순간이 오면 그때 홀연히 가면 되지 않을까? 독일의 철학자 마르틴 하이데거(Martin Heidegger, 1889~1976)에 따르면, 많은 이가 "죽음은 확실히 온다. 하지만 아직 당장은 아니다"라고 말한다.[9] 그들은 '하지만'이라는 말로 죽음의 문제를 손쉽게 회피하려고 하는 것이다.

그러나 누구에게든 죽음의 문제를 외면할 수 없는 순간이 찾아온다. 자기를 보살펴 주는 사람이 죽음을 맞이하거나 자기가 아끼고 사랑하는 사람이 세상을 떠나는 일, 또는 자기 인생에 큰 영향을 미친 사람이 죽는 일은 누구든 겪기 마련이다. 무엇보다도 자기에게 닥쳐올 죽음은 피하고 싶다고 해서 피할 수도 없고 다른 사람이 대신해 줄 수도 없다. 온전히 자기 자신이 감당해야 할 문제이다.

미국의 저명한 정신과 의사이자 실존주의 심리상담가인 어빈 얄롬(Irvin D. Yalom)이 쓴 책 가운데《보다 냉정하게 보다 용기 있게》라는 책이 있다.[10] 이 책의 원제 '태양을 응시하기(Staring at the Sun)'는 얄롬이 프랑스 작가 라로슈푸코(La Rochefoucauld, 1613~1680)의 "태양과 죽음은 정면으로 바라볼 수가 없다"[11]라는 경구에서 가져온 것이다. 우리가 죽음을 정면으로 바라보는 일은 태양을 정면으로 응시하는 일처럼 어렵지만, 용감히 대면할 수만 있다면 오히려 삶을 좀 더 깨어 있는 상태에서 산다는 의미가 담겨 있다. 물론 많은 사람이 하이데거가 말한 회피의 방식으로 죽음의 문제를 해결하려고 한다. 하지만 이는 결국 실패로 돌아간다. 오랫동안 많은 사람을 상담한 얄롬은 여러 내담자의 사례에서 중대한 사실을 깨달았다고 한다. 그들이 호소하는 수많은 증상은 겉으로 죽음의 문제와 무관한 듯 보이지만, 근본적으로 그들이 겪은 죽음의 경험과 거기서 비롯한 두려움과 불안이 마음 깊숙이 숨어 있다 위장된 형태로 모습을 드러냈다는 것이다. 그럴 때는 자기 안에 꼭꼭 감춰 둔 죽음에 관한 두려움과 불안을 솔직하게 드러내고 정확히 바라보면서, 그 두려움과 불안이 자기 삶에 어떤 영향을 미치는지를 하나하나 성찰하는 것이 진정한 성장의 첫걸음이라고 얄롬은 말한다.

공자와 장자는 모두 태양을 정면에서 응시한 용감한 사람이다. 물론 공자는 죽음에 관한 관심을 번번이 표명하면서 여러 비유와 우화로 죽음의 문제를 적극적으로 다룬 장자와 달랐지만, 그의 인생관은 죽음을 인식하고 삶의 유한성을 자각하는 데서 출발한다. "흘러감이 이와 같구나! 주야로 쉬지 않는도다"라는 공자의 말을, 삶의 덧없음과 허무함을 탄식한 것으로 해석한 후대의 유학자는 공자의 철학에서 바로 그 점을 보았다.

　그렇다면 공자는 인생에 관해 순전히 허무주의적이기만 했을까? 만약 그랬다면 물의 비유에서 부단히 공부하고 자기를 성장하게 할 것을 촉구하는 공자의 목소리를 읽어 내는 것은 타당하지 않을 것이다. 도저한 허무주의자는 여하한 노력과 성취도 잠시의 일일 뿐 결국 모든 것은 무로 돌아간다는 비애에서 빠져나올 수 없기 때문이다. 그러나 공자는 죽음을 응시하고 직면하면서 자기 형성과 인격의 완성이라는 문제로 나아갔다. 공자가 근면한 배움으로 자기를 갱신하고 성장하는 문제에 깊이 천착했음을 확인하기 전에, 후대의 학자가 그의 인생관을 이해하려고 할 때 중요한 출발점으로 삼은 또 다른 단락 하나를 살펴보자.

삶을 제대로 모르면서,
어찌 죽음을
알겠는가

죽음을 자주 언급하지 않은 공자였기에, 사람들에게 더 강렬히 각인된 《논어》의 한 단락이 있다. 〈선진〉에 실린 공자와 계로(季路)의 문답이다. 계로는 '자로(子路)'로 더 많이 불리는 제자 중유(仲由)로, 계로와 자로는 모두 중유의 자이다. 계로는 공자 제자 가운데 나이가 제법 많은 편이었다. 성정이 용맹하고 대담해서 공자에게 대들기도 잘했다. 하지만 스승의 가르침에 자기 방식으로 충실하려고 애쓴 사람이다. 그런데 이렇게 용감하고 담대한 사람이 귀신에게 비는 일이나 사후세계에 관심이 많았던 듯하다.

계로가 귀신을 섬기는 일에 대해 물으니, 선생님께서 말씀하셨다. "미처 사람도 제대로 섬기지 못하면서 어찌 귀신을 섬길 수 있으리오?" "감히 죽음에 대해 여쭙습니다." "아직 삶을 제대로 모르면서,

귀신은 제사를 지내면 그 제사를 받는 영적 존재이다. 죽은 조상의 영혼도 여기에 포함된다. 귀신 섬기는 일을 물었다는 것으로 보아, 계로는 사람이 죽으면 그것으로 끝이 아니라, 살아 있는 사람과 방식이 다르긴 해도 여전히 존재한다고 믿은 것이 분명하다. 그는 죽음이라는 사건을 통해 맞닥뜨리는 삶의 한계, 그 유한성에는 관심이 없어 보인다. 삶이 강물처럼 덧없이 흘러가고 말처럼 쏜살같이 달려가 버리는 데서 오는 허무함을 방어하기 위해 현실의 삶 말고 다른 삶이 어딘가에 존재할 것이라고 믿는 것은 자연스럽다. 무엇과도 맞서 싸우기를 주저하지 않는 계로였기에, 오히려 그 어떤 용맹한 무사도 도저히 맞수가 될 수 없는 죽음 앞에서 사후의 존재를 희망의 방패로 들었을지도 모르겠다. 그런 사람에게 스승이 귀신 섬기는 일보다 살아 있는 사람을 섬기는 일이 우선이라고 했으니, 계로는 다소 난감했을 것이다. 이에 그는 정면 돌파하기로 결심한 듯 단도직입적으로 죽음에 관해 묻는다. 공자의 대답은 이렇다. "삶을 제대로 모르면서, 어찌 죽음을 알겠는가?"

이 대답은 널리 알려진 말이기는 하지만, 후대의 학자 사이에 공자의 의도를 두고 해석이 엇갈렸다. 어떤 이는 계로가 제기한 물음은 명확히 해명할 수 없는 종류의 물음이기에 뭐라고 말한들 무익하다는 판단으로 공자가 대답을 피한 것이라고 설명한다. 또 어떤 이는 삶과 죽음, 살아 있는 사람과 귀신은 떨어져 있지 않으므로 두 가지 이치가 따로 있지 않음을 공자가 강조했다고 보기도 한다.[13]

어느 쪽으로 보든, 공자는 우리가 죽는다는 사실을 직시한 뒤 생기는 두려움과 허무함을 극복하려고 사후세계나 내세를 상정하는 종교적 해결 방식이 그리 탐탁하지 않았다. 이런 종교적 세계관은 공자 이전 시대의 사람에게는 익숙했지만, 공자의 시대로 오면서 종교적이고 신비한 현상에 쏠린 관심을 인간 자신에게 돌리는 합리적 경향이 점점 커졌다. 춘추시대에 이르러 철학자 사이에 인간 존재를 두고 여러 가지 철학적 주제가 활발히 논의되기 시작했다. 공자는 그 흐름의 한가운데 있으면서 유교문화 특유의 인간 중심주의의 시작을 알린 철학자였다. 이 점을 잘 보여 주는 게 〈술이〉의 다음 문장이다.

선생님께서는 괴이한 일, 힘센 사람의 일, 정도를 어지럽히는 일, 그리고 귀신에 관한 일은 말씀하지 않으셨다.[14]

"괴력난신(怪力亂神)"이라는 사자성어가 나오는 단락이다. '괴'

는 합리적으로 설명이 되지 않는 괴이한 일이고, '력'은 상식을 넘어서는 괴력을 부리는 일이다. '난'은 인간관계의 질서를 무너뜨리거나 사회적 혼란을 불러오는 일, 그리고 '신'은 귀신과 관련한 일을 말한다.[15] 공자가 이 네 가지 종류의 일에 관해서 언급을 피한 것은, 인간의 삶이 비합리적이고 폭력적이고 신비한 힘으로 좌지우지되는 현상을 비판적으로 바라보았음을 보여 준다. 공자는 인간이 자기 신뢰를 바탕으로 해서 인간만의 합리적인 능력과 도덕적 주체성에 따라 판단하고 행위하며, 그래서 인간적인 힘으로 살아가는 것, 오로지 여기에 관심이 있었다. 그러니 귀신의 존재나 사후세계에 관한 물음에 적극적으로 답하지 않은 것도 당연하다.

《논어》〈옹야〉에 귀신을 대하는 지혜로운 태도를 공자가 이야기한 단락이 있다. 번지(樊遲)라는 제자가 공자에게 지혜로움에 관해 질문하자 공자는 다음과 같이 답한다.

> 백성을 올바로 이끄는 도리에 힘쓰고, 귀신을 공경하되 가까이하지 않으면 지혜롭다고 할 만하다.[16]

여기서 공자는 사람의 주된 책무는 구체적인 삶에서 정의를 실현하는 데 있고, 귀신은 공동체를 결속할 문화적 의례의 대상으로서만 의미가 있다는 평소 생각을 드러냈다. 공자는 제사를 지낼 때 어떤 이유로든 본인이 그 제사에 직접 참석하지 않으면 그 제사는 지내지 않은 것과 똑같다고 말하기도 했다.[17] 제사에서 중요한 것은 귀신이 정말로 존재해서 그 제사 현장에 있는지 여부가 아니다. 귀신이 실제로 있든 없든 살아 있는 사람이 마치 귀신이 앞에 있기라도 한 듯 몸과 마음을 다해 경건하고 정성스레 의례를 행하는 데서 오는 수행적 효과가 더 중요하다. "경이원지(敬而遠之)", 즉 귀신을 공경하되 가까이하지 않는다는 말은 이런 태도에서 나왔다. 공자는 인간의 지혜를 귀신이나 초월자의 유무를 둘러싼 논쟁에 쓰는 것을 소모적이라 여긴 듯하다. 공자가 초월적 존재를 대하는 태도는 《장자》의 표현을 빌리자면, "존이불론(存而不論)",[18] 즉 어떤 문제를 그냥 내버려둬서 이러쿵저러쿵하는 논쟁에 휘말리지 않는다는 것이다.

계로는 스승에게 죽음에 관해 물었다. 그러나 사실 우리는 죽음에 관해서 말할 것이 별로 없다. 경험할 수 없기 때문이다. 물론 다른 이의 죽음을 목격할 수는 있다. 그러나 이때 남의 죽음은 내 삶에서 벌어지는 일이지 죽음 그 자체는 아니다. 내가 죽음 자체에 속하는 것은 내가 죽는 그 순간뿐이지만, 죽음의 순간은 내가 사라지는 순간이어서 곧 나라고 말할 존재도 없고 그 경험을 말할 일은 더더구나 없다. 공자는 계로가 죽음을 직시하는 대신 죽음 너머의 초월적인 일을 궁금해 한다고 여겼다. 인간이 사후의 존재에 관심을 두는 이유는, 인간이 언젠가 죽을 수밖에 없는 유한한 존재이고, 또 인간의 힘으로 할 수 없는 게 너무나 많다는 걸 자각했을 때이다. 인간은 그에 대한 반동으로, 영원불변하고 살아 있는 인간의 한계를 뛰어넘는 힘과 권능을 가진 존재가 있을 거라고 믿으면서 그 존재에 의지하려는 경향을 보이기도 한다. 이런 경향은 인류의 역사와 더불어 시작되었고 지금도 여전히 이어진다. 그러나 진정으로 죽음을 응시하는 사람은 초월자나 사후의 존재에 의지하기보다 자신의 시선을 삶으로 되돌려 삶이 유한하다는 사실을 있는 그대로 받아들이고 인정한다. 공자는 그렇게 생각했다. 그리고 이런 수용과 인정이 이루어질 때라야 새로운 삶의 길이 시작된다고 믿었다.

신도 동물도 아닌
존재의
탄생

죽음은 인간뿐 아니라 모든 생명체의 운명이다. 이 때문에 사멸에 관한 자각은 인간이 생명을 가지고 태어난 동물적 존재라는 인식이 전제되어 있기도 하다. 우리의 생로병사는 동물적 삶의 지평에서 일어나며, 거기서 우리는 고통을 느낀다. 태어날 때도 힘겹게 좁은 길을 따라 나오고 생존을 위해 힘들게 살다 늙고 병들고 죽는다. 늙고 병들고 죽는 과정이 유쾌하고 즐거운 사람은 없을 것이다. 하지만 인간이 자신을 자연이나 동물로부터 분리할 수 있다면 어떨까? 동물의 지배자가 되어야 한다는 뜻이 아니라, 동물로서의 삶과 구분되는 다른 삶의 가능성이 인간에게 허용된다면 말이다.

인간은 동물이면서도 다른 동물과 구별되는 독특성이 있다. 그 독특성은 인간이 그저 살아지는 대로 살지 않고, 자기 삶 자체를 문제 삼는 존재라는 데 있다. 만약 우리가 살아지는 대로만 산다면, 우리에게 삶의 방식은 다른 선택의 여지 없이 지금 사는 방식 하나일 것이다. 다른 동물처럼 살아지는 대로 살다가 때가 되어 죽으면 그만이다. 그러나 인간은 자신의 존재 방식을 문제 삼고 삶의 이유와 의미를 스스로 물으면서 그 답을 찾으려고 애쓰는, 이 우주에서 유일무이한 존재이다. 인간은 단순히 자연적인 피조물로서만 존재하지 않고, '인간'이라는 조건에서 스스로 어떻게 존재해야 할지를 고민한다.

19세기 독일 철학자 프리드리히 니체(Friedrich Wilhelm Nietzsche, 1844~1900)는 "사실 고통에 대해 사람을 분격하게 하는 것은 고통 자체가 아니라, 고통의 무의미함"[19]이라고 말했다. 겉으로 보면 좌절과 실패로 점철된 삶을 살다 간 공자이지만, 그가 흘러가는 냇물을 보면서 탄식한 것은 삶이 고통스럽기 때문은 아니다. 잔잔하고 평화로이 흘러가든 소용돌이치며 격렬히 흘러가든 흘러가기만 하는 것의 덧없음, 그 무의미함이 문제였다. 공자를 비롯해 유교 지식인은 놀라울 정도로 강건한 영혼의 소유자였다. 그들은 고통이나 시련을 별로 두려워하지 않았다. 의미를 부여할 수 있는 일이라면 시련뿐만 아니라 자기 희생조차 문제가 되지 않았다. 아우슈비츠 생존자이자 로고세러피(Logotherapy)의 창시자인 빅토어 프랑클(Viktor Frankl, 1905~1997)은 이렇게 말한다.

어떤 의미에서 시련은 그것의 의미-희생의 의미 같은-를 알게 되는 순간 시련이기를 멈춘다고 할 수 있다. … 인간의 주된 관심이 쾌락을 얻거나 고통을 피하는 데에 있는 것이 아니라 삶에서 어떤 의미를 찾는 데 있다는 것… 자기 시련이 어떤 의미를 갖는 상황에서 인간이 기꺼이 그 시련을 견디는 것도 바로 이 때문이다.[20]

삶의 무의미를
넘어서는
의미 창조

삶의 고유한 의미를 찾기 위해서라면 희생도 감수하는 사람은 미학적 인간이다. 종교적 박해의 상황에서 자신이 믿는 신의 존재를 부정하고 신앙을 버리느니 죽음을 택하는 순교자가 있다. 이들은 신의 영광을 위해서 죽음을 선택하고 신의 나라에서 온전한 안식을 누리려고 한다. 이들에게 삶의 의미는 인간이 스스로 찾는 것이 아니라 신의 뜻이라는 이름으로 이미 주어진 것이다. 이들은 미학적 인간이 아니라 종교적 인간이다. 과학적 인간은 계산을 한다. 자신의 어떤 부분을 희생하는 행위에도 대차대조표가 필요하다. 희생해서 얻는 몫이 희생하지 않고 얻는 몫보다 크다면 이들은 희생하는 쪽을 택할 것이다. 이들의 희생은 정교히 손익을 따지며 계산된 행위이다. 그런데 살아 있는 생명체에게 죽음보다 큰 손실은 없다. 그러므로 이들에게 자신의 생명을 다 내주고 받을 만큼 탐나는 보상이란 존재하지 않는다.

미학적 인간은 자연의 삶에 없던 것을 새로이 만들어 내는 일에 몰두한다. 이들은 내세의 신성한 보상에도 현세의 즉각적 손익계산에도 큰 관심이 없다. 미학적 인간은 프랑클이 말했듯 어떤 의미만 찾을 수 있다면 기꺼이 시련을 견디고 심지어 죽음도 감내한다. 사실 우리의 삶과 삶에서 우리가 겪는 고통 자체는 아무런 의미가 없다. 미학적 태도를 지닌 인간은 의미를 창조함으로써 삶을 하나의 작품으로 만들고, 이를 통해 삶의 무의미가 주는 허무함을 극복하려는 존재이다.

공자는 살신성인(殺身成仁)의 태도를 강조함으로써 삶의 의미를 창조할 수 있다면 기꺼이 고통을 견디고 극복해 내는 유가적 인간의 미학적 면모를 보여 준다. 살신성인은 '자신을 희생해서라도 인(仁)이라는 가치를 이룬다'라는 뜻이다. 이때 희생하는 삶에 의미를 부여하는 '인(仁)'은 유가 공동체가 새로이 제시한 가치이다. 그것은 유가 지식인이 자신의 존재를 생물학적 지평에서 분리하는 운동에서 나온 발명품이라고 할 수 있다.

인간은 분명 생명을 가진 자연적이고 생물학적인 존재로서 태어난다. 그렇지만 동시에 자연적 존재와 구별되는 문화적 존재로서도 탄생한다. 모든 인간은 태어나는 순간, 아니 태어나기 전부터 문화가 있는 인간사회로 던져진다. 어떤 동물이 태교를 하겠는가? 공자를 비롯한 유가는 인간이 문화적 존재임을 늘 확인하고 그런 존재의 특성을 강화하는 일에 관심이 있었다.

문화는 개개인의 삶을 넘어서 공동체에서 작동한다. 문화는 공동체의 역사와 함께하면서 한 세대에서 다른 세대로 전수되고 축적되며 또 계속 변모하기도 하면서 자연 세계와 구분되는 인간만의 세계를 만들어 낸다. 우리는 바로 이런 문화적 세계에서 태어나 평생을 살다 죽음을 맞이한다. 죽은 후에도 장례나 제사 같은 문화적 의례가 우리의 존재를 불러낸다. 공자의 비유를 떠올리자면 인간의 삶은 쉼 없이 흘러 모두 죽음의 바다로 나아간다. 그러나 이 삶의 강은 홀로 흐르지 않고 문화의 하늘과 땅과 숲 사이를 흘러간다. 그래서 죽음의 바다에 이르러도 끝이 아니다.

물론 죽음과 더불어 개인의 의식은 소멸한다. 개체성을 지탱하던 생명의 에너지는 다 흩어져서, 하나의 생물 개체로서의 존재는 끝이 난다. 하지만 한 공동체에서 살았던 문화적 존재로서의 개인은 생명이 멈춘다고 끝이 아니다. 어떤 사람이 사는 동안 자기가 속한 공동체를 위해 헌신하고, 또 그 사람이 이룬 업적이나 추구한 가치가 그가 죽은 뒤에도 그 공동체에 영향을 미치거나 보존할 만한 가치가 있다고 평가되면, 그 공동체는 그 사람이 죽은 뒤에도 계속해서 그의 존재를 기억하려고 하고 그 사람의 흔적을 보존하려고 한다. 이것은 작은 단위의 가족 공동체에서 일어날 수도 있고, 더 큰 국가 공동체에서 일어날 수도 있으며, 전 인류 차원에서 일어날 수도 있다. 어떤 경우든 개인의 존재는 죽는다고 모두 끝나지 않고, 오히려 존재의 다른 국면, 즉 기억의 국면으로 넘어간다.

기억은 인간의 문화에서 중요한 역할을 한다. 특히 유교문화에서 기억과 그 기억을 능동적이고 물리적으로 수행하는 기록은 그 문화의 고유성을 설명하는 데 결코 빼놓을 수 없는 요소이다. 어떤 면에서 유교문화는 기억의 문화이고 기록의 문화라고 해도 과언이 아니다. 우리가 '유교' 하면 많이 떠올리는 제사는 살아 있는 사람이 정기적으로 모여 죽은 이의 존재를 불러내고 그의 삶을 기억하는 의례이다. 제사를 지내고 죽은 자를 추도하는 의식은 망각에 저항하려는 기억의 행위가 아니면 설명할 길이 없다. 아름다운 소녀를 그린 그림들로 유명한 프랑스 화가 마리 로랑생(Marie Laurencin, 1883~1956)은 〈진정제〉라는 시에서 이렇게 노래한다.

권태로운 여자보다 더한 건
슬픈 여자.
슬픈 여자보다 더한 건
불행한 여자.

불행한 여자보다 더한 건

버려진 여자.

버려진 여자보다 더한 건

세상에서 혼자인 여자.

세상에서 혼자인 여자보다 더한 건

죽은 여자.

죽은 여자보다 더한 건

잊혀진 여자.[21]

　로랑생의 이 시가 많은 사람에게 사랑을 받는 것은 죽음보다
더 큰 고통은 잊히는 것이고, 잊히는 일이야말로 가장 비극이라
는 데 모두 공감하기 때문이다. 사람은 망각이라는 형벌을 제일
두려워한다.

　유교문화에서 망각에 저항하는 기억과 기록은 인간의 사멸성
과 유한성을 극복하는 결정적 방식이다. 개개인은 짧게 살다 가
지만, 그 개인이 속한 공동체는 그보다 더 오래오래 살아남아서
그 속에서 산 개인의 존재를 기억하고 보존하려고 한다. 공자는
인간이 자연적 죽음을 극복할 수 있는 유일한 길도 바로 여기에
있다고 생각했다. 개인의 불멸은 저 다른 세계나 초월적인 신의
손바닥 위에서가 아니라, 바로 이 세상에서, 인간의 공동체에서

일어나는 현실적인 일이다.

그런데 기억과 기록은 본질적으로 선택적일 수밖에 없다. 우리 자신조차 자기 삶이 지나온 모든 순간을 다 기억하지는 못한다. 우리가 특별히 기억하는 사건은 과거의 어느 한순간으로 사라지지 않고 그 뒤로도 계속 우리 삶에 영향을 미치는 것이다. 마찬가지로 공동체도 그 속에서 산 개인의 모든 것을 다 기억하지는 않는다. 공동체의 기억에 특별히 살아남은 자는 바로 그 공동체의 번영에 이바지한 사람들, 또 그 공동체가 사라지지 않고 영속하는 데 이바지한 사람들이다.

사람은 공동체의 기억으로, 죽음과 함께 사라지는 동물의 삶이 아니라 새로운 존재 방식을 얻는다. 이런 존재 방식은 우리가 살아가는 동안에도 우리의 정신적 삶에서 중요한 의미가 있다. 얄롬은 《보다 냉정하게 보다 용기있게》에서 삶의 허무함이나 죽음의 불안에 시달리는 내담자에게 가장 강력한 힘을 발휘하는 아이디어로 '파급효과'를 든다.

파급효과는 우리들이 만들어 낸 어떤 것이-때로는 의식하지 못한 채 지식도 없이 만들어 낸 어떤 것이-몇 년 동안, 심지어는 몇 세대 동안이나 다른 사람에게 영향을 끼치게 되는 것을 의미한다. 즉 우리가 다른 사람에게 끼쳤던 영향이 또 다른 사람에게 영향을 끼치게 되고 그것이 또다시 계속 이어진다는 것이다. 마치 연못에서 물결이 일어 넓게 넓게 퍼져 나가다가 더 이상 눈에 보이지 않게 되어도 다른 수준에서는 계속 퍼져 나가고 있는 것과 같은 현상이다.[22]

우리 삶의 어떤 부분이 가족이나 가까운 사람, 또는 잘 알지 못하는 이에게 전해진다는 것을 깨닫는 순간, 삶의 유한함에 괴로워하고 그 일시성과 무의미함에 탄식하던 이들은 큰 위로를 받는다. 바버라는 얄롬의 내담자로, 몇 년 동안 죽음의 불안에 시달린 나이 든 교사였다. 그는 얄롬을 통해 파급효과라는 개념을 알았고 그것을 자기 삶에서 직접 경험한 후 불안에서 벗어날 수 있었다. 그는 학교 동창 모임에 나가서 학창 시절에 가까이 지낸 친구 앨리슨을 만났다. 앨리슨은 바버라와 30년 만의 해후를 무척 기뻐하면서, 십대의 바버라가 자기에게 한 조언이 자기 삶에 큰 도움이 되었다고 감사를 표하며 집으로 초대했다. 친구의 집에서 바버라는 친구의 열세 살 된 딸을 만났다. 아이는 엄마가 그토록 자주 이야기한 전설적인 친구 바버라를 만나고서 아주 좋아했다. 30년간 잊고 지낸 어린 시절 친구의 마음속에 자기가 조언한 다정한 몇 마디가 계속 남아 있었다는 사실에서 바버라는 파급효과를 실감했다. 바버라의 이야기를 전하면서 얄롬은 이렇게 덧붙인다.

죽음은 그녀가 생각해 오던 것처럼 완전한 전멸의 상태는 아닌지도 모른다. 죽은 후에 그녀의 사람됨 또는 그녀의 사람됨에 대한 추억들을 다른 사람들에게 남겨야 하는 것이 그토록 중요한 것이 아닐지도 모른다. 중요한 것은 그녀의 영향이 다른 사람에게 계속해서 전달되는 파급효과일 것이다. 다른 사람들을 기쁘게 해 주고 생의 보람을 느끼고 자긍심에 차게 해 주는 어떤 행동이나 아이디어의 전파, 즉 부도덕, 공포, 매스미디어의 독점물인 폭력에 대항하는 그녀의 행동이 누구에겐가 파급된다는 것이 중요한 것이다.[23]

공동체의 기억에 남는다는 것은 단지 개인적 명성을 사후에도 오래 보존한다는 말이 아니다. 얄롬은 우리를 직접 알고 기억하지 않아도, 우리가 다른 사람에게 다정한 행동과 좋은 말로써 미치는 선한 영향력에서 우리는 공동체의 기억에 참여하고 공동체의 삶에 기입된다는 점을 강조했다.

고대 유가의
미학적 태도:
살신성인

우리는 모두 태어날 때부터 인간이다. 인간이라는 사실을 우리는 선택해서 얻지도 않았고 노력해서 취하지도 않았다. 그것은 나의 탄생과 더불어 주어진, 내 존재 조건이라고 할 수 있다. 그런데 공자는 인간은 이미 주어진 존재 조건으로서의 측면만 있지 않고, 어떤 가능성으로서, 또 실현되어야 할 잠재성으로서의 측면도 있다고 본다. 그리고 그 가능성이나 잠재성이 얼마만큼 실현될지는 미리 정해져 있는 것이 아니라, 개개인이 얼마나 노력하고 헌신하느냐에 따라 결정된다고 보았다. 공자는 이런 생각을 '인간답다(仁)'라는 말로 표현했다.

국어학자는 이 표현이 원래 '다하다'라는 말에서 왔다고 본다. '~답다', '~다움'이라는 표현은 어떤 존재에 본래 있지만 다 현실화하지 않은 특성, 즉 잠재성을 남김없이 다 발휘하고 실현한 상태를 말한다. '인간답다'라는 말은 인간의 잠재성과 가능성이 다 실현되었다는 뜻이다. 그러나 모든 인간이 그 잠재성을 다 실현하면서 살아가지는 않는다. 공자는 우리가 인간으로 태어났다면 인간으로서 살아가는 이유와 삶의 의미는 인간다움을 그 극한까지 이루는 데 있다고 생각했다. 인간다움을 완성하는 것, 인간다운 인간이 되는 것, 공자는 이것이 바로 인간 삶의 의미이자 인생의 가치이고 인간 존재의 사명이라고 여겼다. 그리고 이 인간다움을 인(仁)이라는 개념에 집약해 넣었다. 인은 유가가 삶의 의미를 위해 창조한 최고의 가치라 할 수 있다.

그렇다면 인간다움을 이루기 위해서 실현해야 할 인간의 잠재성은 어디에 있을까? 인간은 다른 동물과 마찬가지로 자기 개체를 보존하고자 하는 본능이 있다. 그리고 그 본능의 연장으로 자손을 낳아서 자신의 혈통을 보존하려는 본능도 있다. 그러나 공자는 인간이 이런 동물적 본능에만 충실히 사는 존재가 아니라, 오히려 그 본능을 넘어서고 그 본능에 저항해서 자기가 아닌 다른 존재에도 관심을 보이는, 이 지구에서 유일하게 타자에 관심을 두는 그런 존재라고 여겼다. 인간다움이라는 것도 바로, 인간이 자기 개체를 넘어서 타인의 존재를 의식하고 타인에게 관심을 보이며 타인의 생명과 삶을 생각할 수 있는 능력에서 찾았다. 공자에게 인간은 '저 사람이 나는 아니지만, 나와 똑같은 인간이다'라고 느낄 줄 아는 존재이다. 이는 인간에 관해 시인이 취

하는 관점이기도 하다. 쉼보르스카는 〈두 번은 없다〉라는 시에
서 두 번 다시 반복되지 않는 삶을 예찬하며 이렇게 썼다.

(전략)
야속한 시간, 무엇 때문에 너는
쓸데없는 두려움을 자아내는가?
너는 존재한다-그러므로 사라질 것이다
너는 사라진다-그러므로 아름답다

미소 짓고, 어깨동무하며
우리 함께 일치점을 찾아보자.
비록 우리가 두 개의 투명한 물방울처럼
서로 다를지라도…[24]

마당 곳곳에 맑은 빗방울이 떨어진다. 나무에도 풀에도 잔디
깎는 빨간색 기계 위에도 떨어진다. 나뭇잎 하나에도 떨어진다.
비가 그치고 나뭇잎 위에 남아 있는 물방울 두 개. 각각 다른 물
방울이지만 나뭇잎이 살짝 흔들리면 금세 하나로 합쳐져 또르르
흘러내린다. 이런 풍경을 상상하며 시인은 마지막 한 줄을 썼을
것이다.

공자가 상상한 유가적 인간은 물방울 같은 존재일지도 모른다. 인간은 서로 다른 개체로 존재함에도, 그래서 주어진 구체적 삶의 조건이 다르고 상황이 다르다고 해도, 물방울이 쉽게 응집하는 것처럼 인간적 동류(同類)의 의식을 가질 수 있다. 그리고 이에 기초해서 타인에게 공감하고 타인을 이해하며 자기를 아끼듯 타인을 아끼고 사랑하는 다양한 행위와 실천을 할 수 있다. 개개의 물방울이 모여서 함께 강으로 흘러가듯 그들은 타인과 더불어 공동체로 흘러든다. 인간의 삶에서도 중요한 것은 개체의 생명을 얼마나 오래 보존하느냐가 아니라, 이 인간다움의 가치를 얼마나 실현하느냐이다. '살신성인'은 공자의 이런 생각을 간단명료하게 보여 주는 표현이다.

선생님께서 말씀하셨다. "뜻있는 선비와 인한 사람은 자신이 살고 자 인을 해치는 일은 없지만, 자신을 희생해서 인을 이루는 경우는 있다."[25]

살신성인은 자기를 희생해서라도 사랑이라는 도덕적 가치를 실천하겠다는 순수한 도덕적 의지를 표현한 문장으로만 볼 수는 없다. 여기에는 내가 생물학적으로 사멸할지언정, 인간 공동체에서 인간다움의 가치를 실현함으로써 역사적으로는 불멸하겠다는 의지가 담겨 있다. 역사적 불멸로써 생물학적 삶의 유한함과 덧없음에 굴복하지 않겠다는 강한 실존적 결의가 들어 있는 것이다. 그런데 이런 결의는 인간 공동체를 향한 믿음과 신뢰가 전제되어야만 가능하다.

고대인은 내가 속한 공동체는 내가 이 공동체를 위해 헌신하고 그것의 발전을 위해 노력하면 내가 죽은 이후에도 나를 기억하고 내 이름을 역사에 오래도록 보존한다고 믿었고, 그것을 가치 있는 일로 여겼다. 인간 공동체는 개인이 죽음과 함께 허무하게 사라지지 않게 보장해 주는 일종의 기억장치와도 같았다. 공동체는 미래의 구성원을 포함해 공동체의 구성원을 위해 헌신한 사람의 이름과 삶을 기억하고 기록해서 다음 세대에 전해 줄 의무가 있었다. 유교 사회 또한 이러한 기억과 기록을 공동체의 문화가 담당해야 할 중요한 역할로 보았다.

공자나 유학자에게 인간 공동체는 근본적으로 기억의 공동체이다. 그래서 유교 사회는 죽은 이의 행적을 다양한 형식의 글로 기록하고, 가족 구성원의 이름으로 빼곡히 채워진 족보를 만들며, 공덕비를 세우는 일 등에 그토록 열성이었다. 고대 그리스인이나 로마인도 비슷한 생각을 했다. 그리스인은 자기의 말과 행위로 폴리스라는 공적 세계에 이바지함으로써, 사멸하는 자신이 그 폴리스와 함께 불멸할 수 있는 것을 최고의 명예로 여겼다. 또 로마인은 혁명 직후와 같은 정치적 전환기에 이미 고인이 된 폭군이나 정치가를 처벌하는 벌을 국법과 형법의 조항에 넣었다. 사후에라도 '국적(國賊)'이라는 선고를 받으면 그의 초상화는 폐기되었고, 광장에 세워진 그의 동상은 허물어졌다. 심지어 사자(死者)의 비문은 끌질해서 그의 이름을 알아보지 못하게 했다. '기억이란 기억은 모두 없애겠다'라는 취지의 이 형벌은 공동체에서 그들이 차지한 불멸의 자리를 박탈하는 것이었다. 유대교 성서에 등장하는 예언자도 "망각으로 그의 이름이 소멸될지어다"라는 형벌로 사람들을 위협했다.[26]

고대인은 개인에게 불멸의 자리를 마련해 주려면 먼저 영속하는 공동체가 있어야 한다는 의식이 투철했다. 그들에게 공동체의 시간, 그리고 그 시간을 담은 공동체의 공간은 반드시 지켜져야만 했다. 한 카르타고인의 탄원문은 공동체의 시간과 공간을 보존하겠다는 의지가 얼마나 강렬했는지를 보여 준다. 3차 포에니전쟁(기원전 149~기원전 146) 때의 일이다. 로마군이 카르타고의 도시를 파괴하려 하자 어느 시민이 호소했다.

당신들에게 간청합니다. 신들의 명을 받들어 세워진 우리의 오랜 도시를 위해, 온 세계에 이름을 떨친 영예롭고 위대한 이 도시를 위해, 당신들에게 그 어떤 해도 입히지 않은 신들을 모시고 있는 신전

들을 위해 애원합니다. … 그러므로 우리에게 좀 더 바람직하고 당
신들에게는 더욱 영광스러운 대안을 제안하겠습니다. 요청컨대 당
신들에게 아무런 해를 끼치지 않는 도시는 남겨 주시고, 대신 멀리
떠나라고 명령을 받은 우리들을 죽여 주십시오. 이렇게 하여 당신
들의 분노를 사람들에게 푸시고, 대신 신전들과 신들, 무덤들 그리
고 죄 없는 도시는 놔두시길 바랍니다.[27]

현대인의 관점에서 보면 충격적인 제안이다. 탄원문을 보낸
카르타고인은 그들을 전부 몰살하더라도 도시만은 남겨 달라고
애원한다. 얼핏, 섬기는 신의 성물을 지키려는 신앙심으로 보인
다. 그러나 종교적인 인간은 현세에 신전을 남기려고 순교하지
는 않는다. 진정한 신전은 현세가 아니라 자신이 사후에 갈 신의
나라에 있기 때문이다. 신을 부정하라는 요구를 거절하면서 목
숨을 내놓을 수는 있다. 그러나 신전이나 무덤 등이 있는, 죄 없
는 도시를 보존하는 일은 그것만큼 중요하지는 않다. 이와 달리
자기가 건설한 도시를 자기 존재와 동일시한 이 카르타고인은
그들이 모두 사라지더라도 도시가 남는다면 결국 이 세계에서
카르타고인이 존재했다는 흔적은 지워지지 않는다고 믿었기에
도시를 남겨 달라고 간청한다. 거기에는 종교적 구원의 염원이
아니라 역사적 불멸의 욕구가 있다. 먼 후일 사람들이 카르타고

그림 3-2. 윌리엄 터너, 〈카르타고 제국의 몰락〉, 1817
카르타고인들의 간절한 염원에도 카르타고는 로마와의 긴 전쟁 끝에 기원전 146년
몰락하고 만다.

인이 건설한 도시를 거닐면서, 그리고 그들이 남긴 유물을 보면서 그토록 위대한 이들이 존재했다는 것을 생생히 실감할 것임을 카르타고인은 확신했다.

"오 필멸의 인간이여, 오 예순 번의 겨울을 지내는 벌레여."[28] 시인 윌리엄 블레이크(William Blake, 1757~1827)의 탄식이다. 블레이크와 마찬가지로 공자 또한, 일정 시간이 지나면 결국 땅에 묻히고 부패하면서 한 무리의 벌레에 휩싸이고 말 인간의 운명을 통감했기에, 공동체에서 보호되는 역사적 삶을 소중히 생각했다. 그가 꿈꾼 유가 공동체는 인(仁), 즉 인간다움의 실현으로 성장하고 보존되는 장소였다. 살신성인으로 공동체를 가꾸고 유지하는 일은 공동체라는 공동의 예술작품을 만드는 일인 동시에, 개인의 삶을 하나의 예술작품처럼 만드는 일이기도 했다. 이로써 공자는 세 가지의 미학적 차원을 실현하려고 했다.

첫째 '인'이라는 철저히 인간적인 가치를 공동체의 운영 원리로 제시해 가치 창조라는 미학적 차원에 들어섰다. 여기서 공자는 이미 주어진 종교적 가치를 그대로 준수하는 신학적 태도와 거리를 두었다. 둘째 기억과 기록에 기반한 유가 공동체는 단순히 생존과 번식을 축으로 움직이는 생물학적 무리와 달리, 공동의 힘으로 만들어지는 거대한 예술작품의 성격을 띠었다. 셋째 그 역사적 공동체에서 살아가는 개인은 자기의 삶을 웅장한 박물관의 대리석 진열대 위에 놓일 하나의 위대한 예술품처럼 여겼다. 가치의 미학화, 공동체의 미학화, 개인 삶의 미학화라는 세 가지 경향이 공자의 사상을 통해 고대 유가의 사유에 흠뻑 스며들었다.

허무주의와
미학적
삶

"미학적 삶"은 필연적으로 아름다움이나 예술작품과의 동일성을 추구하는 것이 아니라 구조적으로 예술과 학문을 자기형성과 근본적 긍정이라는 과제에 대한 끊임없는 개선으로 사용하는 것이다. … 식사, 성, 종교, 정치와 우리의 관계, 심지어 삶의 자리에 대한 우리 자신의 선택은 자기 창조라는 기획에 기여한다. … 우리는 끊임없이 삶의 예술에서의 실험들로서 새로운 본질들과 자기들을 창조하며, 각각을 긍정, 단념 그리고 자기 형성을 위한 새로운 가능성으로 드러낸다.[29]

종교철학자인 재커리 심프슨(Zachary Simpson)은 니체가 신의 죽음을 선포한 후에 서양철학에서 '미학적 삶'이라는 관념이 강력한 영향력을 갖게 되었다고 말한다. 이때 미학적 삶이란 예술 엘리트로서 다양하고 전문적인 예술적인 기예를 익힌 사람이 예술작품을 생산하며 살아가는 삶을 의미하지 않는다. 또한 예술 작품 수집벽이 있는 이가 예술작품을 감상하고 그 아름다움을 누리는 삶을 의미하지도 않는다. 미학적 삶이란 예술과 학문으로 자기를 형성하고, 그 형성의 가능성을 열어 주는 새로운 가치로 갱신되는 공동체를 창조하는 삶이다.

서양에서 이런 미학적인 삶의 이상은 고대 그리스인에게서 찾아볼 수 있다. 그러나 기독교 세계의 도래와 함께 그리스인의 미학적 태도는 삶에서 점점 후퇴하고 종교적 태도가 삶의 에토스를 형성했다. 공적 세계의 건설은 이제 중요한 일이 아니었다. 초기의 기독교도는 특히 종말론적 경향이 강했다. 그들은 세계의 종말이 빨리 도래해서 자기들이 산 채로 하늘로 들려 올라갔으면 하는 열망, 지금은 이단으로 여겨지는 기독교 종파의 휴거를 향한 열망을 순수하게 간직하고 있었다. 그런 열망에 휩싸인 이들에게 세계의 보존이란 아무런 관심의 대상이 되지 못했다. 공적 세계에서 자신을 표현하던 정치적 언어는 신성한 침묵 속에서 사라졌다. 종교적 인간은 신과 대화하는 것이 가장 중요했다. 이에 따라 신에게 죄를 밝히고 용서를 구하는 고백의 언어가 중세 내내 강화되었다.

니체는 근대 서양 세계가 기독교의 종교적 영향력에서 벗어났지만, 그 결과 허무주의가 도래했다고 진단한다. 허무주의, 즉 니힐리즘(Nihilism)은 삶의 유한함을 생생히 자각한 사람에게 찾아온다. 그는 죽음 앞에서 모든 것은 무의미하고 무가치하며, 어떻게 살든 다 똑같고, 심지어 사는 것 자체가 무의미하다고 생각한다. 삶은 너무 짧고 죽음은 너무 길기 때문이다. 종교적 세계에서 인간은 신의 명령에 따라 살고, 짧은 삶에 대한 보상으로 영생을 보장받았다. 무의미가 끼어들 틈이 없었다. 그러나 종교적 권위가 붕괴한 후에 인간은 그야말로 길 잃은 양이 된다. 무의미함에서 오는 허무의 감정은 우리가 살면서 겪는 이런저런 아픔이나 고통과 차원을 달리한다. 니체는 인간이 동물과 다른 점은 고통을 너무 잘 견디는 능력에 있다고 보았다. 특히 그 고통을 정당화해 주고 그 고통이 가져다줄 고귀한 가치를 찾을 수만 있다면, 인간은 그 어떤 고통도 감내하고, 오히려 그 속으로 스스로 뛰어들기까지 한다. 그러나 그런 인간이 견딜 수 없는 고통이 하나 있다. 그것은 자신의 고통에서 아무런 가치를 찾지 못했을 때 오는 무의미의 고통이다.

니체는 이유 있는 삶을 사는 사람은 어떤 시련이 와도 견뎌 낼수 있다고 말한다. 반대로 그런 삶을 살아야 할 이유, 다시 말해 삶의 의미나 가치를 찾지 못하면 쾌락도 견디기 힘들다. 우리는 영원한 고통만큼이나 영원한 쾌락도 참지 못한다. 의미나 가치를 찾지 못한 사람은 지루해지기 때문이다. 그러면 곧 권태의 지

그림 3-3. 르네 마그리트, 〈허무로 가는 문〉

옥에 빠지고 만다. 우리는 고통과 쾌락의 이분법을 넘어서는 상위 차원의 욕망, 의미화와 가치화의 욕망을 가진 존재이다.

그래서 니체가 말한 허무주의는 기질이 특이하거나 정신력이 약한 사람, 또는 너무 큰 시련을 겪어 삶이 힘든 사람에게만 찾아오는 것이 아니다. 경제적으로 안정되고 문화적으로 풍요로우며 교육 수준이 높은 사람일지라도 자기의 삶에서 특별한 의미나 가치를 찾지 못하고 자신이 자기 삶의 주체임을 느끼지 못할 때는 허무함에 빠진다. 삶의 가치를 분명히 제시하던 종교적 공동체가 무너지고, 또 개인이 스스로 그런 의미나 가치를 세우지 못할 때는 허무주의가 찾아올 수밖에 없다.

허무주의는 자기가 살아온 삶, 자기가 해 온 활동이 자기 삶에서 어떤 의미가 있는지를 진지하게 묻는 사람이라면 자연히 거쳐 가는 과정이다. 그러나 허무의 심연 앞에서 사람마다 다른 길을 택한다. 어떤 사람은 계속 허무주의자로 남는다. 삶의 무의미, 무가치는 최종 진리이고, 이 진리 앞에서 내가 무언가를 추구한다는 건 부질없다는 식의 태도를 보인다. 진리라는 건 바꿀 수가 없다. 그냥 모르는 척 잊어버리는 게 최선이고, 회피가 최고의 방책이라는 듯 행동한다. 그러나 어떤 사람은 오히려 허무함을 극복하려고 자기 스스로 삶의 '진정한' 의미나 가치가 어디에 있는지 찾기 시작한다. 삶이 내게 그것을 알려 주지 않는다면, 결국 내가 스스로 찾을 수밖에 없다. 그래서 의미 탐색의 길을 간다. 니체는 허무주의에 빠진 사람이 이 의미 탐색의 길에서 반드시 참고해야 할 존재가 예술가라고 보았다.

> 예술가에게서 배워야 할 것… 내가 말하고자 하는 것은 사물들은 그 자체로서는 결코 아름답지도, 매력적이지도, 바람직하지도 못하다는 것이다! 우리는 의사들이 쓴 약을 희석시키거나 약에 포도주와 설탕을 섞는 것에서 무언가를 배워야 한다. 그러나 그러한 착상이나 예술작품을 만들어 내는 것에 항상 골몰하고 있는 예술가들로부터 우리는 더 많은 것을 배울 수 있다. … 더 나아가 그 외의 것에 있어서는 그들보다 더 현명해야 한다. 왜냐하면 예술이 끝나고 삶이 시작되는 곳에서 그들의 교묘한 능력도 대개 끝나기 때문이다. 반면에 우리는 가장 사소하고, 가장 일상적인 것에서 시작하는 삶의 시인이 되기를 원한다.[30]

처음부터 아름답거나 빛나는 사물은 없다. 원래 빛나고 고귀해서 우리가 숭앙해야만 할 가치나 의미도 없다. 그 없음을 인정하는 게 허무주의이다. 그러나 예술가는 사물이 아름답지 않다고 불평만 하지는 않는다. 그들은 평범하고 하찮게 여겨지는 사물을 모으고 자유로이 배치해서 아름다움을 만들어 낸다. 우리도 그들처럼 새로운 의미와 가치를 만들어 내는 삶의 시인, 의미의 예술가가 되어야 한다. 니체는 예술가의 미학적 태도를 취하고서 허무주의의 한가운데에서 부지런히 움직이는 사람을 능동적 허무주의자라고 불렀다.

의미 탐색과 창조를 통해 미학적 삶을 살아가라는 니체의 권고는 20세기의 가장 끔찍한 전쟁에서 살아남은 이에게도 큰 울림을 주었다. 빅터 프랭클은《인간의 의미 탐색》이라는 책에서 니체의 능동적 허무주의의 개념을, 그가 유대인 수용소에서 직접 겪은 경험과 연결하여 생생히 풀어냈다.[31] 여기서 프랭클은 무의미와 허무함에 심각하게 빠진 상태를 치료가 필요한 질병으로 보면서 '무의미병'이라고 불렀다. 이 무의미병은 육체적 또는 정신적 질병과는 다른 제삼의 병이다. 중국에서는 이것을 '공병(空病)'이라고 부른다. 프랭클은 정신과 의사였던 만큼 이 상태를 '병'으로 칭하는 쪽을 선호했다. 그러나 무의미함에 빠지는 건, 일어나서는 안 될 일이 일어났다는 뜻의 불상사로서 질병에 걸렸다기보다, 우리 인생을 진지하게 고민하면서 살 수 있게 하고, 그래서 우리 인생을 훨씬 더 성찰하면서 살게 해 주는 변화의 계기라고 할 수 있다.

집대성,
예술작품으로서의
삶

"흘러감이 이와 같구나! 주야로 쉬지 않는도다", "삶을 제대로 모르면서, 어찌 죽음을 알겠는가?" 이렇게 탄식하는 순간에, 공자는 삶의 허무와 마주해서 미학적 태도로 나아가는 능동적 허무주의자의 면모를 보인다. 그는 죽음의 인식에서 출발해서, 죽음과 삶이 결코 분리될 수 없다는, 그래서 죽음의 이해와 삶의 이해가 별개의 일이 될 수 없다는 깊은 인식으로 나아간다.

삶에 죽음이 바로 붙어 있다는 깨달음에서도 두 가지 상반된 태도를 취할 수 있다. 하나는 죽음의 그림자가 삶에 드리워져 있다는 기분 속에서 살아가는 것이고, 또 다른 하나는 삶의 빛이 죽음의 그림자를 지울 수 있다는 기분 속에서 살아가는 것이다. 물론 공자는 후자에 가깝다. "삶을 제대로 모르면서, 어찌 죽음을 알겠는가?"라는 말은 '죽음을 제대로 모르면서, 어찌 삶을 알겠는가?'라고 말하는 것과는 다르다. 삶과 죽음은 분리될 수 없음을 이야기하면서도, 초점은 삶에 있지 죽음에 있지 않다. 죽음으로 생기는 존재의 공백, 그 공백의 크기에 비하면 우리 존재는 너무 미약하지만, 공자는 그 공백을 메울 수 있다고 생각했다. 니체가 말한 미학적 태도로 인생을 바라보았기에 가능한 생각이었다.

공자의 미학적 인생관을 이해하려고 할 때 주목해야 할 개념이 있다. '성(成)'이라는 한자로 표현되는 이룸 또는 완성이라는 개념이다. 사람들이 자주 사용하는 표현 중에 '집대성(集大成)'이라는 말이 있다. '모아서 크게 완성한다'라는 뜻이다. 원래 이 표현은 공자가 평생에 걸쳐 도달한 성인의 경지를 맹자가 음악을 연주하는 과정으로 비유하면서 처음으로 쓴 것이다. 엄밀히 말하면 '집대성'은 음악 용어이다. 맹자는 사람의 인생을 음악을 연주하는 것처럼 하나의 예술작품을 만들어 가는 과정으로 보았다.

음악에서 모든 곡은 시작과 끝이 명확히 존재하고, 그 사이에 시간의 흐름을 타고 연주된다. 그 시간이 끝나면 곡도 끝난다. 영원히 연주되는 음악은 없다. 이 때문에 18세기 이래 서양에서 음악은 시간예술로 간주되었다. 그런데 우리 인생도 시간의 좌표에 놓고 본다면, 음악 연주와 비슷한 면이 있다. 출생으로 시작하는 순간이 있고 죽음으로 끝나는 순간이 있으며, 탄생과 죽음 사이에 수많은 순간이 이어지면서 삶이 전개된다. 그렇다면 좋은 음악이란 어떤 것일까? 어떻게 연주해야 훌륭한 연주자가 될까? 삶이 음악과 유사하다면, 좋은 음악에서 좋은 삶의 특성을 유비해 낼 수 있을 것이다.

맹자에게 좋은 음악, 좋은 연주는 다양한 악기가 내는 이질적인 소리가 일정한 질서에 따라 잘 어우러져서, 어느 한 악기만으로는 절대 가능하지 않은 조화로운 화성을 만들어 내고, 그래서 하나의 곡을 웅장하게 완성하는 것이다. 맹자는 공자가 평생에 걸쳐 구현한 성인의 모습에서 바로 이런 음악 연주와도 같은 예술적 성취를 발견했다.

모든 것을 모아 크게 이룬다(集大成)는 것은 공자 같은 이를 일컫는 말이다. 모든 것을 모아서 크게 이룬다는 뜻은, 음악 연주에 비유하면 금속 악기로 소리를 시작하고 옥으로 만든 악기로 소리를 끝내는 것과 같다. 금속 악기로 소리를 시작하는 것은 조리있게 음악을 시작하는 것이고, 옥으로 만든 악기로 소리를 끝내는 것은 조리있게 음악을 마치는 것이다. 조리를 시작하는 것은 지혜로움(智)에 속하는 일이요, 조리를 끝내는 것은 성스러움(聖)에 속하는 일이다. 지혜로움은 기교이고, 성스러움은 힘이다. 이것은 백 보 밖에서 활을 쏘는 것과 같아서, 목표물에 도달하는 것은 힘 때문이지만, 과녁에 명중하는 것은 힘 때문이 아니다.[32]

그림 3-4. 오대십국(五代十国) 남당(南唐)의 화가 주문구(周文矩), 〈합악도(合樂圖)〉 부분

옛 동아시아인은 국가의 공식적인 자리나 연례행사에서 음악을 연주할 때, 요즘의 오케스트라처럼 주요 악기를 다 갖춰서 연주했다. 이것을 '아악(雅樂)'이라고 부른다. 아악은 팔음(八音)의 악기가 모두 사용되는 음악이다. 팔음은 서양음악의 '도레미파솔라시' 같은 음계가 아니라, 악기의 재료와 그 재료가 내는 소리에 따라 구분되는 여덟 가지 음을 가리킨다. 그 여덟 가지 재료는 금(金), 석(石), 사(絲), 죽(竹), 포(匏), 토(土), 혁(革), 목(木)이다. 쇠(금)로는 종(鐘)을 만든다. 옥이나 돌(석)로는 경(磬)을 만든다. 경은 동물 뿔로 만든 망치로 두드려 소리를 울린다. 사는 거문고나 비파 같은 현악기의 현을 만드는 재료이고, 죽 즉 대나무로는 피리 종류를 만든다. 포는 박으로, 생황과 같은 악기의 재료다. 흙(토)을 구워 만든 악기도 있고, 가죽(혁)으로 만든 북이나 장구 같은 악기도 있다. 나무(목)가 주재료가 되는 악기도 있는데, 여러 개의 나무판을 부챗살처럼 엮어서 접었다 펼쳤다 하면서 소리를 내는 박(拍)이 여기에 속한다. 아악은 금속 악기인 종의 소리로 연주의 시작을 알리고, 옥돌을 기역 자 모양으로 깎아서 만든 경의 소리로 연주를 끝맺는다. '소성(小成)'이란 하나의 곡 안에서 각각의 악기가 연주되는 부분을 가리키고, 여러 소성이 모여서 '대성(大成)'이 된다. 각 악기의 연주가 어우러져서 한 곡이 전체적으로 완성된 것이 맹자가 말한 '집대성'이다.

맹자는 종을 쳐서 한 곡을 조리 있게 시작하고 경을 울려서 그 곡을 조리 있게 마친다고 말한다. 우리는 어떤 사람이 하는 말을 두고 '조리가 있다', '조리가 없다'라는 표현을 쓰곤 한다. 그 사람의 말이 앞뒤가 잘 연결되고 논리적 순서에도 맞아, 듣는 사람이 잘 이해할 수 있을 때 조리가 있다고 하고, 그렇지 않을 때 조리가 없다고 한다. 주희는 《맹자집주》에서 '조리(條理)'를 '맥락(脈絡)'과 같은 표현이라고 설명한다.[33] 맥락이란 부분이나 요소가 서로 이어지고 연결되어 만들어지는 흐름이나 연관 체계를 말한다. 음악에서 조리가 있다는 것은, 서로 다른 소리를 내는 여러 악기가 제각각 어지럽게 울리고 마는 것이 아니라, 음악적 질서에 따라 서로 이어져서 하나의 흐름, 하나의 곡을 만들어 내는 것을 말한다. 사실 모든 소리는 한순간 울렸다가 다음 순간에 곧 흩어져 버린다. 그 소리를 모아 놓는다고 해서 다 음악이 되는 것은 아니다. 견디기 힘든 소음이 될 수도 있다. 서로 다른 소리를 어떤 방식으로 배열하고 서로 어우러지게 하느냐에 따라, 그래서 시간을 타고 어떤 종류의 흐름을 만들어 내느냐에 따라 다양한 곡이 만들어진다.

맹자는 이질적인 다양한 소리와 온갖 음이 각각의 특이성을 유지하면서도 서로 잘 어우러져서 풍요롭고 조화로운 하나의 곡을 완성해 내는 것, 그것을 좋은 음악으로 보았다.

《맹자》에서 '집대성' 단락은 맹자가 '성(聖)'을 논하는 맥락에서 등장한다. 공자를 집대성자로 언급하기에 앞서 맹자는 이상적 인간상인 성인을 여러 유형으로 나누면서, 하나의 절대적 기준만을 고수해서는 안 된다고 주장한다. 그가 예로 든 역사적 인물은 백이(伯夷), 이윤(伊尹), 유하혜(柳下惠), 그리고 공자이다. 공자를 제외한 세 사람은 현실 정치에서 전혀 다른 행보를 보였다. 고대 중국의 역사에는 하·상·주의 세 왕조가 있었다. 이윤은 상의 탕왕을 도와 하를 멸망하게 하고 새로운 왕조를 여는 데 조력한 사람이고, 백이는 주의 무왕이 상의 마지막 왕인 주왕을 죽이고 새로운 왕조를 세우자 은둔한 인물이다. 유하혜는 춘추시대 노나라의 정치가로, 어떤 군주든 섬겼고 어떤 관직도 마다하지 않았으며, 군주에게 버림을 받아 곤궁해져도 원망과 근심이 없던 인물이다. 맹자는 이 세 사람을 모두 성인이라고 보면서, 백이는 청렴한 성인(聖之淸者), 이윤은 책임감 있는 성인(聖之任者), 유하혜는 온화한 성인(聖之和者)이라고 평가했다.[34]

> 이 세 분들은 방법은 달랐지만 지향한 것은 하나였다. 그 하나가 무엇이겠느냐? 인(仁)이다.[35]

맹자의 인간관은 성선설에 바탕을 두었기에, 구체적 인물에 성인의 범주를 적용할 때 과도한 인색함이나 엄격함을 보이지 않았다. 심지어 "대개 그 종류가 같은 것은 모두 서로 닮게 마련이다. 어떻게 유독 사람의 경우에만 그렇지 않다고 의심할 수 있겠는가? 성인도 나와 같은 부류의 사람이다"[36]라고 말하기도 했다. 성인의 가능성을 소수의 역사적 영웅으로 제한하지 않고 평범한 사람에게도 열어 놓았다. 그러나 그렇다고 해서 모든 사람이 지금 있는 모습 그대로 성인이라는 말은 당연히 아니다. 누가 뭐라 해도 맹자에게 최고의 성인은 공자였다. 그는 공자의 제자인 유약(有若)의 말을 인용하여 이렇게 말했다.

기린과 땅을 달리는 짐승이, 봉황과 나는 새가, 태산과 흙 둔덕이, 황하나 바다와 작은 길위의 물 웅덩이 모두 같은 부류이고 보통 사람과 성인 역시 같은 부류이기는 하지만, 같은 부류에서 빼어나며 같은 무리들 중에서 우뚝 솟아오른 존재들이다. 사람이 생겨난 이래로 공자만큼 위대한 분은 없었다.[37]

백이를 비롯한 세 사람도 성인이지만, 이들이 공자를 따라갈 수 없는 것은 공자가 '시(時)'의 성인이기 때문이다. 공자는 청렴함이나 책임감이나 온화함, 어느 하나의 태도만을 계속 고수하지 않고 상황에 따랐다.

서두를 만하면 서두르고, 오래 있을 만하며 오래 있고, 머무를 만하면 머물고 벼슬할 만하면 벼슬했던 분이 공자시다. … 공자는 성인으로서 시기에 알맞게 하는 사람(聖之時者)이다.[38]

여기에서 이어지는 이야기가 집대성에 관한 단락이다. 공자는 인생의 굽이굽이에서 부닥친 상황마다 자기를 잃지 않는 적절한 결정과 행동을 함으로써, 아름다운 곡의 연주를 완성하듯 자기 삶을 완성했다는 것이다. 연주의 시작을 알리는 종소리에서 시작해서 경의 울림으로 연주를 마치기까지, 서로 다른 악기가 적절한 순간에 제 음색을 낸 다음 다른 악기에 자리를 내어 주고, 또 함께 울려야 할 때는 자신의 소리가 다른 소리와 잘 어우러져서 혼자서 낼 수 없는 아름다운 소리를 내게 하는 듯 말이다.

이처럼 맹자가 공자의 삶을 "집대성"으로 표현한 것은, 공자의 삶을 일종의 예술작품으로 보았으며 그의 삶의 태도에서 작품을 완성하려는 예술가적 의지를 보았다는 뜻이다. 공자는 사람이 그저 정해진 모습의 인간으로서 존재하지(being) 않고, 삶의 과정에서 마주하는 상황마다 인간이 되려고(becoming) 할 때 인간다울 수 있다고 여겼다. 자신에게 주어진 시간을 완성해 가는 주체적 과정으로 인생을 이해하는 것이 공자의 미학적 인본주의이다. 이처럼 동아시아인은 인간의 삶을 하나의 예술작품을 만드는 과정으로 비유하고 예술에서 다양한 비유를 가져와, 인생이란 어떤 것인지, 우리가 어떻게 살아야 할지를 풍부하게 사유했다.

중국철학 연구가 에스케 묄고르(Eske Møllgaard)는 유학자에게서 공통으로 "완성을 향한 충동"이 발견된다고 언급했다. 인간의 삶 전체에 완성의 관념을 적용해서 삶을 죽음에 의해 '중단'되는 것이 아니라 '완성'되는 것으로 보려고 했다는 것이다. 그는 이런 경향이 공자에게서 비롯되었다고 말한다. 공자와 유가에게 그런 완성을 향한 충동은 죽음으로 끝나는, 불가피한 삶의 유한성에 저항하는 방식이었다.

생은 자연스럽게 출현한, 하늘이 낳은 생이다. '형성', '완수', '성취', '달성'이라는 내포를 지닌 완성(成)은 인간 존재가 자신을 그들 스스로 만든 세계에 봉인해 넣을 때 삶에 덧붙인(益生) 것이다. … 생(生)은 하늘이 낳는다. 그러나 완성(成)은 인간(人)이 한다. 숙달된 행위-기술(技), 방법(術) 및 만들기(爲)-는 완성을 향한 충동을 충족시킨다. … 생(生)과 완성(成) 사이의 이런 대립은 심리학적·형이상학적으로 충분히 깊이 이해되어야만 한다. 인간 존재가 생에 덧붙이는 완성은 죽음으로 끝이 나는 삶의 부득이한(不得已) 과정에 대한 방어이다.[39]

뫨고르의 설명은, 인간 삶의 유한성에서 비롯된 허무주의를 극복하기 위해, 예술작품을 만들어 가듯 인간다움의 가치로써 삶을 조형하려고 한 공자의 시도를 잘 보여 준다. 우리는 이 완성을 향한 충동을 공자와 유가뿐만 아니라, 인간 삶을 미학적 관점에서 보려고 한 니체에게서도 발견할 수 있다. 니체는 죽음을 삶에 대한 저주로서가 아니라 삶의 완성으로서, 그래서 '축제로서 승화된 죽음'으로 만들어야 한다고 말한다. 그는 자라투스트라의 입을 빌려 이런 죽음을 웅변적으로 노래한다.

　나는 완성을 가져오는 죽음, 살아 있는 자에게는 가시 바늘이 되고 굳은 언약이 될 그런 죽음을 너희들에게 보여 주겠다. 완성한 자는 희망에 차 있는 자, 굳게 언약을 하는 자들에 둘러싸여 승리를 확신하며 자신의 죽음을 맞이한다. 그와 같이 죽음을 맞이하는 법을 배워야 한다.[40]

4

유럽의 댄디와
유가의
군자

댄디즘과
예술적
삶

니체가 미학적 태도를 강조하며 예술가에게서 삶을 보는 방식을 배우라고 권유하기 이전 이미 영국과 프랑스에서는 자기를 하나의 예술작품으로 여기는 이들이 나타났다. 바로 댄디가이이다. 그중 '댄디의 왕'으로 불린 사람은 영국의 조지 브러멀(George Brummell, 1778~1840)이었다. 그는 넥타이를 기가 막히게 잘 매는 남자로 유명했고, 우아한 행동과 아름다운 옷맵시로 명성을 떨쳤다. 그의 별명인 '보 브러멀(Beau Brummell)', 즉 '아름다운 브러멀'은 멋쟁이를 뜻하는 보통명사가 되었고, 그의 외적 매력과 우아함에 깊이 매료된 영국 왕세자(후일의 조지 4세)는 그를 총애했다. 브러멀과 같은 댄디는 자기의 신체와 말, 행위를 정교히 다듬고 매력적으로 꾸며서 자기의 아름다움을 당대의 모든 사람이 마치 예술작품을 대하듯 감상하고 숭배하게 했다. 당시 영국에서 가장 열정적으로 연애하는 연인도, 꽃이나 장신구로 치장하여 자기 연인을 얼마나 기쁘게 할지보다 브러멀이 어떻게 판단할지에 더 신경을 쓸 정도였다.[1] 그렇듯 댄디는 여론의 독재자이자 우아함의 전제군주로 군림했다. 예술가가 온종일 규칙적이고 금욕적인 태도로 작품을 만드는 데 열중하듯이, 댄디는 숭고하게 자기의 외모를 꾸미는 데 집중했다. 보들레르는 "댄디는 쉼 없이 숭고하기를 열망해야 한다. 그는 거울 앞에서 살고, 또 자야 한다"[2]라고 말했다.

보 브러멀을 숭배하며 추종하는 댄디는 나름의 철학이 있었다. 댄디는 겉으로는 단순한 멋쟁이로만 보이지만, 그들이 외모를 가꾸는 데 치중한 것은 다른 사람에게 사랑받고 싶다는 열망과 거리가 멀었다. 그들은 자기의 멋진 외모와 우아한 태도를 다른 이와 전혀 다른 독창적인 영혼을 가졌다는 증거로 여겼다. 그리고 자본주의 사회에서 경제적 효용성에 따라 삶의 모든 순간을 조직화하는 속물적 생활방식을 혐오하며, 그것에 저항하는 일환으로 댄디의 삶을 추구했다. 오늘날 신체 자본은 경제적 이익을 창출하는 데 매우 중요한 요소다. 그러나 이들은 자기의 아름다움으로 돈을 벌어들이겠다는 계획이 전혀 없었다. 자신의 옷차림을 완벽히 만드는 데 과도하게 투자했고, 자기의 손짓, 발걸음, 먹는 음식, 자주 방문하는 장소에 이르기까지 세밀히 통제하는 일에 모든 힘을 쏟은 나머지, 오히려 경제적 궁핍에 시달리며 말년을 보내야 했다.

　보 브러멀의 댄디즘은 영국 예술가 사이에서도 유행했다. 브러멀이 주름장식이 달린 블라우스로 자기의 독특한 매력을 뽐냈듯 예술가도 자신의 스타일을 만드는 일에 열중했다. 시인 조지 고든 바이런(George Gordon Byron, 1788~1824)은 머플러를 멋지게 매는 것으로 유명했다. 소설가 오스카 와일드(Oscar Wilde, 1854~1900)는 금으로 된 파이프로 담배를 피우며 해바라기를 들고 다녔다. 이 현상은 바다 건너 프랑스 예술가에게도 영향을 미쳤다. 《댄디즘과 조지 브러멀》을 써서 댄디즘을 프랑스에 소개한 소설가 쥘 바르베 도르비이(Jules Barbey d'Aurevilly, 1808~1889)는 코르셋을 착용하였고, 《악의 꽃》을 쓴 시인 보들레르는 검은 양복의 멋쟁이로 통했다. 프랑스로 건너간 댄디즘은 바르베 도르비이와 보들레르를 거치면서 철학적으로도 깊어졌다.

　두 사람은 댄디즘의 인공 미학을 예찬했다. 바르베 도르비이는 얼굴에 분을 바르고 가발을 썼을 뿐 아니라 머리와 수염을 염색하길 즐겼다. 화장하고 향수를 사용함으로써 자기가 자연과 분명히 구별되는, 연출된 '인공'의 미적 상태임을 표명하려고 했다. 손이 거칠었던 그는 외출할 때 반드시 장갑을 착용했다. 자기 손에서 드러나는 지치고 고단한 삶을 감춰야 한다고 생각했기 때문이다. 보들레르 또한 《현대 생활의 화가》라는 잘 알려진 미

그림 4-1. 조지 샌더스, 〈조지 고든, 6대 바이런 경〉, 1807~1809

술평론에서 '화장 예찬'에 한 장을 할애할 정도로 화장에 관심이 컸다.³ 화장과 장신구는 현대적이면서도 태곳적인 "인간 영혼의 원초적 고귀함의 표시"⁴라는 것이다. 이런 관심과 예찬은 인공적인 노력을 통해 미적으로 자기를 부단히 조형해 가는 태도야말로 현대 예술가의 특징이라고 여긴 데서 비롯했다. 미셸 푸코(Michel Foucault, 1926~1984)는 보들레르의 댄디즘에서 현대성의 의미를 포착하며 다음과 같이 말한다.

> 보들레르에게 현대성은 단지 현재에 대한 관계만을 나타내는 것은 아닙니다. 그것은 자기 자신에 대해 정립해야 하는 관계를 나타내는 것입니다. 사려 깊은 현대적 태도는 필연적으로 금욕주의와 결합되어 있습니다. 현대적이 된다는 것은 스스로를 스쳐 지나가는 순간들의 흐름 속에 있는 것처럼 받아들이는 것이 아닙니다. 그것은 스스로를 복합적으로 공을 많이 들여서 세련되게 만들어야 할 대상으로 여기는 것입니다.⁵

향수와 화장은 영원하지 않다. 향수를 뿌리면 오전 한때는 향기롭지만, 그 향기는 곧 사라져 버리고 만다. 화장도 마찬가지이다. 아침에 한 화장을 저녁이 되면 지우고, 다음 날 아침이 오면 또다시 화장을 해야 한다. 이 둘은 인공미를 유지하려면 한 사람이 매일매일 얼마나 성실하고 열정적이어야 하는지를 잘 보여준다. 푸코는 보들레르의 댄디즘 예찬에서 금욕적 주체의 등장을 보았다. 금욕적 주체는 스쳐 지나가는 순간의 흐름에 있지만, 그 순간마다 사려 깊은 마음으로 자기를 다듬어 하나의 새로운 삶의 양식을 창조하는 존재로 만드는 일에 절제와 헌신을 마다하지 않는다.

자기 통제를 통해 자기를 세상에 처음 등장하는 독창적인 예술작품처럼 보이게 하려는 이 금욕적 주체가 물론 외양에만 관심을 둔 것은 아니다. 보들레르에게 진정한 댄디는 복장의 마이스터가 되는 데 그치지 않는다. 예술작품이 그렇듯 댄디는 실용적 목적을 부정하고 성공에 무관심하면서 내적으로 성찰하는 삶을 사는 고도의 심미적 존재로 이해된다. 미학적 금욕주의자로서 댄디는 신의 절대적 명령에 따라 사는 종교적 금욕주의자와 달리, 자기 의도에 맞춰 고행에 가까운 방식으로 특별한 존재 양식을 탐구한다. 댄디즘 연구자 힐트루트 그뉘크(Hiltrud Gnüg)에 따르면, "댄디의 이상은 의식의 끝없는 각성이며 성찰하는 정신의 거울 앞에 선 삶"[6]이다. 보들레르가 "댄디는 거울 앞에서 살고, 또 자야 한다"[7]라고 말했을 때, 그 거울은 얼굴을 비추는 동시에 영혼을 비추는 것이었다. 댄디는 자의식의 거울을 통해 자기의 행위와 태도를 끊임없이 반추하면서 냉담하고 평온한 자각을 유지하는 정신의 귀족주의자이다. 장 폴 사르트르(Jean Paul Sartre, 1905~1980)는 "무기력, 되는 대로 내버려두기, 정신의 완화 상태는 보들레르에게는 마치 용서받지 못할 과오들"[8]처럼 느껴지는 것이었다고 말했다. 정신의 귀족주의는 그러한 과오를 넘어서는 자기 훈육으로써만 달성할 수 있다. 결국 댄디즘이란 한 개인이 신체와 행위, 감정을 포함하는 자신의 존재를 예술로 만들려는 시도, 즉 하나의 예술작품으로서 삶을 대하는 시도라고 할 수 있다. 보들레르는 "댄디는 돈이 아니라 어떤 본질적인 것을 추구한다"[9]라고 단언하면서 공리주의와 합목적성에 매몰된 부르주아 사회에 저항했고, 귀족 신분처럼 천부적으로 주어지지 않아도 개인이 자유롭게 누릴 수 있는 자기만의 삶을 발명하고자 했다.

정나라의
댄디가이,
숙(叔)

한 사람의 아름다운 얼굴을 그의 영혼의 생김새와 똑같다고 여기면 허영심 가득한 어리석은 이라는 소리를 들을 것이다. 그러나 외모가 뛰어난 절도범이 평범한 절도범보다 가벼운 형량을 받는다는 외국의 연구가 있는 걸 보면, 사람들은 신체와 정신이 이분법적으로 구분된다기보다 서로 밀접히 연결되거나 서로 강한 영향을 주고받는다고 여기는 경향이 있는 듯하다. 이런 사고에서 영국 사교계의 외면적 댄디즘은 프랑스 예술가의 내면적이고 정신적인 댄디즘으로 자연스럽게 흘러가지 않았을까.

공자가 인간다움이라는 인격적이고 내적인 가치를 가리키는 단어로 사용한 '인(仁)'도 본래 이런 외양이나 외적 풍모에서 배어나는 아름다움이나 비범함의 특성과 무관하지 않았다. 이 단어가 처음 등장한 문헌인《시경》〈정풍〉에 나오는 〈숙우전(叔于田)〉을 보자. 〈정풍〉은 주나라의 제후국 가운데 하나인 정나라에서 바람처럼 유행한 노래 가사를 모아 놓은 것이다.

숙이 사냥 가면

거리에 사는 이 없다

어찌 사는 이 없을까마는

숙 같은 이 없어라

진정 아름답고 인한 이로다

숙이 사냥을 가면

거리에 술 마실 이 없다

어찌 술 마실 이 없을까마는

숙 같은 이 없어라

진정 아름답고 좋은 이로다

숙이 들에 가면 거리에 말 탄 이 없다

어찌 말 탄 이 없을까마는

숙 같은 이 없어라

진정 아름답고 늠름한 이로다[10]

〈정풍〉에서 〈숙우전〉 다음에는 〈대숙우전(大叔于田)〉이라는 시가 나온다. 이 시는 숙이 사냥터에서 대활약을 펼치는 모습을 그린 작품으로, 〈숙우전〉과 내용상 연결되는 시이다. 〈대숙우전〉은 숙이 힘차게 수레를 몰아 호랑이를 잡고 활과 말을 자유자재로 다루며 사냥터를 누비다 사냥을 마치는 과정이 웅장하게 묘사되어 있고, 그 와중에 숙이 다칠까 염려하는 시인의 목소리도 들을 수 있다.

숙이여 다시는 그러지 말고
범이 그댈 다치지 않도록 하오[11]

이 두 편의 시는 씩씩함과 무용(武勇)의 아름다움을 내뿜는 숙의 모습과 그를 선망하고 사모하는 시적 화자의 마음을 표현하는 데 초점이 맞춰져 있다.

숙은 정나라의 댄디가이였던 모양이다. 물론 19세기 유럽의 댄디처럼 화장하거나 향수를 뿌리는 등 인공적인 미를 연출하지 않았지만, 주나라 귀족 교육의 기본 교과목에 드는 활쏘기와 말타기에 뛰어나고 호랑이를 맨손으로 제압할 수 있을 정도의 비범한 무예를 연마한 자이다. 〈숙우전〉을 읽다 보면, 숙의 멋진 풍모와 외면적 당당함에 반한 한 여성이 그가 사냥을 떠나니 마을이 텅 빈 것처럼 쓸쓸하다고 탄식하는 소리가 들리는 것 같다.

늘 술을 함께 마시면서 숙에게 동경과 선망의 마음을 품고 있던 친한 벗의 푸념일 수도 있다. 말은 또 얼마나 아름답고 잘생긴 동물인가. 숙이 그 말을 타고 달리는 모습이 얼마나 멋있어 보였는지, 그가 사냥터를 향해 떠난 뒤론 말을 타는 다른 이의 모습이 초라하고 보잘것없이 느껴지는 시적 화자의 허전함이 전해진다.

이후 학자들 사이에서 이 시에 나오는 숙이 누군지를 두고 추측이 오갔다. '보 브러멀'의 브러멀처럼 '숙'을 고유명사로 보아 춘추시대의 특정 인물로 단정하는 학자가 있다. 또 어떤 학자는 형제 가운데 맏이는 '백(伯)', 둘째는 '중(仲)', 셋째는 '숙(叔)'을 붙여서 부르는 것이 관례였으므로, '숙'은 어느 집 셋째 아들을 가리키는 보통명사로 보아야 한다고 주장한다.[12] 어느 쪽이 맞는지 정확히 단정할 수 없지만, 분명한 것은 이 시들에 사용된 '인(仁)'이 우리가 일반적으로 아는 어짊이나 인간다움의 의미와 거리가 멀다는 점이다. 숙의 모습을 묘사하는 데 '인'과 함께 나란히 동원된 단어를 보라. '아름답다(美)', '좋다(好)', '늠름하다(武)'는 모두 숙의 외양적 매력과 그 매력에 끌리는 마음을 드러내는 표현이다. 《시경》에서 '인'은 제나라의 유행가를 수록한 〈제풍〉의 시 〈노령(盧令)〉에도 등장하는데, 〈숙우전〉에서 숙을 묘사하는 데 사용된 "아름답고 인한 이로다(美且仁)"[13]라는 시구가 이

시에도 똑같이 나온다. 공교롭게도 〈노령〉 또한 사냥을 하는 한 남성의 야성적인 매력을 노래한 작품이다. 이 남자는 영롱한 소리를 내는 방울과 장식 고리를 단 사냥개를 데리고 다니며 건장하고 멋진 외모를 뽐낸다.

공자 이후로 유학자에게 '인'은 인격적·도덕적으로 최고의 가치였다. 그러나 이 두 편의 시에서 '인'은 그런 의미로 읽기에 다소 무리가 있다. 더군다나 〈정풍〉에는 예부터 성적인 함의가 다분하기로 유명한 작품이 많다. 이른바 남녀상열지사(男女相悅之事)를 다룬 시이다. 정나라는 제후국 가운데서도 유난히 성적으로 자유분방했던 듯하다. 공자는 정나라의 음악이 음탕하다며 몸서리를 치기도 했다.[14] 〈정풍〉의 시들이 어떤 곡조, 어떤 반주에 맞춰 노래로 불렸을지 짐작이 갈 만한 대목이다.

맹자는 인(仁)을 같은 발음의 인(人), 즉 사람으로 설명했다. "인이라는 것은 사람(人)이라는 뜻이다. 인과 사람을 합쳐서 말하면 도(道)가 된다."[15] 인(人)이 모든 사람에게 주어진 현실로서의 인간을 말한다면, 인(仁)은 사람에 따라 실현 정도가 다른 가능성이나 잠재성으로서의 인간다움을 말한다고 할 수 있다. 맹자는 이 둘을 합치면 길을 뜻하는 도(道)가 된다고 말한다. 오래전부터 동아시아 사람은 굳은 의지로 자기가 중요하게 생각하는 가치를 실현하려고 꾸준히 앞으로 나아가는 것을 길을 가는 행위에 비유했다. 맹자는 현실 모습 그대로의 나를 이상적인 모습의 나와 하나로 합치시켜 가는 과정을 인간이 걸어가야 할 길, 즉 '도'라고 보았다. 그에게 인간은 이런 길 위에 있는 존재이다.

《시경》의 '인(仁)' 또한 '인(人)'과 밀접한 관계가 있다. 그런데 《시경》의 시들이 쓰였을 때만 해도 '인(人)'은 오늘날처럼 보편적인 인간을 가리키는 말이 아니라, 귀족 특히 관직에 있던 사람이 자기를 일반 서민과 구별해서 칭할 때 주로 사용한 말이었다. 자기는 숱한 다른 사람과 구별되는 고귀한 자라는 것이다. 그렇다면 《시경》의 '인(仁)'은 보편적 인간에게 요구되는 인간다움이었다기보다, 당시 귀족이나 귀족 남성에게 요구된 특성, 즉 비범한 고귀함이나 당당함, 씩씩함 등이었을 것이다. 그러니 숙이 '인(仁)하다'라는 표현은 숙이라는 자가 귀티가 흐르는 풍모를 지녔거나, 풍채가 당당하고 남자다운 사람이라는 뜻이다. 신정근은 《시경》의 인(仁)을 이렇게 설명했다.

여기서 우리는 어렵지 않게 인이 사람의 내면보다 외적 특성으로 인해 주위 사람들을 빠져들게 만드는 매력과 관련되어 있다는 것을 알 수 있다. 말 탄 사람이 남자라고 한다면 무엇이 그의 매력을 가장 잘 드러낼 수 있을까? 그것이 바로 인의 의미라고 할 수 있다. … 물론 이 남자다움은 늠름하다, 씩씩하다, 우렁차다 등의 의미를 지니

고 있다.[16]

그런데 특정 신분이나 계층의 귀족적인 모습과 당당한 풍채를 표현한 이 단어가 공자에 이르러 '인간다움'이라는 내적 고귀함을 의미하는 단어로 사용되기 시작했다. 즉 똑같은 글자가 《시경》에서 특정 계층에 속한 남성의 외적 매력과 분위기를 묘사하는 데 사용되었다면, 《논어》에서는 외적인 신분에 얽매이지 않고 사람이라면 보편적으로 획득할 수 있는 고귀함으로 그 의미가 확장되는 동시에 인격적이고 내면적인 지향점으로서의 깊이를 지닌 개념으로 거듭난다. 이제 어떤 계층이나 어떤 신분, 어떤 가문에서 태어나야만 고귀할 수 있는 게 아니다. 그 외적 조건이 어떠한지를 막론하고, 누구나 자신의 노력으로 얻을 수 있고, 또 얻어야 하는 인간 삶의 의미이자 내적 가치로 인(仁)이 이해되었다.

모든 사람을 위한
유가의
댄디즘

사르트르에 따르면, 보들레르식 댄디의 태도는 한마디로 "노력의 도덕률"[17]이다. 어떤 특성을 자연히 주어지는 것이 아니라 형성적 활동으로 얻어지는 것으로 본다면, 그것이 무엇이든지 그것을 얻기 위해 끊임없이 자기를 통제하고 엄격히 노력하는 것을 강조할 수밖에 없다. 정신적 고귀함을 추구한 19세기의 댄디즘과 마찬가지로 고대 유가에게서 노력의 도덕률이라고 부를 만한 것이 나타난다. 《맹자》〈진심상〉의 첫 단락이다.

맹자가 말했다. "자신의 마음을 남김없이 실현하는 자는 자신의 본성을 이해하게 된다. 자신의 본성을 이해하면 하늘을 이해하게 된다."[18]

이는 후대의 유학자가 잠언처럼 새기고 되새긴 말이다. 19세기의 예술가 댄디와 달리, 고대 유가는 정신적 댄디즘을 추구할 때 필요한 보편적 조건에 합리적 설명이 따르기를 원했다. 예술가 댄디는 고귀함을 성취하는 일을 능력이 뛰어난 개인의 영웅주의적 활동으로 보았다. 그러나 유가는 고귀함을 인간의 존재 이유이자 삶의 가치 문제로 접근하기를 원했다. 그들은 모든 사람이 댄디가 될 수 있다고, 즉 특정 신분이나 계층의 사람뿐만 아니라 모두가 고귀함을 실현할 수 있는 어떤 능력이 있다고 가정했다. 그러면서도 그러한 능력을 인간으로 태어났다는 이유만으로 누구나 완전히 실현할 수 있다고 보지는 않았다.

> 맹자가 말했다. "귀하게 되고 싶은 것은 사람마다 공통된 마음이다. 그런데 사람은 누구나 자신의 몸에 귀한 것을 지니고 있는데, 다만 그것을 생각하지 못할 뿐이다."[19]

이 단락에서 맹자는 사람은 누구나 스스로 고귀한 존재가 되고 싶은 기본 욕구가 있고, 또 그렇게 될 수 있는 바탕과 자질도 갖추었지만, 자기 믿음과 자각, 노력이 뒤따르지 않기에 그렇게 되지 못한다는 안타까움을 드러내고 있다. 이런 관점에서 등장한 개념이 바로 본성(性)이다. 본성은 일종의 잠재성이다. 우리는 인간다워질 수 있는 인(仁)의 본성을 가지고 태어나기는 하지만,

이 본성은 싹으로만 존재할 뿐 저절로 실현되지는 않는다. 자기 마음을 남김없이 다 쏟아부어 본 자만이 자기의 잠재력을 확인할 수 있다. 우리는 자기의 잠재성이 어느 정도이고 자기의 능력이 얼마만큼인지를 미리 다 알고 난 다음에 그것을 실현하는 것이 아니다. 오직 최선을 다해 이뤄낸 그만큼이 자기의 능력이자 본성이다. 유학자가 맹자의 이 말을 잠언처럼 받아들였다면, 그들이 성실하고 한결같은 태도와 노력을 엄격한 도덕률 이상으로 숭배했으리라 짐작할 수 있다. 공자는 아직 맹자만큼 인간 본성의 문제에 천착하지 않았지만, 배움이 인간 존재에게 얼마나 중요한지를 강조하면서 이렇게 말한다.

> 선생님께서 말씀하셨다. "싹이 돋았으나 이삭이 패지 못하는 것이 있고, 이삭은 팼으나 열매를 맺지 못하는 것이 있도다."[20]

공자가 애써 힘쓰지 않는 게으른 삶을 경계하라고 제자들에게 당부한 말이다.[21] 여기서 '이삭이 패지 못한다'로 풀이한 '불수(不秀)'는 '꽃이 피지 않는다'라고 풀이되기도 한다. 집에서 작은 화분 한두 개라도 가꿔 본 적이 있는 사람은 싹은 돋아도 꽃이 피지 않거나 꽃은 피었으나 열매가 맺히지 않는 것을 본 경험이 있을 것이다. 그때마다 우리는 키우는 식물에 물을 충분히 주지 않은 것은 아닌지, 환기를 자주 해 주지 않아 그런 것은 아닌지 자책하며 아쉬워한다. 공자는 우리가 키우는 마음의 식물이 과연 어떤 상태인지를 조심스럽게 살펴보라는 듯 이 이야기를 했다. 맹자는 공자의 시적 비유에 담긴 생각을, 마음을 다해 자기 본성을 실현하라는 철학적 어휘로 해석해 낸 것이 아닐까. 하지만 무엇을 하고 어떻게 노력해야 인간다운 사람, 고귀함이라는 인간의 본성을 온전히 실현하는 사람이 될 수 있을까?

유럽의 댄디, 그리고 고대 중국의 댄디라 할 수 있는 유가는 모두 관계 중심적인 사고를 했다. 그들에게 고귀함은 어떤 사회적 관계도 없이 홀로 갈고 닦아야 하는 가치가 아니었다. 그렇다고 신과 맺은 관계에서만 발휘되는 종교적이고 신비한 가치도 아니었다. 고귀함은 늘 다른 이와 맺는 관계에서 드러나는 사교적이거나 사회적인 본성이었다. 유럽의 댄디는 자기의 고귀함을 드러내려고 네댓 시간씩 몸단장하고 부츠를 포도주로 반짝반짝하게 닦은 후 다른 사람을 만나러 갔다. 유가에게도 고귀함은 신분이나 계층이 자기와 다르고, 지위가 자기보다 더 낮은 자라고 할지라도 자기와 같은 인간이라는 이유만으로 그들을 향해 발현해야 하는 사회적 가치였다. 그들은 고귀함을 타자에게 드러내는 방식으로 예를 중시했다. 공자가 아들 백어에게 시를 배워야 한다고 말한 일화에서 공자는 아들에게 시 학습을 강조하는 것으로 그치지 않았다. 이어서 그는 백어에게 예를 배웠는지를 묻고, 배우지 않았다는 대답을 듣자 이렇게 말했다. "예를 배우지 않으면 남 앞에 나설 수가 없느니라."[22]

신체 언어의 대가,
공자

총 스무 편으로 이루어진《논어》의 열 번째 편은 '향당(鄕黨)'이라는 제목이 붙어 있다. 이 편을 처음 읽는 사람은 그 내용이《논어》의 다른 편과 확연히 달라 다소 당황스러울 수 있다.《논어》는 대체로 공자와 제자들이 '말한 것'을 중심으로 구성되었다. 영어로《논어》의 제목이 '어록'을 뜻하는 'Analects'로 주로 번역된 것도 이 책이 어록의 성격이 강하기 때문이다. 이 점은 애초에 '논어'라는 책 제목에도 반영되어 있다. 전한의 역사가 반고(班固, 32~92)는《한서(漢書)》가운데 당대 주요 서적의 서지 사항을 정리한 목록이라고 할 수 있는〈예문지(藝文志)〉에서 왜 '논어'라는 제목이 붙었는지를 다음과 같이 설명했다.

논어란 공자가 제자들 및 그 당시 사람들에게 응답하고 또 제자들이 서로 말하고 스승에게서 직접 들은(接聞) 말들이다. 그 당시 제자들이 각각 기록한 바가 있었다. 스승이 이미 졸(卒)하자 문인들이 서로 더불어 모아서 논해 편찬했기(論纂=論撰) 때문에 '논어'라고 불렀다. ²³

그런데 유독 이 〈향당〉에는 공자가 남긴 말이나 제자들과 주고받은 문답보다, 평상시 다양한 삶의 공간에서 공자의 몸가짐이나 언사, 행동거지가 어땠는지가 주로 기록되었다. 제례를 올리는 종묘, 조회가 열리는 조정, 국빈을 맞이하고 보내는 외교 현장, 이동하는 수레 안, 식사하거나 잠자는 공간 등에서 공자가 사람을 만나거나 혼자 있을 때 몸가짐이 어땠는지, 말씨는 어땠는지, 옷차림새는 어땠는지, 걸음걸이는 어땠는지, 심지어 눈빛이나 낯빛은 어땠는지 등이 세세히 묘사되어 있다. 그래서 처음 〈향당〉을 접하는 사람은 공자의 제자들이 왜 이런 것까지 시시콜콜 기록해 놓았을까 하는 의문이 들 정도이다.

임금이 불러 손님을 영접하게 하면 반드시 낯빛을 바꾸시고 잰걸음으로 걸으셨다. 함께 영접하는 동료에게 말을 전하며 읍하실 때 왼쪽 사람에게는 손을 왼쪽으로 하시고 오른쪽 사람에게는 손을 오른쪽으로 하셨으며, 옷이 앞뒤로 펄럭이기는 했지만 가지런했고, 종종걸음으로 나아갈 때는 새가 날개를 펼치듯 하셨다. 손님이 물러

그림 4-2. 경건한 자세로 궁궐 문을 출입하다
〈경입공문(敬入公門)〉,《공자성적도》(何新 主編,《孔子聖迹圖》, 中國書店, 2012)

가면 반드시 복명해 "손님이 뒤돌아보지 않고 갔습니다"라고 말씀
하셨다.[24]

댄디의 왕인 브러멀의 스타일을 따라 하려고 그의 태도를 관
찰하며 그가 물건을 쥐는 손가락의 뉘앙스까지 알아내려 한 댄
디 추종자처럼, 공자의 제자들은 말 그대로 스승의 일거수일투

죽을 살폈던 것 같다. 그들은 스승이 조심스레 움직였기에 동작에 따라 옷자락이 펄럭이기는 해도 흐트러짐이 없었다거나, 스승이 조금 잰걸음으로 앞으로 나아갈 때는 새가 날개를 펼치고 날아오르려는 듯 우아했다는 점까지 포착했다. 그들은 상황이 바뀔 때마다 공자의 얼굴빛에 생기는 미묘한 변화도 눈으로 따라가려 애썼다. 마치 눈앞에 장엄히 솟아 있는 대성당이 아침과 오후와 저녁의 햇빛에 따라 얼마나 다른 모습이 되는지를 하나도 놓치지 않고 화폭에 담으려 한 인상파 화가 모네처럼 말이다.

잠잘 때 죽은 사람같이 하지 않으셨고, 집에 계실 때는 용모를 근엄하게 하지 않으셨다. 자최복 입은 사람을 보면 비록 친밀한 사이일지라도 반드시 태도를 바꾸셨으며, 면류관 쓴 사람과 소경을 보면 비록 자주 만나는 사람일지라도 반드시 예모를 갖추셨다. (수레를 타고 가다가) 흉복을 가진 사람을 보면 수레 앞 가로나무를 손으로 짚으면서 몸을 수굿이 하고 경건히 예를 표하셨고, 나라의 지도와 호적을 짊어진 사람을 보면 수레 앞 가로나무를 손으로 짚으며 몸을 수굿이 하고 예를 표하셨다. 성찬이 있으면 반드시 얼굴빛을 바꾸고 자리에서 일어나셨다. 내려치는 번개와 사나운 바람에 반드시 얼굴빛을 바꾸셨다.[25]

한밤중에 깨어 촛불을 들고 잠든 에로스의 아름다운 얼굴을 바라보는 프시케처럼, 그들은 공자의 잠든 모습을 물끄러미 바라보며 '선생님의 잠든 모습은 고요하지만, 이 순간에도 세상이 다 끝난 듯 몸가짐을 풀어 버리지 않는구나!' 하고 생각에 잠긴다. 그들의 묘사에 따르면 공자는 가족을 잃고 슬픔에 빠진 이 앞에서 어떤 상황이든 경건히 행동하였다. 자최(齊衰)란 올이 굵고 거친 베로 지은 상복이다. '가까운 이를 잃은 이가 있으면, 선생님은 그의 슬픔에 응답하는 정중한 행동을 하시는구나', '선생님은 아무리 가까운 사이라도 무람없이 굴지 않는구나', '시각 장애가 있어 앞을 보지 못하는 사람이라도 면류관을 쓴 신분이 높은 사람을 대할 때와 마찬가지로 함부로 대하지 않고 존중의 예를 갖추는구나' 등등. 제자들은 공자의 일상 태도에서 품위 있는 삶이 무엇인지, 타인을 어떻게 대해야 스스로 고귀함을 높일 수 있는지를 배웠다.

흉복(凶服)은 죽은 이를 떠나보낼 때 입히는 수의이다.[26] 공자는 이미 저세상 사람이 된 고인도 존중하려고 마음을 썼다. 수레 앞 가로나무는 수레를 타고 갈 때 넘어지지 않게 잡고 가는 횡목을 말한다. 이 횡목을 잡으면 몸이 살짝 굽는다. 공자는 횡목을 잡고 몸을 수굿이 굽히며 떠나가는 이에게 인사한다. 그는 잘 차려진 음식이 있으면 자리에서 일어났고, 하늘에서 번개가 치고 폭풍이 불면 얼굴빛을 바꾸었다. 식욕이 없거나 소화불량에 시달려서 그랬던 것일까? 어린 시절에 받은 정신적 외상이라도 있어서 번개와 폭풍이 치는 밤을 무서워했을까? 물론 아니다. 그가 자리에서 일어나는 것은 잘 차려진 음식을 당연히 여기지 않고, 정성 들여 준비한 이에게 감사함을 표하기 위해서였다. 사납게 내리치는 번개와 폭풍을 무서워한 것은 사람에게 큰 재난을 남길 수 있기 때문이다. 이런 자연현상 앞에서 낯빛이 바뀌는 것은 천재지변에 관한 염려가 진심으로 우러나온 것이라 할 수 있다.

인간다움과
예

예는 매일매일 주고받는 가벼운 인사부터 가까운 이를 잃고 슬퍼하는 자에게 건네는 위로까지 구체적인 말이나 몸짓으로 표현된다. 이는 예나 지금이나 마찬가지이다. 아무리 상대방을 존중하는 마음이 있더라도 그 마음이 겉으로 드러나서 상대방에게 가닿지 않는다면 예를 안다고 할 수 없을 것이다. 우리는 언어와 몸짓을 사용해서 예를 표현한다. 그때 우리가 취하는 몸짓은 단순한 물리적 동작에 그치지 않고, 언어처럼 사회적 기호의 역할을 한다. 우리는 〈향당〉을 읽으면서, 공자가 예를 적절히 표현하려고 자기의 신체 언어를 얼마나 섬세히 구사했는지, 신체를 얼마나 엄격히 연마했는지를 확인할 수 있다. 물론 여기서 신체란 그것에 부착되는 의복이나 장신구 등의 부속물도 다 포함한 것이다. 우리가 언어를 사용하는 것은 다른 사람과 소통하기 위해서이다. 나를 표현하고 상대방을 이해하려는 것이다. 신체 언어도 마찬가지이다. 적절한 신체 언어는 우리가 상황마다 상대가 누구든 인간 대 인간으로 서로 관계를 잘 맺게 도움을 준다. 하지만 공자가 단지 인간관계를 매끄럽게 잘 맺고 사회생활을 무리 없이 하려면 예를 잘 알아야 한다는 걸 제자들에게 일러 주려고 자신의 언행을 그토록 세심히 갈고 다듬었을까? 예라는 개념이 공자에 이르기까지 어떤 변화를 거쳤는지 잠깐 살펴보자.

동아시아 고전을 연구하는 학자가 한자의 어원이나 옛 뜻을 알고 싶을 때 펼쳐 보는 책이 있다. 후한의 허신(許愼, 30~124)이 편찬한 《설문해자(說文解字)》다. 중국에서 가장 오래된 자전(字典)으로, 무려 1만여 자에 대한 설명이 들어 있다. 허신은 이 책에서 "예란 행하는 것이다. 신을 섬겨서 복을 불러오기 위한 것이다"²⁷라고 설명한다. 여기서 '행하는 것'으로 풀이한 '이(履)' 자는 원래 신발이나 발로 땅을 꾹꾹 밟으며 걸어가는 행위를 뜻하다, 점차 실제로 행하거나 몸소 경험한다는 의미로 사용되었다. 허신의 설명대로, 예는 애초에 인간이 신에게 복을 내려 달라고 비는 종교적 의식, 또 그 의식에서 따라야 할 구체적인 절차나 행위 수칙을 가리키는 용어였다. '禮'의 오른쪽 부분에 있는 '豊'은 굽이 있는 제기(豆) 위에 제물이 담긴 그릇(曲)을 올려놓은 모양을 본뜬 상형문자이다. 이처럼 종교적 의미에서 출발한 '예(禮)' 자는 주나라의 건국과 더불어 인문주의 시대가 열리면서,

점차 인간과 신의 만남뿐만 아니라 인간 대 인간의 만남에서 지켜야 하는 행위 규범까지 포괄하는 말로 외연이 넓어졌다. 이는 행위 주체로서의 인간 존재를 자각하면서, 사람이 신을 대할 때 갖춰야 하는 경건한 태도와 섬김의 자세를 인간 존재를 대할 때도 요구했음을 의미한다.

춘추시대에 이르러 예의 정치적 효용을 강조하는 정치가가 곳곳에서 나타났다. 이들은 사회질서를 유지하는 데 도움이 될 문화적 전략으로서 예에 주목했다. 춘추시대가 어떠했는지 궁금할 때는 '춘추'라는 시대 명칭의 유래가 된 《춘추좌전(春秋左傳)》을 읽어야 한다. 이 책은 공자가 기원전 722~468년에 중국의 여러 제후국에서 일어난 역사적 사건을 기록해 엮은 《춘추(春秋)》에, 좌구명(左丘明)이라는 사람이 상세한 해설을 붙였다고 전해지는 역사서이다. 이 책을 보면 제나라의 정치가 안영(晏嬰)이 제후에게 예의 정치적 의의를 이야기하는 대목이 나온다.

예로 나라를 다스릴 수 있는지 오래되었으니, 천지와 어깨를 나란히 합니다. 군주는 명령을 하고 신하는 공손히 받들며, 아비는 자애롭고 자식은 효도하며, 형은 사랑하고 아우는 공경하며, 남편은 온화하고 아내는 고분고분하며, 시어머니는 자애롭고 며느리는 후덕한 것, 이것이 바로 예입니다.[28]

군주와 신하, 아비와 자식, 형과 아우, 남편과 아내, 시어머니와 며느리는 모두 양쪽이 서로를 대하는 태도가 대등하거나 대칭적이지 않은 인간관계이다. 누가 봐도 힘 있는 쪽이 어느 쪽인지 바로 알 수 있다. 안영은 이런 예를 나라를 다스리는 통치 전략으로서 군주에게 설파했다.《춘추좌전》〈양공〉 13년의 기록에는 '군자의 말(君子曰)'이라고 하면서 다음 내용이 인용된다.

　세상이 잘 다스려지면 군자는 능력 있는 자를 숭상하여 아랫사람에게 겸양하고, 소인은 힘을 다해 윗사람을 섬긴다. 이 때문에 위아래에 예가 있어 헐뜯거나 사특한 짓을 하는 사람들은 멀리 쫓겨났다. 서로 다투지 않는 데에서 기인한 것으로, 이를 '의덕(懿德)', 즉 아름다운 덕이라고 부른다. 세상이 혼란스러워지자 군자는 자신의 공을 내세워 소인을 업신여기고, 소인은 자신의 재주를 과시하며 군자를 능멸한다. 이 때문에 위아래로 예가 없어져 혼란스럽고 잔혹한 일들이 나란히 생겨난다. 자기가 잘한다고 다투는 데에서 기인한 것으로, 이를 '혼덕(昏德)', 즉 어두운 덕이라고 부른다. 국가의 붕괴는 항상 이로부터 기인한다.[29]

　여기서도 윗사람과 아랫사람이 서로를 존중하며 상대방을 각자 위치에 맞는 예로 대하면 세상이 잘 다스려지고, 그렇지 못하면 국가가 패망에 이를 거라는 춘추시대 사람의 생각이 잘 나타난다. 그들은 예를 상하의 위계적 인간관계에서 분쟁이 일어나는 것을 막는 수단으로 보았다.《춘추좌전》에서 알 수 있듯이 춘추시대에 예는 사회적 지위나 신분의 차이를 드러내면서도 그로써 생겨날 수 있는 갈등과 불화의 여지를 차단하여 사회의 혼란을 막을 수 있는 정치적 전략으로서 주목 받았다.

공자 제자 가운데도 예의 이런 효용성에 마음이 기운 자가 있었다.《논어》를 보면, 공자처럼 '~자'로 불린 제자가 있다. 학문적으로 일가를 이루어 제자에게 지적으로나 인격적으로나 큰 영향을 미칠 때나 가능한 호칭이다. 공자의 제자들이《논어》를 만들면서 스승이 아닌 다른 제자를 이렇게 칭하기는 어려웠을 것이다. 그런데도 드물게 예외가 있는데, 유약이라는 사람이 그러하다.《논어》〈학이〉에서 유자(有子), 즉 유약은 예를 행하는 데 사람들이 크게 경계해야 할 점을 다음과 같이 지적한다.

유자가 말했다. "예의 효용에서는 조화(和)가 중요하다. 선왕의 도는 이를 아름답다고 여겨 작은 일이든 큰일이든 그것을 원칙으로 따랐다. 그러나 행해서는 안 될 것이 있으니, 조화만 알아서 조화만 추구하고 예로써 분절(節)을 이루지 못하는 것, 이 또한 행해서는 안 된다."[30]

유약은 예를 행할 때 사람이 서로 대등한 존재로서 함께 어우러지는 것을 가장 우선적인 원칙으로 생각한다면 예의 본질을 놓칠 수 있다고 우려했다. 예는 사람과 사람 사이에 '절(節)'을 이루는 것이 중요하다는 것이다. '절' 자는 원래 대나무의 마디를 뜻했다. 대나무는 하나로 죽 이어져서 서로 통하는 듯 보이지만, 중간중간 마디로 가로막혀서 분절된 구조이다. 유약은 인간관계에도 이런 마디가 있어야 한다고 생각한다. 사람이 자기의 위치와 본분을 잊은 채 과도히 친밀해지거나 허물없이 어울려서는 안 된다. 유약은 예의 효용을 어디까지나 구별 짓기와 거리 두기를 전제한 화합에 두어야 한다고 강조했다. 청나라의 고증학자 유보남(劉寶楠, 1791~1855)은 유약의 이 말에 주석을 달면서 사마천(司馬遷, 기원전 145?~기원전 86?)의《사기(史記)》〈예서(禮書)〉에 나오는 다음 구절을 인용했다.

군주와 신하가 있는 조정에서의 존비와 귀천의 서열로부터, 아래로는 백성의 수레, 의복, 집, 음식, 혼례, 상례, 제례에서의 구분에 이르기까지 일에는 각각 마땅하고 적합한 것이 있고 사물에는 각자의 분수에 맞는 규정이 있다.[31]

사람의 사회적 지위와 신분에 따라 달라지는 예의 구체적 표현 양식이 잘 지켜져서, 사람 사이의 구분과 위계적 질서가 흐트러져서는 안 된다는 의미이다.

공자 또한 기본적으로 예에 이런 사회적·정치적 역할이 있다고 본 춘추시대 정치가의 관점을 따른다. 그러나 공자는 여기에 머물지 않고, 그가 인생 최고의 가치로 내세운 '인(仁)'과 예를 결합함으로써 예를 새로운 의미로 재탄생시켰다. 인간다움에 관해 질문한 한 제자에게 답하면서 공자는 "백성을 부릴 때에는 큰 제사를 받드는 듯이"[32] 해야 한다는 언급을 한다. 큰 제사(大祭)란 국가적으로 가장 엄중히 거행해야 할 의례로서, 왕이 하늘과 땅에 지내는 '교(郊)' 제사와 나라를 처음으로 연 조상에게 지내는 '체(禘)' 제사를 말한다.[33] 왕이나 관리가 백성을 나랏일에 동원하거나 그들에게 생업을 멈추고 노역하라고 명령할 때는 그들의 권력이 눈에 띄게 행사되는 순간이다. 이런 순간이야말로 힘을 가진 이들이 평소에 다른 이의 존재를 어떻게 생각해 왔고 어떻게 대하는지가 여실히 드러난다. 공자는 이런 일일수록 신에게 간절한 기원을 드리는 큰 제사를 지내듯, 섬기는 자세로 절차에 따라 조심스럽고 경건히 임해야 한다고 보았다. 다른 사람을 어떤 순간에도 자기의 목적을 이루기 위한 수단으로 가벼이 이용해서는 안 된다는, 인간다운 삶의 방식에 관한 공자의 신념이 예라는 의례적 행위에 대한 관심과 결합하고 있는 것이다.

인간다움의 가치를 내세우면서 공자가 가장 크게 고민한 문제는 우리가 매일매일 만나는 사람을 구체적으로 어떻게 대하고 어떻게 배려해야 인간다워질 수 있을까 하는 점이었다. 우리는 다른 사람을 나와 대등한 한 명의 존귀한 인간으로서 마주하기도 하지만, 다른 한편으로 다양한 사회적 관계에서 마주하기도 한다. 그런 사회적 관계에서는 나와 상대방 사이에 나이, 성별, 사회적 지위, 경제적 형편, 문화적 배경, 주어진 역할과 책임 등등 다른 점이 많다. 일상에서 매일 만나는 사람 중에 이런 것들이 나와 비슷한 이가 몇이나 있겠는가? 우리가 자기를 돌보듯 다른 사람을 돌보고 배려하려고 해도 그것을 어렵게 하는 현실적 제약이 많다. 더군다나 사회적으로 지위가 높거나 큰 힘과 권력을 가진 사람, 경제적으로 부유한 이는 상대적으로 그렇지 못한 사람의 존재에 무감각해지거나 자기도 알게 모르게 그 사람의 존재 가치와 존엄성을 무시하기 쉽다. 공자는 이런 현실에 민감했던 것으로 보인다. 물론 그 반대의 상황도 마찬가지이다. 상대방이 자기보다 지위가 높거나 큰 힘과 많은 부를 소유했다고 해서 그에게 아첨하거나 스스로 비하하는 태도를 보이는 것, 또 그 반대로 적대감이나 원한을 보이는 것도 경계했다. 이런 경향은 인간답게 살고자 하는 의지, 상대방을 배려하고 존중하고 또 배려받고 존중받으면서 살고 싶은 바람과 충돌을 일으키기 때문이다. 공자의 '예'는 사람이 모여 사는 인간 사회에 존재하는 관계의 비대칭성을 인식하는 데서 출발한다. 물론 공자는 그런 인식에서 급진적 평등주의로 나아가지 않았다. 인간 사회가 존재하는 한 그런 비대칭적 관계는 계속 존재할 것이다. 그에게 예는 현실적인 비대칭적인 관계에서 인간다움을 실현할 수 있는 문화적 수단이었다.

공자를 비롯한 유가가 예를 따르는 방식은 사회적 신분이나 지위에 따라 차이를 드러낸다는 점에서 유럽의 댄디가 보여 준 민중과의 구별 짓기와 완전히 무관하다고 말할 수 없다. 그러나 예는 댄디의 구별 짓기와 차이가 있다. 고대 유가의 지식인은 다른 계층의 사람과 구별 짓기를 통해서 자신의 우월함을 확인하는 데 관심이 있었다기보다, 우아한 태도와 적절한 말로 자기의 이상적 인간상과 삶의 가치, 그리고 정치적 이상을 사람 사이에서 실현하는 데 관심이 깊었다. 유가가 시와 역사를 공부해 정치 언어를 아름답게 구사하고 예를 행하는 생활을 추구한 것은, 무엇보다 정치를 비롯한 인간사의 운용이 자연 세계의 약육강식의 논리와 다르게 흘러가기를 희망했기 때문이다.

예는
관계의
예술

예는 비대칭적이고 차별적인 인간관계의 현실과 사람이라면 지향해야 할 인간다움의 이상 사이에 놓여 있다. 사회적 위치도 역할도 서로 다른 사람이 함께할 때, 각자의 차이를 인정하면서도 상대방에게 한 명의 인간으로 존중받는다고 느낄 수 있게 말과 행동을 신중히 하는 것은 잘 수행하면 인간관계의 예술이 되지만, 그렇지 못하면 형식적인 겉치레로 흐르기 쉽다. 예는 현실과 이상 사이에서 현실에 치우치면 그 자체로 인간관계의 차별적인 질서를 강화하는 문화적 수단으로 전락하고, 인간다움이라는 이상에 과도하게 기울면 현실에 존재하는 비대칭적 인간관계를 거부하거나 부정해야 하는 문제가 생긴다. 그래서 예는 매우 어려운 기술이다.

공자는 이 문제를 '예'와 '인'의 관계에서 사유했다. 예가 성공적으로 행해지려면, 무엇보다도 예가 인간다움이라는 가치, 또 인간다워지고자 하는 사람의 의지와 반드시 결합해야만 한다. 예가 겉으로 드러나는 외적 표현 양식이라면, 인간다움은 그걸 행하는 사람의 내적 의지나 의도라고 할 수 있다. 공자는 인간다움을 추구하지 않는 예는 큰 의미가 없다고 보면서, 예와 인을 '문(文)'과 '질(質)'의 관계, 즉 겉으로 꾸며진 형식과 바탕의 관계로 보았다. 그러면서 겉으로 드러나는 형식이 바탕을 압도해서도 안 되고, 바탕을 중시하느라 형식을 무시해서도 안 된다고 강조했다. 그러나 둘 가운데 어느 한쪽을 택해야 한다면 질박하고 순수한 바탕이 우선이고, 더 경계해야 할 것이 있다면 바탕이 갖춰지지 않은 형식적 세련됨이다. 문은 오직 질의 표현으로서만 가치를 갖는다.

> 선생님께서 말씀하셨다. "선배들은 예악에 대해서 야인 같고, 후배들은 예악에 대해서 군자답다고들 한다. 만약 예악을 쓴다면 선배들 것을 따르겠다."[34]

야인(野人)이라는 말은 요즘도 가끔 들을 수 있다. 정치가가 공적 무대에서 물러났을 때 '야인이 되었다'라고 하기도 하고, 제도권에 속하지 않은 채 자유로이 활동하는 사람을 '야인'이라고 부르기도 한다. 〈선진〉에 나오는 '야인'을 관직에 있지 않은 사람을 가리키는 말로 보는 학자도 있고, 말 그대로 도시문화에서 떨어져 시골에 사는 사람으로 보는 학자도 있다. 또 순박하고 촌스러운 특성의 사람을 가리키는 말로 보기도 한다. 그에 따라 군자는 반대 의미로 풀이된다.[35] 공자가 '야(野)' 자를 '촌스럽다'라는 의미로 사용한 예를 고려한다면,[36] '야인(野人)'은 그저 촌스러운 사람을 가리키는 말로 봐도 무방할 듯하다.

공자는 자기 선배들은 예악의 문화적 표현 양식에서 투박하고 거친 데가 있지만, 후배들은 세련되고 문화적 유행에도 민감하다고 느낀 것 같다. 젊은 세대는 늘 유행에 민감하다. 그런데 둘 중 어느 한쪽을 택하라고 한다면, 공자는 선배들 쪽을 따르겠다고 한다. 공자는 확실히 겉으로 얼마나 정교하게 다듬어졌는지보다, 그 근본이 되는 정신이나 인격적 바탕이 더 중요하다고 보았다. 그는 제자 임방(林放)에게 말한다.

임방이 예의 본질을 물으니, 선생님께서 말씀하셨다. "정말 중요한 물음이구나! 예는 사치하기보다는 차라리 검소한 것이 낫고, 상례는 매끄럽게 잘 치르기보다는 차라리 애통해하는 것이 낫다."[37]

그러나 사람에게는 양자택일의 습성이 있어, 바탕의 중요성을 강조하면, 겉으로 드러나는 형식을 무시하고 싶은 마음이 생긴다. 공자는 바탕을 더 근본적인 것으로 보았지만, 바탕만으로 모든 게 다 갖춰진다는 관점을 내세우지는 않았다. 그는 문과 질을 양자택일의 관계로 보는 것을 우려했다.

> 선생님께서 말씀하셨다. "질이 문보다 지나치면 촌스럽고, 문이 질보다 지나치면 겉치레에 흐르게 된다. 문과 질이 알맞게 조화를 이룬 뒤에야 군자답게 된다."38

'촌스럽다'는 '야(野)' 자를, '겉치레에 흐른다'는 '사(史)' 자를 풀이한 것이다. '사'는 옛날에 조정에서 문서를 관리하는 사람, 또 역사를 기록하는 사관을 가리키는 말이었다. 이들은 세상의 온갖 정보와 지식을 접하고 다루기 때문에 박식하고 업무 능력도 뛰어났을 뿐만 아니라 세련된 안목을 가지고 있었다.39 마지막 문장에 "문질빈빈(文質彬彬)"이라는 유명한 사자성어가 등장한다. '빈(彬)' 자는 '겸비하다' 또는 '찬란하다'를 의미한다. 형식과 내용, 겉모습과 안, 양쪽이 다 잘 갖춰져서 조화를 이루는 것을 가리켜 '문질빈빈'이라고 한다.40

> 극자성이 말했다. "군자가 질박하면 되지 문식(文飾)은 해서 무엇하겠습니까?" 자공이 말했다. "애석하구나, 그대가 군자에 대해 말함

이여! 말 네 필이 *끄는* 수레로도 그대가 한 말을 따라잡지는 못할 것입니다. 문도 질만큼 중요하고, 질도 문만큼 중요합니다. (질만을 중시한다면) 범과 표범의 털 없는 가죽은 개와 양의 털 없는 가죽과 다를 것이 없습니다."⁴¹

공자의 제자 자공과 대화하면서 극자성은 질을 강조하고 문은 불필요하다고 말한다. 바탕만 있으면 되지 겉으로 꾸미는 일에 왜 공을 들이냐는 것이다. 이에 자공은 네 마리 말이 *끄는* 수레도 사람의 혀를 따라잡지 못한다는 말로 일침을 놓는다. 말 네 마리가 수레 한 대를 *끄니* 그 수레가 얼마나 빨리 달리겠는가. 실언 한마디가 무섭도록 빨리 퍼진다는 점을 환기하는 말이다. 또 자공은 문의 중요성을 잊고 예를 따르지 않는다면 호랑이와 표범의 가죽에서 털을 없애 버리는 것과 같다고 덧붙인다. 호랑이와 표범 가죽의 비범함은 가죽에 붙은 털의 멋진 무늬에 있는데, 털이 없다면 다른 동물의 가죽과 다를 바가 없다는 뜻이다.

자공의 답변을 듣고서 극자성은 속으로 호피든 양피든 따뜻하면 그만이라고 생각했을지도 모른다. 극자성의 논리대로라면 석굴암의 본존불에서 화강암 덩어리만을 떠올리거나, 미켈란젤로의 다비드 조각상을 보면서 채석장에 놓인 대리석과 똑같은 돌일 뿐이라고 해야 할 것이다. 그러나 그렇게 말하는 사람은 없다. 극자성 같은 이도 위대한 작품 앞에 서면 화강암과 대리석이 예술가의 손에서 전혀 다른 사물로 다시 탄생했다는 사실에 감탄할 것이다. 그리고 자신이 산길에서 무심코 지나쳐 버린 돌과 달리 눈앞에 우뚝 서 있는 돌의 질료와 특별한 소통을 하고 있음을 체험하게 될 것이다.

고대 유가의
강건한
댄디

고대 유가는 예로써 다른 이와 예술적 소통이 이루어지길 꿈꾼 이들이다. 조각가가 돌을 그저 돌로만 보지 않듯이, 예를 중시하는 유가도 인간의 신체를 단순한 물질적 대상으로만 보지 않았다. 인간의 신체는 일차적으로 생물학적이고 물리적인 존재이지만, 사실 인류 역사에서 신체만큼 문화적 관점이 투영되고 문화의 영향을 받은 것도 없을 것이다. 단적으로, 지금 우리가 사는 현대사회는 사람의 몸을 바라볼 때, 그것이 어떤 방식으로 얼마만큼의 경제적 가치를 창출할 수 있는지에 관심을 둔다. 예를 중시하는 문화에서 인간의 몸은 공동체의 규범을 실행하고 사회적 기호를 방출하는 문화적 수단으로 여겨졌다.

〈향당〉에 세세히 묘사된 공자의 모습에서 확인할 수 있듯이, 유가는 무엇을 어떻게 입고 어떤 목소리, 어떤 표정, 어떤 몸짓과 자태로 다른 사람을 만날까 하는 문제가 사람 사이의 품위 있고 고귀한 소통과 관련한다고 믿었다. 그런 점에서 고대 유가는 우아함과 몸의 맵시를 중시한 유럽의 댄디와 많이 닮았다. 그러나 결정적인 면에서 크게 달랐다. 세기말 데카당스의 분위기에서 유럽의 댄디는 멋진 옷차림과 우아한 태도를 통속적인 대중과 자기를 구별해 내는 차이의 무기로 썼다. 그들은 대중을 혐오했다.

어떤 직무에 있어서나 내재하는 비천한 것.
댄디는 아무것도 하지 않는다.
우롱하기 위해서를 제외하고 민중에게 말을 거는 댄디를 당신은 상상할 수 있는가?[42]

댄디는 모든 직무에 비천한 요소가 있다고 여기면서 실용적인 일에 반대해 무위(無爲)를 추구했다. 그들은 비실용적인 사치를 부림으로써 모든 것을 실용의 관점에서 보는 부르주아 문화에 저항하려고 했다. 그러나 그들은 새로운 문화를 형성하는 데 기반이 될 인간관계의 다른 전망을 보여 줄 만한 내적 활력이 없었다. 조지 브러멀의 생애가 말해 주듯 댄디는 권태에 빠지기 일쑤였다. 브러멀은 지루함을 이기려 도박에 몰두했고, 파산한 후 고리대금업자에게 시달리다 영국에서 프랑스로 망명했다. 그는 완벽하게 차려입은 허영의 외투에 많은 불행을 감추었다고 바르베 도르비이는 전한다.[43] 한때 런던 사교계를 쥐고 흔들었고 주름장식이 달린 블라우스가 잘 어울린, 세상에서 제일 멋쟁이 남자라는 명성을 획득함으로써 불멸의 존재가 된 브러멀, 그는 1840년 칸의 자선수용소에서 세상을 떠날 무렵, 멋 부리기에 흥미를 잃고 지저분하게 지냈다고 한다. 그는 유서에 자신의 진심을 풀어 놓았다. "단추를 풀었다 채웠다 하는 권태로운 생활을 더 이상 견딜 수 없었다."[44]

프랑스의 댄디 보들레르는 브러멀보다 지성적이고 내면적인 댄디즘을 추구했다. 그는 외모 꾸미기의 미학에서 빨리 졸업했다. 보들레르는 작품에서 공들여 치장한 여인을 향해 탄식한다.

어찌 너는 부끄럼을 모르는가,
그리고 어찌 네 매력이 퇴색하고 있음을 거울에 비추어 보지 못하는가?[45]

문학비평가 장 스타로뱅스키(Jean Starobinsky)는 보들레르의 거울을 '진실의 거울'이라고 명명하면서 덧붙인다. "절망적인 허무를 증명하는 거울 앞에서 생겨나는 멜랑콜리보다 더 '깊은' 멜랑콜리는 없다."[46] 화장으로 늙음을 가릴 수 없으니, 댄디는 자기의 외모를 비추는 진실의 거울을 보며 깊은 우울증에 빠질 수밖에 없다는 것이다. 이런 자각 끝에 보들레르는 내면적 아름다움을 더 강조했지만, 그것을 예술세계에만 존재하는 것으로 한정하려고 했다. 이처럼 프랑스에서 형성된 예술가 댄디 유형은 예술작품을 창조함으로써 정신적인 아름다움을 표현하려 했다.

예술가 댄디로서 보들레르는 부르주아에게 일침을 가한다.

사는 데 교양이 왜 필요하냐고 묻는다면, 이미 여러분의 하루는 공무와 법률과 상업으로 꽉 채워져 있는 것입니다.[47]

그러나 그는 교양이든 예술의 아름다움이든 자기가 위대하다고 여기는 것으로써 부르주아를 바꾸거나 그들에게 어떤 영향력을 행사하려는 의도는 별로 없었다. 그러기에는 인간성에 너무나 깊이 절망했다. 그는 인간 일반뿐만 아니라 가까이 지내는 동료조차 혐오했다.

모든 이에게 혐오와 공포를 불러일으킬 수 있다면, 나는 고독을 정복한 것이리라. … 친구가 많으면 장갑도 많아야 한다.—옴 옮을까 무서워서.[48]

인간 혐오 발언으로 둘째가라면 서러워할 니체이지만, 그조차 이 세상 밖에만 존재하는 절대적 심미주의를 추구하는 프랑스의 댄디를 "심리적 병증"[49]을 지닌 자들이라고 비판했다. 그들은 "높은 창공을 날고 마음을 뒤흔드는 예술가 유형이지만, 어느 정도 병들고 그 본질상 치유 불가능한 자들로서 모두가 표현의 광신자들"[50]일 뿐이라고 평했다. 물론 니체도 현대인은 대지 위의 벼룩같이 작고 비천한 최후의 인간이라는 식의 폭언을 일삼았다. 그러면서도 인간은 자기 자신을 극복하고 위버멘쉬(Übermensch),[51] 즉 위대한 존재가 될 수 있는 내적 동력이 있다고 확신했다.

고대 유가 또한 유럽의 댄디와 마찬가지로 자기의 삶을 아름답고 독립적으로 만들고 내적 평온함을 유지하는 냉정함(impassibilité)[52]을 겸비함으로써, 예술작품으로서의 삶이라는 이상을 추구한 사람들이었다. 그러나 두 가지 측면에서 유가는 댄디와 달랐다. 첫째 유가가 추구하는 아름다움은 생의 단편적인 순간순간에 성취되지 않고, 삶이라는 전체 과정의 완성으로 성취된다. 《논어》〈학이〉에서 공자는 《시경》〈위풍〉의 〈기욱(淇奧)〉이라는 시에 나오는 '절차탁마(切磋琢磨)'라는 표현을 사용해 자공과 대화를 나누었다.

자공이 말했다. "가난해도 아첨하지 않으며, 부유해도 교만하지 않으면 어떻습니까?" 선생님께서 말씀하셨다. "괜찮다. 그러나 가난해도 도를 즐기고, 부유해도 예를 좋아하는 것만 못하다." 자공이 말했다. 《시》에 '쪼개 놓은 듯 갈아 놓은 듯하고, 쪼아 놓은 듯 닦아 놓은 듯하다'고 한 것은 아마 이를 일컫는 것이 아닐까요?" 선생님께서 말씀하셨다. "사(賜)야말로 이제 함께 시를 이야기할 만하다. 지나간 일을 말해 주니 다가올 일을 아는구나!"[53]

"쪼개 놓은 듯(如切)"의 '절(切)'은 동물의 뼈를 가공하는 것을 말하고, "갈아 놓은 듯(如磋)"의 '차(磋)'는 상아나 뿔을, "쪼아 놓은 듯(如琢)"의 '탁(琢)'은 옥을, "닦아 놓은 듯(如磨)"의 '마(磨)'는 돌을 가공하는 과정을 말한다.[54] 재료의 특성에 맞게 쪼개고 갈고 쪼고 연마하여 아름다운 예술작품을 만들어 낸다는 의미이다. 공자는 인간의 완성 또한 절차탁마의 과정을 거쳐 일종의 예술작품을 만들어 내는 것과 같다고 보았다. 이런 공자 사상의 자장(磁場)에서 성장했기에 고대 유가의 댄디는 유럽의 댄디와는 달리 예술작품으로서의 삶을 '완성'이라는 관념으로 이해할 수 있었다. 재커리 심슨은 유럽의 댄디가 받아들인 '예술작품으로서의 삶'이라는 관념의 한계를 지적하며 이렇게 덧붙인다.

다듬고 개선하는 과제는 단순하게 우리 자신을 작품으로 만드는 것이 아니라 우리 자신을 잠재적으로 완전한 어떤 것으로 만드는 것을 목표로 한다.[55]

둘째 유가의 댄디는 완전성의 이상을 충분히 숙고했고, 무엇보다도 이 완전성이 개인 차원에서만 실현된다고 보지 않았다. 그들은 한 개인의 완성된 삶은 공동체와 더불어 정치적이고 사회적인 차원에서 실현될 수 있다고 믿었다. 세기말의 데카당스 댄디와 달리, 그들은 문명 초기의 강건한 낙관주의, 어쩌면 무언가 처음 시작하는 사람의 순수한 희망과 생명력을 지니고 있었다. 유럽의 댄디보다 훨씬 힘차고 명랑한 정신의 소유자였다.[56] 개인적인 차이는 있겠지만, 우리도 살면서 댄디의 환멸에 충분히 공감할 수 있는 많은 일을 겪는다. 그렇기에 니체처럼 용감하게 프랑스의 예술가 댄디를 비난하기는 어렵다. 그러나 바로 그 이유로 어떤 환란에서도 동료 인간과 자기 인생에 관한 희망을 포기하지 않은 유가의 강건함이 더없이 놀랍고 매력적으로 느껴진다.

인간다움이라는
영원한
질문

고대 유가가 예로써 실현하려고 한 우아하고 고귀한 삶의 바탕은 인간다움을 뜻하는 인(仁)이다. 그런데 인간다움의 가치는 공자나 유교의 전유물은 아니다. 동서고금을 막론하고 많은 사상가가 인간다움의 실현을 이야기했다. 그러나 인간다움을 어떤 것으로 보는지는 사상가마다 시대마다 다르다.

공자는 인간다움을 어디에서 찾았을까?《논어》에 '인(仁)'이라는 단어는 매우 빈번히 등장한다. 많은 제자가 공자에게 인에 관해 질문한다. 한 제자가 반복해서 질문하기도 한다. 동일한 개념에 관해 계속 질문한다는 것은 그 개념을 한마디로 설명하거나 정의할 수 없음을 방증한다. 공자는 인뿐만 아니라 그가 중요시한 대부분의 개념을 명확히 정의(定義)한 경우가 드물다. 오히려 그런 식의 정의를 경계하고, 개념의 의미를 그런 정의에 가둘 수 없다고 생각한 듯하다.

이와 달리 공자와 비슷한 시기의 그리스 철학자 소크라테스는 우리가 철학을 한다는 것은 어떤 개념을 명확히 정의하는 것이라고 생각했다. 예를 들어 '올바름이란 무엇인가?', '경건함이란 무엇인가?', '앎이란 무엇인가?' 하는 물음에 반박할 수 없는 답을 찾는 과정이 철학이라는 것이다. 마치 기하학에서 점이나 선분이나 도형을 정의하듯이, 올바름이나 경건함과 같은 개념을 정의하는 것이 철학의 과제라고 생각했다. 그런데 기하학적 정의에 따르면 점은 우리가 감각적으로 경험할 수 있는 물리적 존재가 아니다. 위치는 갖지만 크기는 갖지 않기 때문이다. 점은 기하학적 정의에 따라서만 존재할 뿐이다. 소크라테스는 이런 기하학적 점과 같은 존재를 이상적이라고 생각했다.

그런데 우리가 사는 현실과 그 현실에서 우리가 경험하는 것은 개념으로 다 담기에는 복잡다단하다. 같은 개념으로 포착할 수 있는 사물들이나 사태들이라고 해도 실제로 세밀한 부분에서 차이가 나기 때문에 똑같은 것은 없다. 의미의 차원으로 가면 이 차이는 더욱더 벌어진다. 누군가 교실에서 갑자기 '책상'이라고 외치면, 그 교실에 있는 사람들은 책상을 쳐다보지, 칠판이나 창문이나 의자를 쳐다보지는 않을 것이다. 시선이 서로 다른 곳으로 향한다고 해도 최소한 교사가 앉은 책상이나 학생 앞에 놓인 책상이 될 것이다. 깊은 생각에 빠졌거나 졸아서 그 외침을 못

들었으면 모를까. 그러나 교실 안의 모두가 책상으로 시선을 돌리고 손으로 그것을 가리킨다고 해서 각자가 책상을 보고 느끼는 것과 떠올리는 의미가 똑같다고 할 수 없다. 교실을 처음 방문해서 자기의 학창 시절을 떠올리는 학부모와 종일 책상 앞에서 생활하는 아이에게 책상은 서로 다르게 체험된다. 또한 매일 책상에 엎드려 자는 아이, 책상 앞에 앉아 책을 열심히 보는 아이, 짝꿍과 사이가 좋지 않아 책상을 멀찌감치 띄운 아이처럼 아이마다 책상의 의미는 다르다.

'의미(意味)'의 한자를 보면 이 이유가 잘 드러난다. 어떤 대상이나 개념의 의미는 객관적으로 존재하지 않는다. 나의 감성과 사유와 상상력을 발휘하고, 켜켜이 쌓인 경험의 흔적이 배어드는 음미의 과정을 거쳐서 의미가 생겨난다. 의미는 어떤 사태나 사물에 관한 주관적 반응으로 생기는 것이지 객관적으로 미리 정해져 있는 것이 아니다. 허신은 《설문해자》에서 '의(意)' 자를 "마음으로 말을 살펴서 뜻을 아는 것이다"[57]라고 설명했다. '음(音)' 자와 '심(心)' 자의 조합이라는 점에서 알 수 있듯이, 다른 사람이 내는 말소리(音)에 내 마음(心)이 반응을 할 때 의미에 관한 인지가 발생한다는 것이다. 맛을 뜻하는 '미(味)' 자도 마찬가지이다. 맛이란 음식을 내 입에 넣고 꼭꼭 씹어서 음미할 때 발생하는 사건이다. 내가 그 음식을 맛보기 전에 음식 자체만으로 이미 맛이 결정되어 있다고 할 수 없다. 할머니는 시어서 드실 수 없는 자두를 아이는 새콤달콤하다며 맛있게 먹지 않는가.

공자에게 '인간다움'의 의미도 마찬가지였다. 사람마다 자기가 처한 삶의 맥락과 거기에서 겪는 인생 문제가 다르다. 인간다움의 의미와 인간다운 삶의 구체적인 실현 방법 또한 스스로 사유하고 찾아야 할 뿐, 누가 대신 찾아 주거나 정답을 미리 가르쳐 줄 수 없다. 공자는 인간다움이란 영원한 질문의 방식으로 존재한다고 생각했을지도 모른다. 다른 스승이 그러하듯 공자도 늘 정의를 내려달라는 제자들의 집요한 요청을 받은 것이 사실이다. 구체적 사건이나 영향력 있는 특정 인물의 자질에 관한 분명한 평가, 그리고 대화에서 계속 등장하는 주요 개념의 의미를 제자들은 끊임없이 물었다. 인은 무엇인가요? 효는 무엇인가요? 안다는 건 무엇인가요? 죽음이란 무엇인가요? 정치란 무엇인가요? 군자는 어떤 사람인가요? 이러한 물음에 공자는 그때그때 대답하긴 했지만, 제자들의 사유를 촉발하는 실마리를 제시하거나 그들의 관심을 여러 다른 측면으로 확장하려고 할 뿐, 정확히 정의하거나 단정적으로 평가하는 일에 매몰되지 않으려고 노력했다. 그래서 《논어》에는 아미라 카츠-고어(Amira Katz-Goehr)의 말처럼, 한편으로 "사람과 상황에 관한 끊임없이 다채로운 관찰"이 등장하고, 다른 한편으로 교육적으로 권위 있는 자의 입장에서 "용어와 자질을 단정적인 방식으로 정의하거나, 덕을 지닌 사람(완성된 도덕적 인간)을 명확히 규정하는 일을 완강할 정도로 내켜 하지 않는" 공자의 태도가 나타난다.[58]

결국《논어》는 인간다움이란 어떤 것인가라는 질문들과 그에 관한 대답들, 또 그 대답에서 생기는 또 다른 질문들로 넘쳐나는 책이다.《논어》에서 인간다움에 관한 질문은 끝나지 않고 계속 이어진다. 질문은 우리에게 생각을 요구한다. 질문에 답하려면 내 정신을 움직여서 '생각'을 해야만 한다. 그렇게 우리는 서로에게, 그리고 자기 자신에게 인간다운 것이 어떤 것인지를 계속 묻고, 또 그 물음에 관한 답을 찾으려고 계속 생각하면서 인간다움에 관한 생각을 쌓아간다. 동시에 내가 질문을 하고 있는 그 사람, 또 내가 답해야 할 질문을 던지고 있는 바로 그 사람과 '응답'의 관계를 쌓아간다. 이 과정 자체가 인간다움의 본질이고 인간의 존재 방식이다.

이러한 질문은《논어》에서만 오가지 않고《논어》밖에서도 이어진다. 이천 년 넘는 긴 시간 동안 수많은 독자가 이 책을 읽으면서, 자기가 서 있는 바로 그 자리에서 인간다움에 관해 질문하고, 생각하며, 또 답하려고 노력했다. 어떤 문제를 둘러싸고 질문이 계속된다는 건 질문의 수만큼 우리 삶의 다양한 면이 연루되고, 연루되는 만큼 우리가 인간과 세상을 이해하고 수용하는 시야가 넓어지며 사유도 깊어짐을 의미한다. 우리가 하나의 질문과 대답만 가지고 있다면, 삶의 어떤 한 면이나 하나의 삶의 방식에만 고착해 살아갈 수밖에 없고, 삶의 다른 면들, 다른 삶의 방식들에는 닫힌 채로 있을 수밖에 없다. 바로 그런 이유로 미적 교육의 전통을 이어가는 이들은 질문하는 능력을 특별히 중요하게 생각한다.

공자는 인간다움뿐만 아니라, 다른 개념에 관해서도 이러한 관점을 가진 듯하다. 어떤 개념을 둘러싸고 공자가 제자들에게 건네는 말은, 그 개념을 정의한다거나 그 개념에 관한 질문에 정답을 알려 주려는 것이라기보다, 제자들의 사유를 촉발하고 촉진하며, 성찰에 이르게 하는 실마리를 제공하려는 것이다. 실마리는 사유의 끝이 아니라 시작일 뿐이다. 이런 식으로 배우는 이는 스스로 시작할 수 있다. 배우는 이는 시작하는 자이지 누군가의 완성품을 전수받는 자가 아니다.

다른 이를
사랑하는 일:
인(仁)

《논어》의 여러 대화에서 제자들은 인간다움이 무엇인지 묻고 공자는 대답을 하지만, 그중에서도 특히 눈에 띄는 부분이 있다. 얼핏 보면, 공자가 인간다움을 정의하는 듯이 여겨지는 장면이다.

> 번지가 인(仁)에 대하여 물었다. 선생님께서 말씀하셨다. "사람을 사랑하는 것이다."[59]

"사람을 사랑하는 것이다"라는 문장은 '애인(愛人)' 두 글자를 풀이한 것이다. 공자의 이 대답을 접한 독자는 대체로 '사랑한다' 또는 '아낀다'라는 의미의 '애(愛)' 자에 주목한다. 어떤 독자는 '역시나 사랑은 깐깐한 유학자조차 최고로 삼는 인류의 보편적 가치구나!'라고 탄복할 것이다. 그런데 여기서 우리는 '애(愛)'의 목적어에 해당하는 '인(人)'에 관해서도 곰곰이 생각해 볼 필요가 있다. '인(人)' 자는 인간을 가리킬 때도 쓰지만, 문맥에 따라서는 내가 아닌 다른 사람을 가리키는 말로 사용되기도 한다. 한문에서 나를 가리키는 일인칭 대명사는 '아(我)'나 '오(吾)'가 있고, 또 자기를 가리킬 때는 '기(己)' 자를 사용한다. '인(人)'이 이런 글자와 대비를 이루어 나란히 쓰일 때는 주로 내가 아닌 다른 사람을 뜻한다. 그래서 '애인'은 '사람을 사랑하는 것이다'로 풀이할 수도 있지만, '다른 사람을 사랑하는 것이다'로 풀이할 수도 있다. 자기를 아끼고 사랑하는 건 인간만의 특성은 아니다. 모든 동물은 자기 보존의 본능이 있다. 그래서 동물도 자기를 아끼고 자기의 연장인 새끼를 본능적으로 아끼고 보살핀다. 인간도 동물인 한에서 마찬가지다. 그러나 공자는 인간만의 고유한 특성, 인간을 다른 동물과 구별할 수 있게 하는 특성을 바로 자기가 아닌 다른 존재, 다른 사람을 아끼고 보살필 줄 아는 능력에서 찾았다. 그것이 인간다움의 출발점이라는 것이 공자의 주장이다.

사람을, 다른 사람을 사랑한다는 것은 무엇일까? 사랑의 원형처럼 여겨지는 모성애조차 간단히 규정하기 힘들다. 20세기 중반부터 엄마들은 아이와 애착 관계를 제대로 형성하는 게 진정한 사랑이라고 믿었다. 엄마가 아이의 생존에 필요한 생물학적 필요를 아무리 충족해 준다 해도 아이와 신체 접촉이 부족해서 정서적 유대가 맺어지지 않는다면, 아이는 결핍을 느끼고 평생 다른 이와 맺는 관계에서 제대로 사랑받고 사랑하는 데 큰 어려움을 겪는다고 심리학자가 경고했기 때문이다.

그러나 그 이전 세기의 양육자는 전혀 다른 조언을 받았다. 19세기 의사는 엄마들에게 아이를 제발 만지지 말라고 당부했다. 세균 감염으로 병이 전염된다는 새로운 과학적 사실을 발견하자 양육 전략은 신체 접촉을 최소화하는 데 초점이 맞춰졌다. 위생 상태가 나쁜 상황에서 엄마가 아이를 포옹하거나 자꾸 만져 보라. 아이는 각종 전염병에 무방비로 노출되고 말 것이다. 수도를 비롯해 위생시설이 충분히 갖춰지지 않은 지역에서 아이를 키우는 대부분 엄마들에게 사랑은 아이와 접촉을 피하고 최대한 병균이 없는 음식과 환경을 제공하는 것이었다. 이런 위생 담론은 아이가 신체적으로 건강하게 자라는 데는 도움이 되었지만, 그 때문에 아이는 고립감을 느끼고 정서적으로 위축되었다. 그럼에도 잘 알려진 행동심리학자 버허스 스키너(Burrhus F. Skinner)는 아이를 어머니라는 오염된 존재에서 분리해 상자에 담아 키워야 한다고 주장했다.[60] 행동주의 심리학의 창시자인 존 왓슨(John B. Watson)은 아이를 금지옥엽으로 여기며 만지작거리는 부모에게서 떼어 내 아예 과학적 위생 지침에 따라 운영되는 캠프에서 양육해야 한다고 말하기도 했다.[61] 전반적으로 위생 상태가 향상하고, 또 영국의 정신분석학자 존 볼비(John Bowlby, 1907~1990)와

발달심리학자 메리 에인스워스(Mary Ainsworth, 1913~1999)가 애착 이론을 제시한 1960년대에 이르러서야, 다정함과 신체적 애정 표현을 중히 여기는 관점이 여러 양육 서적을 통해 각 가정에 전파되었다.[62] 결국 양육 관념의 변화만 보아도 무엇이 사랑의 실천인지는 항상 사랑하는 이가 처한 구체적 맥락에서 상황마다 달라지는 것이지, 명확히 미리 정해지는 것은 아님을 알 수 있다. 사랑은 한마디로 정의할 수 없는 수많은 형태, 수많은 방식으로 실현된다.

진정한 사랑의
태도:
충서(忠恕)

공자는 인간다움이, 성스러움(聖)처럼 요순임금조차 평생 이루기 어려운 저 멀리 있는 이념이 아니라, 사람이면 누구든 자신의 의지로 이룰 수 있는 가치라고 생각했다. 인간다움은 일상에서 실천의 문제라는 것이다.

자공이 말했다. "만일 백성에게 널리 은혜를 베풀고 뭇사람들을 구제할 사람이 있다면 어떻습니까? 인하다고 일컬을 만합니까?" 선생님께서 말씀하셨다. "어찌 인에 그치겠는가? 틀림없이 성인이리라. 요임금과 순임금도 그렇게 하기는 쉽지 않았을 것이다. 대체로 인한 사람은 자신이 서고자 하는 것으로 남도 서게 해 주며, 자신이 이루고자 하는 것을 남도 이루게 해 준다. 가까이 자기에게 비추어 보아 남을 이해할 수 있다면, 인을 실천하는 방법이라고 할 수 있다."[63]

"백성에게 널리 은혜를 베풀고 뭇사람들을 구제"한다는 자공의 말은 이후 유교 사회에서 '박시제중(博施濟衆)'이라는 사자성어로 많이 사용되었다. 국가 차원에서 대규모의 시혜적 정책이 펼쳐질 때면 늘 따라다닌 말이다. 자공은 다른 사람을 사랑하는 게 인간다움이라는 스승의 말을 듣고서 박시제중의 인류애야말로 인간다움의 본질을 더없이 잘 보여 준다고 생각한 듯하다. 하지만 '박시제중'은 평범한 사람이 일상에서 선의만으로는 실현할 수 없다. 그것은 마치 중생 구제나 인류 구원과 같은 종교적 열망에 가깝다고 할 수 있다. 그래서인지 공자도 그 정도면 인간다움을 넘어선 '성스러움'이라고 답한다. 그런 성스러운 사랑은 요임금이나 순임금처럼 인류 역사에서 몇몇 되지도 않는 성군조차 버거워한 과제라는 것이다. 공자는 자기가 말한 인간다움은 사람이라면 누구나 매 순간 일상에서 행할 수 있고 또 행해야 하는 것임을 분명히 해 둔다.

인이 멀리 있는가? 내가 인을 하고자 하면 곧 인에 이를 것이다.[64]

어떤 일에서건 추구해야 할 가치의 기준이 너무 높으면 사람은 빨리 체념하기 마련이므로, 오히려 가치의 역할을 제대로 할수가 없다. 우리가 매일매일 만나고 부딪히는 사람, 내 가까이 있는 사람, 문밖에 나가면 마주치는 사람, 이들을 어떻게 대하고 아껴야 할지, 공자는 이런 가장 기본적인 것에서 인간다움의 실천은 시작된다고 보았다. 그 기본 원리가 바로 "자신이 서고자 하는 것으로 남도 서게 해 주며, 자신이 이루고자 하는 것을 남도 이루게 해 준다"이다. 공자는 이것의 소극적인 방식도 제시했다.

중궁이 인에 대해서 물었다. 선생님께서 말씀하셨다. "문을 나가서는 귀한 손님을 맞는 듯이 하고, 백성을 부릴 때에는 큰 제사를 받드는 듯이 하며, 자신이 원치 않는 일을 남에게 베풀지 마라. (그렇게 하면) 나라 안에서도 원망하는 이가 없을 것이고, 집 안에서도 원망하는 이가 없을 것이다." 중궁이 말했다. "제가 비록 불민하지만, 이 말씀을 받들어 실천하겠습니다."[65]

이 문답에 등장하는 중궁(仲弓)은 본명이 '염옹(冉雍)'인 공자의 제자이다. 공자는 중궁이 덕행(德行), 즉 덕을 실천하는 데 뛰어나다고 평가했는데,[66] 이 대화의 끝에서도 덕행에 뛰어난 자답게 실행의 의지를 드러낸다. 공자는 문밖으로 나가서 모든 이를 귀한 손님을 맞이하듯 환대하고, 다른 사람에게 일을 시키거나 맡길 때는 큰 제사를 드릴 때처럼 세심한 주의를 기울이고 신중한 자세로 그들을 살피는 것이 사람을 아끼고 사랑하는 방법이라고 말하고 있다. 무엇보다도 자기가 원하지 않는 일은 남에게도 하지 말라고 한다. 남이 자기에게 이렇게 해 주었으면 하는, 또는 이렇게 하지 않았으면 하는 마음을 미루어 자기도 남에게 그렇게 하거나 하지 않는 것, 이것은 동서고금을 막론하고, 사람과 사람이 함께 모여 사는 곳에서는 서로 지켜야 하는 최소한의 기본 원칙으로서 늘 이야기되어 온 것이다.《성경》의〈마태복음〉에도 비슷한 말이 등장한다.

비판을 받지 않으려면 비판하지 마라. 너희가 비판하는 그 비판으로 너희도 비판을 받을 것이요, 너희가 헤아리는 그 헤아림으로 너희가 헤아림을 받을 것이다. … 그러므로 남이 너희에게 해 주기를 바라는 그대로 너희도 남에게 해 주어라. 이것이 율법과 예언서의 정신이다.[67]

〈누가복음〉에도 유사한 이야기가 있다. 저마다 처한 역사적·사회적 조건은 다양하지만, 윤리적으로 살려는 사람이라면 한결같이 지켜야 할 기본 원칙을 윤리학에서는 '황금률(golden rule)'이라고 부른다. 공자는 이 윤리의 황금률을 '서(恕)'라는 한 단어로 압축해서 표현했다.

자공이 물었다. "종신토록 받들어 실천할 만한 한마디가 있습니까?" 선생님께서 말씀하셨다. "서(恕)가 아닐까? 자신이 원치 않는 일을 남에게 베풀지 않는 것이다."[68]

자공은 "종신토록 받들어 실천할 만한 한마디"를 알려 달라고 스승에게 청한다. 평생 살면서, 어느 곳에 있든 어느 순간이든 잊지 않고 행해야 하는 가장 기본적인 걸 알려 달라는 뜻이다. 행위의 최대치라기보다 최소치를 물었다고 할 수 있다. 일상에서 어느 때든 꼭 지켜야 하는 기본적인 것일수록 우리는 가벼이 생각해서 잘 놓쳐 버린다. 아니면 사소하다고 여겨서 그보다 더 중요하다고 생각하는 것이 있으면 일부러 무시한다. 공자는 사람들의 이런 행동 경향이 염려되었는지, 이 기본 원칙을 '서'라는 용어로 개념화하여 사람들에게 강하게 각인하려고 했다.[69]

'서'는 《논어》에서 '충(忠)'이라는 글자와 결합하여 나란히 사용되기도 했다.

선생님께서 말씀하셨다. "삼아, 나의 도는 하나의 원리로 꿰고 있다." 증자는 "그렇습니다" 하고 대답했다.[70]

이 책의 2장에서 언급한 "일이관지"라는 유명한 사자성어가 여기서 등장한다.[71] 두 글자로 줄인 '일관(一貫)'이라는 이 표현은 지금도 자주 사용된다. 이 대화에서 공자는 자기의 도(道), 즉 자기가 가는 길은 처음부터 끝까지 하나로 관통한다고 말한다. 자기가 살아온 인생에는 일관된 원리가 있고, 그것이 자기가 이 길을 계속 가게 이끌었다는 것이다. 공자가 이런 식으로 이야기하면, 보통 제자들은 대체로 '그 하나가 무엇인지 여쭙습니다'라는 식으로 질문한다. 그런데 증자(曾子)는 다 안다는 듯이 아무 망설임 없이 맞장구를 친다. 증자는 대체 어떤 제자일까?

그의 본명은 증삼(曾參)이다. 《사기》에 따르면 공자보다 46살이나 어렸다고 한다.[72] 공자가 70살 때 24살이었던 셈이니, 공자가 만년에 함께한 제자 가운데서도 아주 젊은 편에 속한다. 그런데 《논어》에서 증삼은 공자가 '삼아!'라고 부르거나 다른 제자와 나란히 거론된 때를 제외하면, 유약이 '유자'로 칭해지듯이 '증자'라고 칭해진다. 《논어》가 편찬될 무렵에 공자의 제자로 이루어진 집단에서, 이 두 사람의 위상이 어떠했는지를 대략 짐작할 수 있다. 증삼은 공자가 죽은 뒤 공자의 손자인 자사(子思)의 교육을 맡았던 것으로 전해진다. 《사기》에 자사에게 배운 제자가 맹자를 가르쳤다고 기록된 것으로 보아,[73] 증자는 공자의 학맥이 맹자로 이어지는 데 큰 가교 역할을 한 사람으로 보인다. 그래서인지 《맹자》를 보면, 맹자는 곳곳에서 증자에게 존경심을

드러낸다. 그런데 정작《논어》에는 증자의 단점을 지적한 문장
이 있다. 공자가 한 말인지 기록자가 한 말인지 알 수 없으나, "삼
은 노둔하다"[74]이다. '노둔하다'로 풀이한 '노(魯)'는 굼뜨고 둔
한 것을 뜻한다.[75] 이 더디고 무딘 제자가 어찌 된 일인지 스승의
'일이관지'라는 말 앞에서는 재빨리 "그렇습니다"라고 응수한다.
이번에는 스승의 말을 듣자마자 바로 깨달음이 온 듯하다. 이 대
화의 자리에 증자뿐만 아니라 다른 제자도 함께 있었다.

> 선생님께서 나가신 뒤 제자들이 "무슨 뜻입니까?" 하고 물었다. 증
> 자가 대답했다. "선생님의 도는 충서일 뿐이다."[76]

공자는 "일이관지"라고 하면서 '일(一)', 즉 하나를 이야기했다.
그런데 증자는 그 하나를 '충'과 '서' 두 가지로 해석했다. 이 둘이
무슨 관계이기에 증자는 산수에 맞지 않은 답을 했을까? 일반적
으로 '충'이라고 하면 충성심을 많이 떠올린다. 상하관계로 이루
어진 조직에서 아랫사람이 윗사람이나 조직 전체에 보이는 태
도로 이해되는 것이다. 그러나 이 글자는 본래 마음을 다하는 것,
즉 내적인 충실성을 의미한다.[77] 어떤 일을 할 때 마음이 없으면
그 일을 하더라도 건성으로 하게 된다. 충은 건성으로 하는 일
없이 진심을 다하는 태도를 가리킨다. 한나라 시대의 가의(賈誼,

기원전 200~기원전 168)는《신서(新書)》에서 다음과 같이 말한다.

> 부모가 자식을 아끼고 이롭게 하는 것을 '자애'라고 부르고, 자애에
> 반하면 모질이 된다. 자식이 부모를 아끼고 이롭게 하려는 것을 '효'
> 라고 부르고, 효에 반하면 불효가 된다. 아끼고 이롭게 하려는 것이
> 속에서 나오는 것을 '충'이라고 부르고, 충에 반하면 배반이 된다.[78]

가의는 '충'이라는 단어가 이데올로기적인 방식으로 사용되기 이전의 원래 뜻을 잘 설명하고 있다. 그런데 증자는 왜 이런 '충'을 '서'와 나란히 병용했을까? 그리고 이 둘을 '일이관지'의 '하나'로 포괄하면서 무슨 이야기를 하고 싶었을까? 증자는 공자가 '내가 원하지 않는 건 남한테도 하지 말라'고 한 것을 사람들이 자신의 속마음이야 어떻든 기계적으로 따르기만 하면 되는, 단순한 형식적 규칙으로만 받아들이는 것을 우려한 듯하다. 규칙 따르기는 그 규칙을 지키는 행위자의 내면은 문제 삼지 않는다. 그가 왜 그 규칙을 지켜야 한다고 생각하는지, 그것을 지키려는 내적 동기가 무엇인지, 그것을 지켰을 때 얻을 부수적 이익이나 그것을 지키지 않았을 때 받을 불이익 때문이 아니라 진심으로 그 규칙의 내용에 동의하는지 여부는 따지지 않는다. 규칙 따르기에서 사람의 진심이나 내적 충실성은 중요하지 않다.

증자는 이런 규칙 따르기만으로 타인을 향한 배려와 사랑이 제대로 이루어질 수 있을지 강한 의문을 품었다. 스승이 말한 '서'는 근본적으로 타인을 향한 나의 내적 공감에 기초해야 하는 지침이다. 증자는 공감 없이 형식적인 규칙으로서만 따른다면, '서'는 반쪽짜리 규범밖에 되지 않는다고 본 것이다. 그래서 '서' 와 '충'이 표리일체의 관계를 이루는 것을 강조했다. 이 두 가지 가 '하나'를 이룬다는 것은 충이 없는 서는 온전하지 않다는 의미 이다. 공자의 '서'는 내 마음에 타인을 향한 진심 어린 공감과 이 해의 태도가 갖추어진 상태에서 타인을 대할 때 지키는 행위 규 칙을 말한다고 할 수 있다.

이처럼 증자는 개개인의 내면, 내적 태도, 마음가짐을 중요하 게 생각했다. 이는 《논어》 〈학이〉에 실린 '증자삼성(曾子三省)'의 단락에서도 잘 나타난다. 증자는 매일매일 세 가지를 반성했다.

증자가 말했다. "나는 날마다 자주 스스로를 반성한다. 남을 위해 일할 때 불충실했는가? 벗들과 사귀는 데 불성실했는가? 가르쳐 준 학업을 익히지 않았는가?"[79]

다른 사람을 위해 계책을 세우고 일을 도모하는 것, 또 친구나 동료와 교제하는 것, 중요한 정보나 기술이나 학문적 내용을 전해 받거나 전해 주는 것, 이런 것은 사람이 일상으로 하는 일이다. 그런데 거기에 과연 내적 충실성이 수반되었는지, 또 신뢰를 주는 태도를 보였는지, 잘 소화해서 자기 것으로 만들려는 노력이 따랐는지 자문해 보면, 반드시 그렇지는 않다. 증자에게 반성과 성찰은 반쪽짜리 삶을 살지 않고 온전히 자기 삶을 살려는 부단한 노력이다.

그대 얼굴에 어린
슬픈 빛:
자고인서(子羔仁恕)

충서의 중요성을 잘 보여 주는 재미있는 일화 한 편이《공자가어(孔子家語)》에 실려 있다.《공자가어》는 삼국시대 위나라의 왕숙(王肅, 195~256)이라는 학자가《논어》에 없는 공자의 말과 일화를 모아서 엮은 책이다. 공자 집안에서 대대로 전해지는 이야기를 수록했다고 해서 '공자가어'라는 제목이 붙었지만, 위서(僞書) 논란이 있다. 그럼에도 공자의 사상과 삶을 이해하려고 할 때 보충 자료나 참고 자료로 많이 읽는 책이다.《공자성적도》에는《공자가어》의 한 일화를 바탕으로 한 그림이 있다. 〈자고인서(子羔仁恕)〉, 즉 자고의 인간다움과 서를 그린 그림이다.

자고는 본명이 고시(高柴)이고 '계고(季羔)'로도 불린 공자 제자이다. 그림 4-3을 보면, 왼쪽에 두 사람이 있고, 오른쪽에 네 사람이 또 모여 있다. 이 그림은 사실 두 개의 장면이다. 시간도 공간도 다른 두 개의 일화를 한곳에 펼쳐 놓아 입체적으로 이야기

그림 4-3. 〈자고인서〉, 《공자성적도》(何新 主編, 《孔子聖迹圖》, 中國書店, 2012)

를 담고 있는 그림이다. 그림의 맨 왼쪽에 있는 사람이 계고, 즉
자고이다. 그는 다리가 불편해 목발을 짚은 사람과 이야기를 나
누고 있다. 오른쪽에 있는 큰 체구의 인물은 단연 공자이다. 사마
천의 《사기》에 따르면, "공자는 키가 9척 6촌이어서 사람들이 모
두 그를 '키다리'라고 부르고 그를 괴이하게 여겼다".[80] 그래서
인지 《공자성적도》에 묘사된 공자 모습은 다른 인물들에 비해

체구가 크다. 〈자고인서〉의 오른쪽에서 공자가 제자들과 나누는 이야기의 내용이 바로 왼쪽 그림이다. 그림 속에 또 그림이 있는 셈이다. 무슨 사연인지《공자가어》의 이야기를 들어 보자.

계고가 위(衛)나라의 사사(士師)가 되어 죄인의 다리를 벤 일이 있었다. 그리고 얼마 되지 않아 위나라에 괴외(蒯聵)의 난이 일어나 계고는 도망하여 성문 밖으로 나가고 있었다. 그런데 지난날 다리를 잘린 자가 마침 성문을 지키고 있었다. 그는 계고를 보자 이렇게 일러 주는 것이었다. "저쪽에 담이 무너진 곳이 있으니 그리로 도망가시오." 계고는 이렇게 말하였다. "군자는 담을 넘지 않는다." 문 지키던 그자가 다시 일러 주었다. "저쪽으로 가면 구멍이 있습니다." 계고가 이렇게 말하였다. "군자는 구멍으로 다니지 않는다." 그자가 다시 이렇게 일러 주었다. "그렇다면 이쪽에 빈방이 하나 있습니다." 계고는 그 방으로 들어갔다. 이윽고 계고를 잡으러 오던 자도 돌아가고 계고도 그곳을 벗어나게 되었다. 계고가 문지기에게 물었다. "내 임금의 법을 어그러뜨릴 수 없었기에 직접 그대의 다리를 베게 된 것이었소. 그런데 지금 내가 이런 환난을 당하였으니 지금이야말로 그대가 나에게 원수를 갚을 좋은 때일 텐데 그대는 도리어 나에게 도망갈 길을 세 번이나 일러 주었으니 무슨 까닭이오?" 다리 잘린 그는 이렇게 말하였다. "다리가 끊긴 것은 내 죄 때문이었으니 어찌할 수 없는 노릇이지요! 지난날 그대가 나를 치죄하면서 다른 사람을 먼저 다스리고 나를 뒤로 미룬 것은 나의 죄를 면하게 할 수 있을까 하고 생각하셨기 때문이었을 게요. 또 내 죄가 확정되어 형벌을 가할 때에도 그대의 얼굴에는 슬퍼하는 빛이 있는 것을 내가 그대의 얼굴을 보고 알 수 있었다오. 그처럼 나의 사정을 봐주고자 한들 그렇게 사사롭게 할 수 있었겠소? 하늘의 군자를 낳은 것은 그 도가 본래 그러한 것이니 이것이 바로 내가 그대를 좋아하는 까닭이라오."

공자가 이를 듣고 이렇게 말하였다. "훌륭하도다. 관리 노릇을 잘했구나! 그 법을 쓰는 데는 한 가지이지만 인과 서를 생각한다면 이는 덕을 심은 것이 되고, 엄격하고 포악함만을 더했다면 이는 원한을 심은 것이 된다. 공평하게 행한 것이 바로 이 계고로다."[81]

계고가 맡은 사사는 당시에 법령이나 형벌과 관련한 일을 맡아보던 판관이었다. 그가 위나라의 판관을 맡은 지 얼마 되지 않아 이 나라에 큰 정치적 사건이 생겼다. 괴외는 위나라의 태자였는데, 아버지 영공(靈公)의 후비 남자(南子)를 암살하려다 실패해서 다른 나라로 달아났다. 그는 망명 중에 영공이 죽고 자기 아들이 왕위를 물려받는 것을 보고, 귀국해서 아들을 쫓아내고 임금이 되었다. 이를 '괴외의 난'이라고 부른다. 당시 공자의 제자

가운데 위나라에서 활동한 이들이 이 사건에 연루되어 곤혹을 치렀다. 무공에서 둘째가라면 서러울 자로는 이때 죽음을 맞는다. 그리고 다른 제자인 계고는 도피를 하게 되었다. 그런데 지난날 자기의 판결로 다리가 잘린 자가 마침 성문을 지키고 있는 게 아닌가. 계고는 무척 당황했을 것이다. 이 성문지기가 분명 자기를 고발하리라는 생각에 두려운 마음이 들었지만, 성문지기는 오히려 계고를 안전히 숨겨 주면서, 지난날 자기를 처벌한 그 관리의 얼굴에 말없이 어린 슬픈 빛에 원한을 품기는커녕 그를 좋아하게 되었다고 고백한다.

이 정도면 통치의 예술이라고 부를 만하지 않을까. 판결과 형벌의 냉정한 규칙을 따를 때도 처벌되는 이의 사정과 형편을 섬세히 살피고 처벌이 온당한지 진지하게 확인했기에, 성문지기는 자기 다리를 자르라는 형벌을 내린 계고에게 원망의 마음을 품지 않았다. 내가 피의자의 신분이라면 억울하지 않은 점이 없을까, 자고는 계속 묻고 또 성문지기가 그러한 형편에 이른 삶의 역사를 자기의 일처럼 가슴 아파했으므로, 자기도 모르게 얼굴에 슬픈 빛이 어렸을 것이다. 이런 것이 바로 관리가 자기 일에 충과 서를 다하는 모습이며, 인간다움을 실천하는 방식이다.

삶을 뛰어넘는 삶:
증점지락(曾點之樂)

우리가 이제까지 살펴본《논어》의 내용을 떠올려 보면, 공자가
어떤 철학자인지 그 모습이 대략 그려진다. 분명 공자는 윤리적
가치, 사회적 인간관계, 정치와 문화를 중요하게 생각하고 그 안
에서의 조화를 추구한 사람이다. 미적교육에서 중시되는 자유
로운 일치와 어울림을 사랑한 교육자였다. 그런데 이 책의 1장
에서 이야기했듯이 미적교육에는 또 다른 측면이 있다. 바로 지
금 우리가 속한 삶의 맥락을 넘어서고 이탈해서 또 다른 삶을 상
상할 수 있게 하는 숭고의 감각을 추구하는 것이다.《논어》〈선
진〉의 한 장에 묘사된 공자의 모습에서 이런 감각을 발견할 수
있다.

이 장은 내용에서나 문체에서나《논어》의 다른 부분과 크게
다르다.《논어》에 기록된 대화는 대체로 간결한 데 반해, 이 단락
은 눈에 띌 정도로 길다. 또한 다른 곳에서 볼 수 없는 공자의 새

로운 모습을 보여 준다. 이 때문에 이 단락은 진위를 두고 논란이 있어 왔다. 흔히 이 단락의 주제를 '증점지락', 즉 증점의 즐거움으로 요약한다. 증점의 즐거움이 대체 어떤 것인지를 두고, 후대의 유학자는 마치 인생의 숙제를 받은 듯 고민했다.

> 자로, 증석, 염유, 공서화가 선생님을 모시고 앉았다. 선생님께서 말씀하셨다. "내가 자네들보다 나이가 조금 많기는 하지만, 그렇다고 나를 어렵게 대하지는 마라. 자네들이 평소에 말하기를 '나를 알아주지 않는다'고 하던데, 만약 누군가가 자네들을 알아준다면 자네들은 어떻게 하겠느냐?"[82]

네 명의 제자가 등장한다. 자로는 앞에서 죽음과 귀신을 주제로 공자와 대화한 제자이다. 증석(曾晳)은 본명이 증점(曾點)으로, 증점지락의 주인공이다. 증자삼성으로 유명한 증삼의 아버지였으니, 부자가 나란히 공자의 문인이었음을 알 수 있다. 본명이 염구(冉求)인 염유(冉有)는 공자가 자로와 더불어 정사(政事)에 뛰어나다고 평가한 제자이다.[83] 그리고 공서화(公西華)는 성이 공서이고 이름이 적(赤)인 제자이다. 《논어》 〈공야장〉에 증점을 제외한 세 사람에 관해 공자가 설명하는 단락이 있다. 당시 노나라 대부 집안의 아들 맹무백(孟武伯)이 세 사람이 인(仁)한지를 묻자,

공자는 그에 관한 평가를 보류하고 그들이 각자 뛰어난 분야를 언급한다. 자로는 천 대의 수레를 보유한 나라에서 군사 업무를 맡을 만한 사람이고, 염구는 천 가구가 모여 사는 마을의 읍장이나 백 대의 수레를 보유한 경대부 가문에서 관리자 역할을 너끈히 해낼 사람이며, 공서적은 외교관이 되어 의관을 잘 차려입고 조정에서 외빈을 맞이하는 일을 능숙히 해낼 인물이라는 것이다.[84] 세 사람의 이런 특성이 〈선진〉의 '증점지락' 장에도 그대로 투영되어 있다.

공자가 네 명의 제자와 격의 없이 편히 앉아 있는 어느 오후였을 것이다. 스승이 불쑥 제자들에게 각자의 포부가 무엇인지를 묻는다. 세상이 그대들을 알아주지 않는다고 항상 불평하는데, 만일 뛰어난 군주가 그대들의 능력을 알아보고 그 능력을 발휘할 기회를 준다면 이 세상을 위해 무엇을 하겠느냐는 물음이다. 공자는 제자들의 진심이 궁금해서 자기를 어려워하지 말고 마음속에 품은 뜻을 기탄없이 솔직히 이야기해 달라고 덧붙인다. 역시나 대담한 자로가 먼저 나선다.

자로가 경솔하게 대답했다. "천승의 나라가 대국 사이에 끼여 견제를 받으면서 이웃 나라의 침략을 당하고 기근까지 겹쳐도, 제가 다스린다면 3년 안에 인민을 용맹스럽게 만들고, 사람 노릇 하는 정도를 알게 할 것입니다." 선생님께서 허허 웃으셨다.

"구야, 너는 어찌하겠느냐?" 염유가 대답했다. "사방 육칠십 리 또는 오륙십 리 되는 작은 나라를 제가 다스리게 된다면, 3년 만에 인민을 풍족하게 할 수 있습니다. 그리고 예와 악 같은 일들은 군자의 힘을 빌려야 할 것 같습니다."

"적아, 너는 어떻게 하겠느냐?" 공서화가 대답했다. "제가 능력이 있다고 말할 수는 없으므로 좀 더 배우고 싶습니다. 종묘에서 제사 지낼 때와 제후들이 회동할 때 검은 제복은 입고 장보 갓을 머리에 쓰고서, 좀 도와주는 일을 하고 싶습니다."

"점아, 너는 어떻게 하겠느냐?" 하시자, 비파 두드리는 소리가 가늘어지더니, 쿵 소리를 내며 비파를 밀어젖혀 두고 증석이 일어나서 대답했다. "저는 세 사람이 말한 것과는 다릅니다." 선생님께서 말씀하셨다. "해로울 것이 뭐 있겠느냐? 각자 자기 뜻을 말하는 것에 지나지 않는다." 증석이 말했다. "늦은 봄에 봄옷이 만들어지면, 갓 쓴 이 대여섯 사람과 동자 예닐곱과 기수(沂水)에서 목욕하고 무우(舞雩)에서 바람 쐬다가 시를 읊으며 돌아오겠습니다." 선생님께서 "아!" 하고 감탄하시며 말씀하셨다. "나는 점과 같이하겠노라."[85]

자로는 스승의 물음에 조금의 망설임도 없이 솔직히 대답한다. '천승(千乘)'에서 '승(乘)'은 전쟁에 동원되는 수레인 병거(兵

車)의 수를 세는 단위이다. 천 대 정도를 보유했다면 약소국이라 할 수 있다. 자로는 자기를 등용해 주는 군주가 있으면, 그 나라 백성에게 용맹함을 길러 주어 군사력을 튼튼히 할 자신이 있다고 호언장담한다. 용맹함과 무사의 기질을 갖춘 자로에게 어울리는 대답이다. 공자는 이어 "구야" 하고 염유를 호명한다. 염유는 작은 나라의 백성을 경제적으로 풍족히 해 줄 자신이 있다고 말한다. 다시 공자는 "적아" 하고 공서화의 이름을 부른다. 공서화는 정치가가 제사를 지내거나 외교할 때 예를 조언해 주는 일에 전문가가 되고 싶다고 겸손히 답한다.

자로와 염구와 공서화 세 사람은 모두 현실적인 포부를 피력하고 있다. 한 나라의 군사력·경제력·예를 완비하게 해 주겠다는 것이다. 내용은 조금씩 다르지만 모두 현실 정치에서 중요시되는 것이다. 그런데 증석은 공자가 다른 제자와 이야기하는 와중에도 별 관심 없다는 듯 혼자서 여유롭게 비파를 켜고 있다. 공자는 이런 제자에게도 다정하게 묻는다. 점아, 너도 네 포부를 한번 이야기해 보렴.

증점은 자기의 포부는 세 사람과 달리 거창하지 않다고 하면서 대답을 사양하지만, 스승이 부드럽게 다시 요청하자 그제야 대답한다. 늦봄이면 오뉴월이다. 1년 가운데 어느 계절보다 생의 활력이 충만한 때로, 날씨도 쾌청하고 수목도 푸릇푸릇하다.

이런 늦봄에 무거운 옷은 벗어 던져 버리고 새 옷을 말쑥이 지어 입고서, 젊은이와 어울려 맑은 물가에서 목욕하며 물놀이하다, 기우제 지내는 단에 올라 바람을 쐬며 몸을 말리겠다고 한다. 하늘에 기우제를 올리는 곳은 세속의 때가 묻어 있지 않은 신성하고 정결한 장소다. 이런 곳에서 심신을 정화하면 온몸이 날아갈 듯 가뿐하고 상쾌한 기분이 될 것이다. 그렇게 하고 나서 해 질 무렵 집으로 돌아올 때면 누군들 입에서 노래가 저절로 나오지 않겠는가?

증점의 포부는 자기 말처럼 앞의 세 사람과 딴판이다. 그는 현실의 정치에 뜻을 두지 않았다. 자기 존재의 사회적 유용성이나 기능적 효능을 입증하는 데는 관심을 두지 않은 채, 심미적인 정취를 누리겠다는 뜻을 펼치고 있다. 증점이 추구한 경지는 분명 현실의 사회적이고 정치적인 테두리를 넘어서서 삶의 무게와 암울함을 훌훌 벗어 버린 것처럼 보인다. 이런 경지를 추구하는 사람은 현실의 틀을 벗어난 만큼 '광자(狂者)'로 불리기 쉽다. 맹자는 증점의 사람됨을 설명하면서 '광(狂)'이라는 표현을 썼다.

맹자가 말했다. "금장, 증석, 목피 같은 자들이 공자가 말한 '광'이다." 만장이 말했다. "어째서 '광'이라고 부릅니까?" 맹자가 말했다. "그들은 품은 뜻이 높고 커서 말끝마다 '옛사람은, 옛사람은'이라고 한다. 그러나 평소 그들의 행동을 살펴보면, 말한 바를 다 덮지 못한다."[86]

공자는 광자를 '진취(進取)적인' 사람으로 분류했다.[87] 뜻이 너무 크고 높아, 나아갈 줄은 알지만 물러날 줄은 모르는 사람이라는 것이다. 당연히 현실과 타협할 줄도 모른다. 이들은 현실의 수많은 제약이 답답하기만 하다. 이를 훌쩍 뛰어넘고 싶은 웅지를 품긴 했지만, 그 때문에 현실적 요구를 충족하거나 유용한 결과를 내는 데는 떨어진다. 품은 뜻이 크다 보니 실제 행동이 말을 다 따라가지 못하는 경우도 많다. 그러나 공자가 이런 제자에 감탄과 동감을 표하며 함께하겠다고 한 것은, 공자의 정신세계가 윤리적 규범이나 현실적 고려로만 가득한 것이 아니라, 그 틀을 넘어서는 개방적이고 활달한 기상과 포용의 정신이 있었음을 보여 준다.

이 단락은 《논어》〈선진〉의 마지막 장에 실려 있다. 옛 책에서 편의 끝부분은 책이 전해지는 과정에서 다른 부분에 비해 가필될 소지가 크다. 후대에 누군가가 슬쩍 덧붙이기 좋은 위치이기 때문이다. 그러나 중요한 것은 공자가 실제로 증점을 비롯한 제자들과 이런 대화를 나누었는지가 아니라, 《논어》를 읽은 사람이 여기에서 공자의 중요한 면을 발견하고, 이를 바탕으로 공자

의 사상을 이해하고 재구성해 왔다는 점이다. 많은 이가 유학자라고 하면 도덕적이고 규범적인 것을 늘 강조하면서 자유로운 삶의 방식을 허용치 않는 엄숙하고 깐깐한 인물이리라고 상상한다. 그러나 유학자도 우주의 생명력과 활력을 온몸으로 체화하면서 현실의 제약을 넘어선 미적 경지를 지향하는 자유로움이 있었다.《논어》의 '증점지락'은 오랫동안 유학자의 그런 진취적인 마음을 자극하고 고취한 인문학적 원천이 되었다.

그림 4-4. 겸재 정선,〈행단고슬도(杏壇鼓瑟圖)〉
(박은순 외,《왜관수도원으로 돌아온 겸재정선화첩》,
사회평론아카데미, 2013, 52쪽)
살구나무 아래 단에서 공자와 제자들이 거문고를
타면서 대화하는 모습을 그린 그림

5

치유와
성장을 위한
삶의 서사

인문예술교육가
공자

공자는 삶을 어떻게 살아가야 하는 것인지 알아내는 데 그치지 않고 실제로 그렇게 사는 데 노력을 쏟았다. … 공자처럼 굳건한 마음으로 자신에게 전해진 역사, 시, 예법, 음악 등 모든 지식을 알뜰하게 갈고닦아, 인간의 본성과 운명에서 본질적이고 항구적인 요소가 무엇인지 이해함으로써 '큰 허물 없이' 살고자 애쓴 사람도 따로 없었다.

공자는 명성을 얻기 어려운 유형의 사람이었다. 즉각적인 호소력이 없기 때문이다. 삶의 어려움을 누그러뜨려 주지도 못하고 죽음의 두려움을 위로해 주지도 못하는 자기 탐구와 자기 개혁의 힘든 일을 좋아할 사람이 많이 있겠는가? 제자들조차 공자의 길을 따라가려면 힘이 부친다고 애기했다.[1]

중국사상사가 안핑 친(Annping Chin)의 설명이다. 공자의 관심은 진리를 깨닫고 인식하는 데 머물지 않고 실제로 자기 삶을 바꾸고 더 나은 삶으로 만드는 데 있었다. 이런 실천적 관심에서 그는 시·예·음악·역사를 열심히 배우고 익혔다. 공자가 학습한 이 과목들은 동아시아 문화에서 모두 넓은 의미의 인문학에 속한다. 요즘 방식으로 분류하자면 공자가 추구한 교육은 인문학과 예술을 통합한 인문예술교육에 해당할 것이다. 이 교육은 실용적인 배움과 다소 거리가 있었다. 공자는 요즘의 자기계발서가 독자에게 삶의 지침을 내려주듯 구체적인 문제 상황에서 이런저런 방식으로 행동하라는 식의 팁을 주지 않았다. 위의 인용문에서 이야기했듯이, 당장 따라야 할 행동 지침이나 당면한 문제의 해결책을 원하는 사람에게 공자의 말은 즉각적인 호소력이 없었다.

그뿐만 아니라 짧고 유한한 삶에서 내가 얼마만큼 성장하고 성숙할 수 있을지를 진지하게 고민하면서 자기 탐구의 길에 나선 이마저, 공자와 함께하기에 자기가 역부족(力不足)이라고 절망했다.《논어》〈옹야〉에서 제자 염구는 공자에게 "선생님의 도를 좋아하지 않는 것은 아니지만, 힘이 부족합니다"[2]라고 하소연한다. 그러자 공자는 "힘이 부족한 사람은 도중에 그만두게 된다. 지금 너는 해 보지도 않고 미리 선을 긋고 있다"[3]라고 대답한다. 길을 가 보지도 않고 어떻게 힘이 부족한지 아느냐는 말이다.

〈이인〉에도 마찬가지 이야기가 나온다.

누가 하루라도 인의 실행에 힘을 써 보았는가? 나는 힘이 부족한 사
람을 아직 보지 못했다. 아마도 그런 사람이 있기는 하겠지만, 내가
아직 보지 못했는지도 모른다.[4]

공자는 어떤 일을 시작하기도 전에 겁먹고 망설이는 태도를
경계하라고 제자들에게 당부했지만, 그것만으로 그들의 태도를
바꾸기가 어렵다는 것을 잘 알았던 것 같다. 그렇다면 무엇이 더
필요할까? 공자의 삶을 돌아보면 모종의 즐거움이 그가 소심한
마음과 일상의 잡다한 걱정을 떨쳐 버리고 배움의 길로 나아가
게 했다.《논어》〈술이〉에 다음 대화가 나온다.

섭공이 자로에게 공자에 대해 물었는데, 자로가 대답하지 않았다.
선생님께서 말씀하셨다. "너는 어찌하여 이렇게 말하지 않았느냐?
'그의 사람됨은 발분하여 밥 먹기도 잊으며, 즐거워 근심을 잊어서
늙음이 닥쳐오는 줄도 모른다. 이와 같을 뿐이다'라고."[5]

섭공(葉公)은 초나라의 섭이라는 지역을 다스린 대부였다. 그
가 자로에게 스승에 관해서 물었는데, 어찌 된 연유인지 자로는

대답하지 못했다. 이 이야기를 전해 들은 공자는 자로를 만나 자기가 어떤 사람인지 직접 들려주었다. "발분망식, 낙이망우(發憤忘食. 樂以忘憂)." 그는 분발하면 배고픈 줄 몰라 먹는 것도 잊고, 즐거움으로 모든 시름을 다 잊는다는 점이 자신의 사람됨을 가장 잘 보여 준다고 여겼다. 후대의 유학자 주희는 이 단락에서 공자가 배우는 일을 얼마나 좋아했는지, 배움의 태도가 얼마나 돈독했는지를 고백했다고 보면서, "발분망식"은 배움의 과정에서 아직 터득하지 못한 때를, "낙이망우"는 이미 터득한 때를 묘사한 것이라고 덧붙였다. 이 두 가지 일로 공자는 자기 인생이 얼마 남지 않았다는 사실도 잊을 정도였다는 것이다.[6]

공자의 자기소개에는 자신이 어느 나라, 어느 지역 출신이라든가, 어떤 집안의 자손이라든가, 어떤 특출한 재능이나 전문적 학식을 갖추었다든가 하는 것은 모두 겉으로 보이는 것일 뿐, 자기를 제대로 설명할 수 없다는 그의 생각이 엿보인다. 다른 한편으로, 자기와 함께 배움의 길을 갈 자에게 이러한 인간됨과 마음가짐을 갖출 것을 요구하는 말이기도 하다. 분발하면 먹는 것도 잊을 만큼의 열정이 있고 배움의 즐거움에 매혹되어 모든 근심을 내려놓을 수 있는 사람이라면, 함께 교류하고 공부하자는 일종의 학인 모집 공고문처럼 느껴진다. 동시에 공자가 자기의 배움 공동체를 이끌어 가는 데 바탕이 되는 교육적 소신을 표현한 듯 보이기도 한다.

그렇다면 분발을 유발하고 즐거움을 가져다줄 배움은 어떤 방식으로 가능할까? 이에 관한 답은 《논어》〈태백〉에 실린 공자의 말에서 찾을 수 있다. "시에서 감흥을 일으키고, 예에서 확고히 서고, 음악에서 완성된다"[7]라는 구절이다. 시로써 세상일에 섬세히 반응하는 감성을 키우고 시적 대화 능력을 기르는 것, 예로써 신체 언어를 잘 가다듬어 사회적 관계에서 인간다움을 잘 표현하는 것, 그리고 여러 음이 모여 한 편의 아름다운 연주가 이루어지듯 삶의 매 순간이 모여 인생 전체가 하나의 예술작품으로 완성될 수 있게 하는 것, 이것이 배움의 과정이다. 이 책 2장에서 살펴보았듯이, 공자는 이 가운데서도 인문학이면서 동시에 예술에 속하는 것, 즉 문학을 배움의 전 과정에서 특별한 역할을 하는 것으로 항상 강조하였다. 공자는 제자들에게《시경》공부를 열심히 하라고 독려했을 뿐 아니라, 시 삼백 수를 활용한 문학적 대화의 핵심을 체화해서 보여 준 사람이다. 또한 공자는 서정시에서 일인칭 목소리나 서사와 같은 문학적 장치의 힘을 교육과정에 자유자재로 활용할 줄 아는 유능한 교사였다.

일인칭
목소리의
힘[8]

공자가 《시경》을 중요한 학습 교재로 삼은 사실을 알고서 이 시집의 시를 읽다 보면 조금씩 의아한 마음이 생긴다. 공자를 성인으로 숭앙한 주희의 표현대로, 《시경》에서 우리는 "음분시(淫奔詩)"라고 부를 만한 시를 계속 만나기 때문이다. '음분(淫奔)'이란 혼례를 거쳐 맺어진 정식 부부가 아닌 남녀의 성적 행위를 음란한 일탈로 규정한 표현이다.[9] 《시경》의 절반이 넘는 〈국풍〉은 주로 나라별로 유행한 민간 가요를 수록한 부분이다. 그렇다 보니 요즘 대중가요처럼 남녀의 연정이나 사랑하는 이와의 이별·실연의 아픔, 연인을 향한 애끓는 그리움 등을 노래한 서정시가 많이 실려 있다.[10] 이러한 시 가운데 결혼을 하지 않은 이의 연애, 이른바 '야합(野合)'을 다룬 음분시도 더러 있다. 전문 연구자에 따르면 15개 지역의 시를 모아 놓은 〈국풍〉의 시 가운데 30편 내외가 주희가 음분시라고 단정한 범주에 속한다.[11]

그러나 정작 공자는《시경》에 수록된 시 300여 편을 한마디로 개괄하면서 "사무사(思無邪)",[12] 즉 생각에 사특함이 없다고 말했다. 공자의 정통 계승자임을 자처한 주희가 같은 시집에 음분시, 즉 사특한 생각을 담은 사시(邪詩)가 있다고 본 것을 우리는 어떻게 이해해야 할까? 한두 편이면 무시할 수 있겠지만, 30편 내외라면 십분의 일이 되기 때문에 못 읽은 척할 수 있는 상황이 아니다. 더군다나 유학자는 공자의 가르침에 따라 이 300여 편의 시를 빠짐없이 암송해서 자유자재로 발췌해 대화에 활용할 수 있는 수준이었다. 주희는 음분시는 방탕한 마음을 경계하게 하려는 목적이 있다는 점에서 공자의 '사무사'에서 벗어나지 않는다고 주장함으로써 이 곤란을 피해 가려고 했다. 하지만《시경》의 음분시가 실제로 그런 역할을 하는지 생각해 본다면, 어딘가 궁색한 말처럼 들린다. 공자는 어째서 뜨거운 감정이 흘러넘치는 서정시로 가득한《시경》을 제자들의 학습을 위한 필수 교재로 삼았을까?

　문학과 신경과학을 둘 다 전공한 독특한 이력의 내러티브 연구자 앵거스 플레처(Angus Fletcher)는 공자의 '사무사'를 이해하는 데 도움을 줄 만한 흥미로운 관점을 제시한다.[13] 플레처는《시경》에 수록된 시 한 편에 주목하는데, 바로 연구자들이 음분시로 분류하는 데 이의가 없는 〈대거(大車)〉라는 작품이다. 이 시는

주나라 왕실이 있던 뤄양 일대의 민간 가요를 모아 놓은 〈왕풍
(王風)〉에 나온다.

　대부의 큰 수레 덜컹거리며 가고

　솜털 옷은 갈대 싹처럼 푸르네

　어이 그대 생각 않으랴만

　대부 두려워 감히 못 간다네

　대부의 큰 수레 무겁고 느리게

　덜커덕덜커덕

　솜털 옷은 붉은 옥을 달아 놓은 듯하네

　어이 그대 생각 않으랴만

　대부 두려워 달아나지 못한다네

　살아선 한 집에 못살아도

　죽어선 함께 묻히리라

　내 말이 믿기지 않는다 하면

　밝은 해가 지켜보고 있다[14]

고위 관리인 대부의 큰 수레가 덜컹거리며 길을 간다. 수레에

탄 대부는 솜털같이 보드라운 짐승의 털로 짠 관복을 입었다. 갈대 싹처럼 푸른빛이 감돌아 화려하기 그지없다. 하지만 내 마음은 여기에 있지 않다. 당장이라도 당신에게 달려가고 싶은 마음이 간절하지만, 대부의 처벌이 두려워 그렇게 할 수가 없다. 내 마음처럼 무겁고 더디 가는 수레의 덜커덕 소리에 다시 고개를 들어 보니, 빨간 옥을 달아 놓은 듯 아주 폼 나는 붉은색 차림의 대부가 있다. 나는 또다시 당신을 생각하지만, 대부의 위세에 기가 눌려 당신에게 갈 수가 없다. 살아 있는 동안 당신과 함께 살 수 있을까? 하지만 죽어서는 꼭 당신과 함께 묻힐 것이다. 이 말이 거짓 없는 사실임을 나는 저 밝게 빛나는 태양에 맹세하리라.

시의 화자가 누구인지에 관해서는 의견이 분분하다. 대부의 거창한 옷차림을 출정하는 장군의 옷차림으로 보아, 그를 따라 출정한 병사가 두고 온 아내나 연인을 향한 그리움을 애달피 토로한 시라고 하는 이도 있다. 이 병사는 대열에서 이탈해 그녀에게 돌아가고 싶지만, 상관의 감시와 처벌 때문에 귀향하지 못하는 자기 신세가 한탄스럽기만 하다. 다른 한편으로, 연인을 열정적으로 사랑하지만, 그의 속내를 알 수 없는 어느 여인이 그와 함께할 수 없는 상황을 슬퍼하며 자신의 사랑은 변함없을 거라고 맹세하는 시로 보기도 한다.[15]

플레처는 이 시에서 목소리의 주인공을 중국 동부의 뽕나무

밭에서 속삭이는 한 여성이라고 보았지만, 구체적으로 그 목소리가 누구인지는 중요하지 않다. 주목해야 할 것은 〈대거〉가 '나'라는 일인칭 화자의 시적 능력을 활용하고 있다는 점이다. 우리는 《시경》처럼 나를 주인공으로 하는 시를 《성경》의 〈시편〉에서도 찾아볼 수 있다. 그러나 〈시편〉에서 '나'의 목소리는 대부분 왕이 신을 경배하고 찬양하는 내용을 담았다. 그래서 그것을 읽는 독자의 관심이 '나'의 존재로 향하지 않는다. 〈시편〉에서 '나'는 신의 진리를 전달하는 확성기일 뿐이다. 그러나 《시경》의 〈대거〉에서 '나'는 관습이나 사회 규범에 어긋난 사랑 때문에 처벌될까 두려워하는 개인이다. 이 시는 《시경》에 수록되어 널리 읽히고 많은 이가 암송했음에도, 시 속의 목소리가 찾는 것은 단 한 사람의 귀이다. 화자는 만인 앞에서 사랑의 진리를 설교하는 게 아니다. 오직 이 고백을 들어야 할 단 한 사람, 자기의 연인에게 비밀스럽게 자기의 맹세를 전하고 있다.

플레처는 이 시에서 나타난 문학적 말하기의 공식을 두 가지로 정리한다. 첫째는 자기 공개(self-disclosure)이다. 은밀하고 개인적인 내용의 자기 공개는 듣는 이에게 강력한 사랑의 감정을 불러일으킨다. 자기의 고향이나 나이, 직업과 같은 흔한 이야기 말고, 평소 사람들에게 잘 털어놓지 않는 비밀, 마음속 깊은 곳에 눌러둔 상처, 개인적 욕망이나 두려움 같은 감정을 말할 때 듣는 사람은 각별한 친밀감을 느낀다.

둘째는 경이로움(wonder)이다. 자기 공개를 한다고 해서 모두 상대방에게 호감을 얻는 것은 아니다. 자칫하면 반감을 불러일으킬 수도 있다. 아무 흥미도 없는 개인사를 시시콜콜 늘어놓는 이는 사람들에게 수다쟁이 취급을 받기 쉽다. 자기 공개가 매력적이려면 경이로움의 요소가 있어야 한다. 무언가 새로운 생각과 느낌이 전해질 때 듣는 사람은 상대의 자기 공개에서 기쁨을 느낀다. 신경과학자이기도 한 플레처의 설명에 따르면, 누군가 경이로움의 요소가 있는 자기 공개로 구애하면 듣는 이의 도파민 신경세포가 흥분하고 그의 마음은 살짝 들뜬다. 그리고 그는 마침내 적절한 반응을 한다. 여기서 누군가는 적절한 반응으로 흔히들 말하는 훌륭한 경청자의 진심 어린 몸짓을 떠올릴 수도 있다. '나는 당신의 말을 잘 듣고 있답니다'를 표현하는 부드러운 눈빛이나 표정, 주제의 경중에 따라 적정 수준으로 바뀌는 입 모양이나 입꼬리의 위치 등등. 그러나 사실 듣는 이의 가장 적절한 반응이란 화자에 맞먹는 수준의 자기 공개이다.

흥분된 뉴런에 불꽃을 지피려면 또 다른 자기 공개가 필요하다. 그런데 이번엔 구애자의 자기 공개가 아니다. 로맨스를 제대로 시작하려면, 두 번째 자기 공개는 우리 쪽에서 해야 한다. … 더 큰 즐거움을 얻으려고 다른 것을 할 필요는 없다. 그냥 구애자와 함께 경이로움으로 가득한 자기 공개를 계속 주고받으며, 도파민 준비와 방출의 호혜적 순환을 이어가면 된다. 함께 있으면 더 행복해진다고 느끼고 개인적 이야기를 더 많이 공개하다 보면, 결국 친밀한 정서적 유대감이 형성된다.[16]

플레처는 경이로운 자기 공개를 두 사람 사이에 사랑이라는 친밀한 정서적 유대감을 형성하게 하는 문학적 도구라고 말한다. 그러나 이 도구가 두 사람 사이에서 사랑을 불러일으키는 데만 쓰여야 할 이유는 없다. 도구는 늘 상황에 따라 다른 용도로 변용되고 확장되는 법이다. 그것은 두 사람 사이에 우정을 발생하게 하는 도구로 쓰일 수 있다. 또 서너 명 사이에서, 아니면 공자와 제자들로 이루어진 배움의 공동체 같은 소규모 공동체에서도 비슷하게 작용할 수 있다. 이익을 추구하든 이념을 추구하든, 친밀한 정서적 유대감의 형성은 그 집단의 강력하고 지속적인 결속을 유지하게 해 주는 동시에 그 집단에 속한 구성원이 분발하고 서로를 독려하는 데 결정적인 역할을 한다.

공자는《시경》의 서정시에 담긴 일인칭 '나'의 시적 능력을 자기의 배움 공동체의 중요한 자산으로 삼으려 했다. 자기 공개의 연쇄, 즉 개인적 관점이 풍부히 담긴 대화를 지속해 가면서, 이 배움 공동체에는 분발의 욕구와 즐거움이 더 커진다. 〈선진〉의 마지막 장은 이런 자기 공개가 일어나는 대표적 사례라고 할 수 있다. 공자는 제자들을 차례로 호명하며 자기 공개를 촉진한다. 증점은 애초에 스승이 질문한 핵심을 벗어났음에도, 스승의 다정한 격려를 받으며 자기 생각을 솔직하게 드러내고, 공자는 증점의 이야기에 동감을 표하며 함께하겠다고 말함으로써 이들 사이에 자기 공개의 연쇄에 따른 강력한 유대감이 만들어진다.

공자와 제자들의 대화는 내밀한 자기 공개의 성격을 띤다. 물론 그들이 출생의 비밀이나 몰래 한 사랑과 같은 은밀한 개인사를 나누었다는 이야기가 아니다. 그들은 인간과 세계, 윤리와 정치에 관한 자기만의 생각을 밖으로 드러내었다. 《논어》의 대화에서 스승인 공자조차 인간과 세계의 불변하는 진리를 말하는 대행자, 즉 보편의 목소리를 자처하지 않는다. 그들은 다양한 주제에 관해 철학적·정치적으로 내밀한 자기 의견을 끊임없이 말한다. 이때 '내밀한' 의견이란 공적 영역이 아닌 사적 영역에 국한한 주제를 다루는 의견이라기보다, 공적인 지배적 권위의 승인을 얻지 않더라도, 또는 그것과 배치되더라도 눈치 보는 일 없이 자유로이 표현할 수 있는 개인의 의견이라는 뜻이다. 《논어》는 권위 있는 스승 한 사람의 말만 모아 놓은 어록이 아니다. 공자와 함께한 수많은 제자의 목소리가 담겼으며, 그들의 고유하고 내밀한 의견이 아름다운 수가 놓인 비단 두루마리가 풀리듯 다채롭게 펼쳐진다.

이 개인의 의견은 권위의 승인 없이도 강력한 힘을 발휘한다. 플레처가 날카롭게 지적했듯이《성경》〈시편〉의 화자와 〈대거〉 의 화자의 위치는 다르다.

> 그녀의 감정은 더 높은 권위자에게 용인되지 않았다. 오히려 덜커 덩거리는 수레를 탄 오만한 판사(대부-인용자)에게 비난받는다. 시 인을 지지하는 것은 자신이 힘차게 내뱉은 말뿐이다. "나는 … 맹세 해요."[17]

이 서정적 목소리는 자신의 감정을 공공연히 표현할 권리를 주장한다는 점에서 강력한 힘을 발휘한다. 그 목소리는 기성의 시선에 아랑곳하지 않고 감히 솔직히 자기 감정을 표현할 줄 안 다. 후대의 주자학자는 〈대거〉를 비롯한《시경》의 노골적인 연 애 시를 곤란히 여기며, 시 삼백 편을 "생각에 사특함이 없다"라 고 한 공자의 발언을 어떻게 해명해야 할지 무척 난감해했다. 그 러나 '사무사'는 서정시의 솔직담백한 목소리가 지닌 강력한 힘 을 분명히 알아차린 공자가 던진 촌철살인의 한마디이다. 그는 자기의 배움 공동체 구성원들이 진리를 자처하는 기성의 세력이

나 권력에 아첨하는 대신 솔직담백한 목소리로 자기의 의견을
감히 말하기를 원했다.

공자의
경이로운
자기 공개

《논어》를 읽지 않았어도, 또는 《논어》가 출처인 줄 몰라도 다들 한 번쯤은 들어서 아는 표현이 있다. "불혹(不惑)", "지천명(知天命)", "이순(耳順)"과 같은 표현이다. 이 용어들은 《논어》〈위정〉의 한 단락에 나오는데, 이 단락은 10대 중반부터 만년인 70대에 이르는 공자의 생애 서사를 담고 있다. 자서전을 집필하는 특별한 상황을 제외하고, 평범한 사람이 살면서 자기가 살아온 인생을 하나의 이야기로 구성해서 진지하게 말하거나 쓸 기회가 많지는 않다. 아마도 취업하거나 어디엔가 지원할 때 첨부해야 할 서류 가운데 하나로 이력서를 작성하는 것이 고작일 것이다. 그런데 이력서가 삶의 역사를 충분히 담을 수 있을까? 쉼보르스카는 〈이력서 쓰기〉에서 시인의 섬세한 눈으로 이 문제를 다루었다.

무엇이 필요한가?

신청서를 쓰고,

이력서를 첨부해야지.

살아온 세월에 상관없이

이력서는 짧아야 하는 법.

간결함과 적절한 경력 발췌는 이력서의 의무 조항.

풍경은 주소로 대체하고,

불완전한 기억은 확고한 날짜로 탈바꿈시킬 것.

결혼으로 맺어진 경우만 사랑으로 취급하고

그 안에서 태어난 아이만 자식으로 인정할 것.

네가 누구를 아느냐보다, 누가 널 아느냐가 더 중요한 법.

여행은 오직 해외여행만 기입할 것.

가입 동기는 생략하고, 무슨 협회 소속인지만 적을 것.

업적은 제외하고, 표창받은 사실만 기록할 것.

이렇게 쓰는 거야. 마치 자기 자신과 단 한 번도 대화한 적 없고,

언제나 한 발자국 떨어져 객관적인 거리를 유지해 왔던 것처럼.

개와 고양이, 새, 추억의 기념품들, 친구,

그리고 꿈에 대해서는 조용히 입을 다물어야지.

가치보다는 가격이,

내용보다는 제목이 더 중요하고,

네가 행세하는 '너'라는 사람이

어디로 가느냐보다는

네 신발의 치수가 더 중요한 법이야.

게다가 한쪽 귀가 잘 보이도록 찍은 선명한 증명사진은 필수.

그 귀에 무슨 소리가 들리느냐보다는

귀 모양이 어떻게 생겼는지가 더 중요하지.

그런데 이게 무슨 소리?

이런, 서류 분쇄기가 덜그럭거리는 소리잖아.[18]

    사람들은 이력서를 작성하면서 자기의 전 생애를 다 펼쳐 놓
지는 않는다. 이력서에는 공적으로 인정될 수 있는 사항만 기록
한다. 내 인생에 덮친 아무리 생생한 사건이라도 공적 가치가 없
다면 가차 없이 생략해야 한다. 나는 어떤 소망으로 그 일을 시

작했던가, 진심으로 원한 일인가, 그 일을 하는 동안 행복했던가, 특별히 후회는 남지 않았나…. 이력서는 이런 질문에 대답하지 않는다. 보존할 가치가 없는 철 지난 서류가 파기되듯 개인의 구체적인 삶은 '경력'이나 '업적'이라는 일반성의 분쇄기에서 이미 파쇄되는 것이다. 그렇기에 이력서는 자기가 직접 작성하고 때로는 자기 손으로 직접 쓴 '자필' 이력서를 어딘가에 제출하기도 하지만, 이때 이력서를 쓰는 '나'는 진정한 일인칭이 아니다. 다른 사람의 시선을 의식하며 그들이 인정할 만한 업적과 경력을 기록하는 것이고, 또 그래야만 이력서를 무난히 작성했다고 할 수 있다.

그러나 공자는 일반적인 이력서의 서술과 전혀 다르게 자기 삶의 이야기를 풀어 갔다. 다른 사람에게 어떤 업적이 인정될 만한지는 중요하지 않다. 심지어 자기가 살아오면서 어떤 외적인 사건을 겪었는지도 관심 밖이다. 오로지 내가 무엇을 희망하고 내 의지가 어떤 방향을 향했는지, 그리고 스스로 자기를 어떻게 형성해 갔는지에 관해 말한다. 그의 생애 서사에는 '나'라는 일인칭 화자가 생생히 살아 있다. 인간의 보편적 발달단계에 맞춰 자기 삶을 짚어 가는 것이 아니라, 서정적 개인의 내밀한 목소리로 말하는 것이다. 한 사람의 생애에 관한 자기 기술은 보통 자서전의 형식을 띤다. 그러나 자기 서사가 꼭 전기(傳記)의 형식을 띨 필요는 없다. 또한 산문의 형식을 취해야만 하는 것도 아니다. 시적인 형식의 자기 서사도 얼마든지 가능하다. 더군다나 공자는 평소에도 말을 길게 하거나 많이 하는 사람이 아니었다.

> 선생님께서 말씀하셨다. "나는 15세에 학문에 뜻을 두었고, 30세에 예의를 알아 독립적 인격체로 자립했고, 40세에 판단하는 데 혼란을 일으키지 않았고, 50세에 천명을 알았고, 60세에 다른 사람의 말을 들으면 곧 그 이치를 알고 따를 수 있었고, 70세에 마음 내키는 대로 해도 규범에 벗어나지 않았다."[19]

《논어》〈위정〉에 기록된 공자의 이 생애 서사는 15세부터 시작한다. 물론 한 사람의 인생에서 15세 이전에도 많은 일이 일어나며 공자도 마찬가지였을 것이다. 현대의 많은 심리학 이론은 어린 시절 어떤 환경에서 어떤 성향의 부모에게서 어떤 보살핌을 받으며 성장하는지가 한 사람의 성격, 대인관계, 삶의 방식을 좌우한다고 설명한다. 그런데 공자는 마치 15세 이전에는 세상에 존재하지 않은 사람처럼 자기가 어디에서 왔는지 언급하지 않는다. 대부분의 생애 서사가 출생에서 시작되는 것과 비교하면 독특하다 할 수 있다. 공자는 곧바로 15세에서 시작하면서 "지우학(志于學)", 즉 배움에 뜻을 두었다고 말한다. 옆에서 공부하라고 독촉하는 사람이 없었건만, 이 무렵에 스스로 배움에서 자기 인생의 의미를 찾겠다는 의지를 품은 것이다. 배움을 향한 의지는 더 나은 사람이 되고 싶다는 열망에서 비롯되는 자기 성장과 변화를 향한 의지이다. 공자에게 15세 이전의 삶, 자기가 어떤 집안에서 누구의 자녀로 태어나 어떤 유년기를 보냈는지는 자기의 의지로 선택할 수 있는 것이 아니었다. 15세가 되면서 공자는 더는 주어진 환경이나 조건에서 제약된 삶을 살기보다, 매일매일 더 나은 사람이 되기로 결심하고 그것을 위해 배움의 길을 가겠다는 결의를 다졌다. 이 기술은 단지 15세라는 인생의 특정 시기에만 해당하는 제한된 의미를 갖지 않는다. 공자는 전 생애의 서사를 자기의 의지가 향하고 있는 곳을 밝히는 것으로 시작함으로써, 한편으로 이 서사 자체가 그 서사를 구성하는 자기 힘과 의지의 결과물임을 보여 주고 싶었던 것이 아닐까.

그런 다음 20세는 건너뛴 채 30세로 넘어간다. 공자는 이 시기의 자기를 "입(立)"이라는 한 글자로 표현했다. 흔히 30세를 '이립(而立)'이라고 칭하는데, 〈위정〉의 이 단락에서 '이(而)'는 접속사의 역할을 하는 글자로 반복해서 사용되므로, 실질적으로 '입'이라는 한 글자로 이 무렵의 자기를 표현했다. 이 글자는 말 그대로는 두 발로 설 수 있었다는 뜻인데, 당연히 단순한 물리적 의미는 아니다. 대체로 사람은 돌이 지나면 두 발로 설 수 있다. 상징적인 의미에서 이는 '독립적인 인격체로 자립했다'로 풀이할 수 있다. 그렇다면 독립적 인격체로 자립한다는 건 무엇일까? 공자에게 자립은 요즘처럼 경제적으로 자립하거나 원가족에서 독립하는 것을 뜻하지 않는다. 《공자가어》에 따르면, 공자는 열아홉 살에 결혼하여 이미 한 가정의 가장이 되었고 스무 살에는 아들도 낳았다.[20] 《논어》에서 '입'이라는 글자는 예와 밀접한 관계가 있다. 〈태백〉에서 공자는 인간은 "예에서 선다(立於禮)"라고 말했고, 〈요왈〉에서 "예를 모르면 설 수 없다(不知禮, 無以立也)"라고 말했다. 일상에서 사람을 대하는 태도나 중요한 사회적 의례를 행할 때 예를 얼마만큼 잘 지킬 수 있는지에 따라, 그 사람이 한 명의 성인(成人)으로 잘 성장했는지를 판단할 수 있다는 것이다.

40세는 이 생애 서사에서 가장 잘 알려진 표현, 바로 "불혹"이다. 요즘도 마흔 살이 되면 '불혹의 나이가 되었다'라는 표현을 많이 쓴다. '혹(惑)' 자는 '의혹을 품다', '미혹하다'라는 뜻이다. "나는 사십이 되고부터 마음의 동요가 없어졌다"[21]라고 한 맹자의 말과 연관지어, 불혹을 마음에 동요가 없는 상태로 풀이하기도 한다. 공자는 나이 사십에 이르러서야 자기 마음속에 어떤 의혹도 동요도 사라졌다고 고백한다.

그다음 50세를 공자는 "지천명(知天命)"이라고 한다. 천명(天

命), 즉 하늘이 내게 내린 명령, 내 인생의 사명을 알았다는 의미이다. 공자도 쉰 살이 넘어서야 안 걸 보면, 자신의 사명을 아는 일은 결코 쉬운 일이 아닌 듯하다. 인생 초반에 알아서 진작 그 사명에 충실한 인생의 길을 걸어갈 수 있으면 좋으련만, 좌충우돌하며 인생의 절반 이상을 다 보내고 나서야 자기 삶에 주어진 사명이 무엇인지를 알 수 있는 것이다. 자기 각성과 탐색을 위한 긴 배움의 시간을 보내고 계속되는 미혹과 좌절의 시간을 지나, 더는 흔들림 없는 불혹의 상태를 이루고도 한참 뒤에야 공자는 자기 인생의 사명이 무엇인지를 깨달았다고 솔직하게 말한다.

60세는 "이순"이라고 한다. 이것은 귀로 어떤 말이 들어와도 내 마음속에 어떤 어긋남이나 걸림 없이 미세한 뜻도 환히 이해했다는 뜻이다. 말이 귀로 들어올 때는 문이 없을지 모르지만, 귀로 들어온 말이 마음으로 들어올 때는 그렇지 않다. 마음은 어떤 말은 튕겨 내기도 하고, 어떤 말은 자기식으로 가공하기도 하며, 거기에 자기 생각을 덧붙여 큰 눈덩이를 만들어 내기도 한다. 60세에 이르러 공자는 세상 사람의 말이 귀로 들어와 자기 마음에 수용되는 과정이 어떤 저항이나 억지도 없이, 또 자기식의 왜곡이나 과장 없이 물 흐르듯 순조로웠다고 말한다. 이는 어쩌면 《논어》〈자한〉에서 묘사되었듯이 공자가 스스로 네 가지 태도를 끊었기에 가능했을 것이다. 그 네 가지란 사사로움에 치우쳐 마음대로 생각하기(意), 반드시 이루리라 기약하기(必), 완고하게 고집부리기(固), 아집에 빠져 자기만 내세우기(我)다.[22]

60세까지의 표현이 세 글자를 넘지 않았다면, 마지막 70세는 파격이 있다. "종심소욕불유구(從心所欲不踰矩)", 즉 내 마음이 하고 싶은 대로 해도 전혀 규범에서 벗어나지 않았다는 것이다. 일흔 살이 되면서 공자는 사회적이고 외적인 규범을 지키려고 인위적으로 애쓰지 않고 마음이 내키는 대로 해도 저절로 규범에 맞아떨어졌다. 만년에 이르러 공자는 자기의 내적 욕구와 외적 규범 사이에서 불일치나 갈등이 완전히 사라졌음을 경험한다. 노년기나 인생 후반부에 접어든다고 해서 모든 사람이 이렇지는 않을 것이다. 오히려 자기가 겪은 것, 자기가 생각하는 것, 자기가 하고 싶은 것이 곧 기준이 되고 법도가 된다고 고집을 부리기도 한다.

공자의 이 생애 서사에는 20세가 빠져 있다. 15세에서 바로 30세로 비약한다. 공자는 자기의 내적 성장의 서사에서 20대를 기술할 필요성을 찾지 못한 듯하다. 19세에 결혼하여 가정을 꾸리면서 가장의 임무와 사회적으로 요구되는 과업에 충실했던 탓일까? 아니면 10대 중반에 배움에 뜻을 둔 이후, 그 배움의 성과나 성취를 향한 조급한 마음 없이 오롯이 순수한 열정으로 배움에 몰입하기만 했던 탓일까? 흔히 20대를 칭하면서 '약관(弱冠)'

이라는 표현을 자주 쓴다. 이 표현은 《예기》 〈곡례상〉에 나온다.

사람이 태어나서 열 살이 되면 유(幼)라고 한다. 이때에는 배운다. 20세가 되면 약(弱)이라고 한다. 이때에 관례(冠禮)한다. 30세가 되면 장(壯)이라고 하며 이때에 아내를 들인다. 40세가 되면 강(强)이라고 하며 이때에 처음으로 벼슬을 한다. 50세가 되면 애(艾)라고 하며 이때에 관정(官政)에 복무한다. 60세가 되면 기(耆)라고 하며 이때에는 남에게 지시하여 시킨다. 70세가 되면 노(老)라고 하며 이때가 되면 가사(家事)를 아들에게 전한다. 80세와 90세를 모(耄)라고 하며, 7세의 어린이를 도(悼)라고 한다. 도와 모는 비록 죄가 있을지라도 형신(刑訊)하지 않는다. 백 세가 되면 기(期)라고 하며 이때가 되면 부양된다.[23]

약관에서 '약'이란 청소년에서 장년으로 넘어가기 전의 상태로서 신체적으로 아직은 약하다는 의미이다. '관'은 아이에서 성인으로 넘어가는 통과의례로서 치르는 관례를 말한다. 이때부터 머리에 상투를 틀거나 쓰개를 착용하기에 '관' 자를 사용하였다. 《예기》의 이 단락은 연령대별로 이야기했다는 점에서 《논어》에 나오는 공자의 서사와 형식적으로 비슷해 보일지 모르지만, 사실 성격이 완전히 다른 서술이다. 《예기》는 연령대별로 어떤 명칭을 보편적으로 쓸 수 있는지, 그리고 그 명칭에 따라서 개인에게 요구되는 사회적 의무나 사회적 역할, 사회적 활동이 무엇인지를 규정하였다. 공자의 일인칭 자기 서사와는 다르다. 10대를 두고도《예기》에는 단지 "배운다(學)"라고 했지만, 공자는 "배움에 뜻을 두었다"라고 하였다. 공자의 자기 성장 서사의 출발점이자 이후 서사의 방향을 알리는 내적 고백인 것이다.

사마천이 전하는
공자의
삶

예부터 공자가 어떤 삶을 살았는지, 특히 공자가 인생에서 어떤 사건을 겪었는지 알고 싶을 때, 《논어》 이외에 가장 먼저 참고하는 책이 있다. 바로 한나라 시대의 역사가 사마천이 쓴 《사기》 〈공자세가(孔子世家)〉이다. 〈공자세가〉는 현재까지 전해지는 가장 오래된 공자 전기이다. 그런데 공자와 사마천 사이에 300년이 넘는 시간적 간격이 있기에, 사마천이 아무리 실증적으로 서술하려고 했다 해도 확인된 사실에 기초해 전기를 썼다고 보기에는 무리가 있다. 또한 이 전기는 당시의 다른 문헌으로 고증할 수 없는 내용이 많이 있어 신빙성 논란도 많다. 그럼에도 공자의 삶을 이야기할 때면 사람들은 항상 〈공자세가〉를 먼저 펼쳐본다.

《사기》는 역사책이면서도 일종의 전기 모음집이라 할 수 있다. 역사적 인물의 전기를 중심으로 역사를 기록했기 때문이다. 사마천은 역사를 과거 인물의 생생한 삶과 행적의 기록으로 생각한 듯하다. 이 책은 크게 〈본기(本紀)〉, 〈세가(世家)〉, 〈열전(列傳)〉, 〈표(表)〉, 〈서(書)〉로 구성된다. 이 가운데 〈본기〉는 역대 천자의 생애와 행적이 담겼고, 〈세가〉는 역대 제후의 생애와 행적, 그리고 〈열전〉은 이들을 제외한 각계각층의 주요 인물의 생애와 행적이 담겼다. 이 분류대로라면 공자의 전기는 〈열전〉에 실렸어야 한다. 공자는 통치권을 가진 제후가 된 적이 없었기 때문이다. 그런데도 사마천은 예외로 공자의 전기를 〈세가〉에 수록했다. 공자는 제후의 신분이 아니었지만, 그가 후세에 남긴 업적과 영향력만큼은 제후를 능가한다고 생각했기 때문일 것이다. 그런데 〈공자세가〉에는 후대의 유학자가 자기들이 추앙해 마지않는 위대한 성인의 이야기일 리가 없다고 의심한 여러 일화가 있다. 그것도 공자의 출생을 언급한 첫머리부터 말이다.

공자는 노나라 창평향(昌平鄕) 추읍(陬邑)에서 태어났다. 그의 선조는 송(宋)나라 사람으로 공방숙(孔防叔)이다. 방숙은 백하(伯夏)를 낳았고 백하는 숙양흘(叔梁紇)을 낳았다. 흘은 안씨(顏氏)와 야합하여 공자를 낳았는데, 이구(尼丘)에서 기도를 한 뒤, 공자를 얻게 되었다. 노 양공(襄公) 22년에 공자가 태어났다. 그가 태어났을 때 머리 중간이 움푹 패어 있었기 때문에 구(丘)라고 이름하였다. 자는 중니(仲尼)이고 성은 공씨(孔氏)이다.[24]

공자는 주나라 제후국 가운데 하나인 노나라 출신이다. 그는 "야합"으로 태어난 아이였다. 그의 부모가 정식 혼인으로 맺어진 부부가 아니었다는 뜻이다. 공자가 태어났을 당시 아버지 숙량흘은 이미 일흔 살에 가까웠지만, 어머니 안씨는 스무 살도 채 되지 않은 젊은 여성이었다. 게다가 아이의 머리 가운데가 패인 남다른 신체적 특징을 소문이라도 내려는 듯, 언덕을 뜻하는 '구'로 이름을 지었다. 숙량흘은 아들에게 이런 이름을 붙여 준 지 몇 년 되지 않아 세상을 떠났고, 공자는 아버지에 관한 기억조차 없이 성장했다.

구가 태어난 후 숙량흘이 세상을 떠나 방산(防山)에서 장사를 지냈다. 방산은 노나라의 동부에 있어서 공자는 아버지의 묘소가 어디에 있는지 몰라 의심하였지만 어머니는 그것을 숨기었다. 공자는 어려서 소꿉장난을 할 때, 늘 제기(祭器)를 펼쳐 놓고 예를 올렸다. 공자는 어머니가 죽자 곧 오보지구(五父之衢)에 빈소를 차렸는데, 이는 대개 (부모를 함께 매장하는 풍속을 지키기 위해서) 신중을 기하기 위함이었다. 추읍 사람 만보(輓父)의 어머니가 공자 아버지의 묘소를 알려 주어 그후에야 비로소 방산에 합장하였다.[25]

공자의 어머니가 아들에게 아버지의 묘소가 어디에 있는지를 숨겼다는 사실은 무척 의아스러운 부분이다. 그 이유는 알 수 없지만, 공자는 젊은 홀어머니와 함께 외롭고 고된 유년기를 보내야 했다. 공자의 생애 서사가 시작되는 15세 이전에 그의 삶이 얼마나 곤궁했을지 막연히 짐작해 볼 뿐이다. 공자가 태어난 노나라는 작지만 주나라 초기의 예 문화가 잘 보존된 나라였다. 공자는 이런 분위기에서 성장하면서 문화적 자부심이 무척 컸던 것으로 보인다. 소꿉장난할 때도 제기를 펼쳐 놓고 예를 올리며 놀았으니 말이다. 공자는 아버지의 직업인 무사의 일에서도, 또 어머니 집안의 내력과 관련이 있다고 하는 무속의 일에서도 자기의 정체성을 찾지 못했지만, 노나라 공동체 문화에 일찌감치 눈을 떠서 자부심의 원천으로 삼았다.

공자가 10대 중반을 지날 무렵에 홀어머니마저 세상을 떠난다. 그는 어머니를 먼저 돌아가신 아버지와 합장하겠다는 의지로 사람들의 통행이 잦은 번화가 한가운데 빈소를 차리는 특이한 결정을 내렸다. 오가는 사람 가운데 아버지의 묘소가 어디에 있는지를 아는 이가 있어 결국 합장할 수 있었다. 사마천이 전하는 다음 일화를 보면 그 무렵 공자가 사회적으로 어떤 대우를 받았는지 잘 알 수 있다.

공자가 아직 상복을 입고 있을 때, 계씨(季氏)가 명사들에게 연회를 배풀었다. 공자도 참석하러 갔다. 양호(陽虎)가 가로막고 말하였다. "계씨는 명사들에게 연회를 베풀려고 한 것이지 당신에게 베풀려는 것은 아니오." 이에 공자는 물러나고 말았다.[26]

계씨는 당시 노나라에서 권력을 장악하고 있던 귀족 집안이다. 제후 가문이 아니었음에도 제후를 벌벌 떨게 할 정도로 힘이 막강했다. 양호는 이 계씨 집안의 가신이었다. 그는 자기의 주군이 베푸는 연회는 공자같이 천한 자가 참석할 자리가 아니라며 어린 공자를 문전박대했다. 발걸음을 돌리던 10대의 공자가 느낀 실망과 좌절감이 얼마나 컸겠는가. 이 일화는 공자가 어떤 청소년기를 보냈는지를 잘 보여 준다.

공자는 가난하고 천하였다. 커서 일찍이 계씨의 위리(委吏)로 있을 때 그의 저울질은 공평하였고, 그가 직리(職吏)의 일을 맡고 있을 때 가축이 번성하였다. 이로 말미암아 그는 사공(司空)이 되었다.[27]

위리는 창고를 관리하는 직업이고, 직리는 가축을 돌보는 직업이다. 공자는 귀족 집안의 가축을 돌보거나 창고를 관리하는 일을 하면서 생계를 꾸렸고 가장의 역할을 다하려고 했다. 배움에 뜻을 두고 삶의 의미를 자기 성장에서 찾겠다고 결심한 15세

그림 5-1. 위리의 직무를 담당하다
〈직사위리(職司委吏)〉,《공자성적도》(何新 主編,《孔子聖迹圖》, 中國書店, 2012)

이후의 일이다. 이런 현실적 어려움이 있는 와중에도 공자는 개인적 노력과 의지만으로 학문적 능력과 실력을 쌓아 갔고, 이에 따라 공자 주위로 배움의 뜻을 함께하는 사람들이 몰려들었다. 그리하여 중국 역사에서 처음으로 교사 개인으로부터 시작된 자발적인 학문 공동체가 형성되었다. 인간 사회와 세상을 보는 깊은 안목과 실무 능력을 갖춘 지식인으로서, 또 문화적 의례의 전문가로서 공자는 정치적인 장으로도 진출했다. 그러나 현실은 그에게 호의적이지 않았다. 어렵게 출세했으니 권력자 앞에서 유연히 처신하면서 현실 정치에 잘 적응할 수도 있었을 텐데, 공자는 자기의 소신에 따라 행동하면서 당시의 귀족 실권자와 불화를 일으켰다. 〈공자세가〉는 공자가 이 때문에 노나라를 떠나 여러 나라를 떠돌아야 했던 상황을 전하고 있다.

> 그 후 얼마 되지 않아 노나라를 떠났다. 제(齊)나라에서 배척당하고, 송과 위 나라에서 쫓겨나고, 진(陳)과 채(蔡) 나라 사이에서 곤궁에 빠지자 이에 노나라로 되돌아왔다. 공자는 키가 9척 6촌이어서 사람들이 모두 그를 '키다리'라고 부르고 그를 괴이하게 여겼다. 노나라가 다시 그를 잘 대우하니 이에 노나라로 되돌아왔던 것이다.²⁸

결국 정치에 입문한 후에도 공자는 환영받는 인물이 아니었다. 자기의 정치적 소신을 펼치려고 찾아간 나라마다 외면당하고 심지어 생명의 위협도 받았다. 제후들은 그의 정치적 조언에 큰 매력을 느끼지 못했고 관심도 없었다. 어쩌면 그들이 공자를 기억하는 건 '아, 그 키다리' 정도였을지도 모른다. 〈공자세가〉의 다음 일화는 여러 나라를 떠돌던 공자의 행적을 풍자적으로 보여 준다.

공자가 정(鄭)나라에 갔는데 제자들과 서로 길이 어긋나서 홀로 성곽의 동문에 서 있었다. 정나라 사람 누군가가 자공에게 말하였다. "동문에 어떤 사람이 있는데 그 이마는 요(堯)임금을 닮았고, 그 목덜미는 요(陶)와 닮았고, 그 어깨는 자산(子産)을 닮았어요. 그러나 허리 이하는 우(禹)임금보다 3촌이 짧으며, 풀 죽은 모습은 마치 상가(喪家)의 개와 같았습니다." 자공은 이 말을 그대로 공자에게 고하였다. 공자는 흔쾌히 웃으면서 말하였다. "한 사람의 모습이 어떠냐하는 것은 그리 중요한 것이 아니다. 그런데 '상가의 개'와 같다고하였다는데, 그것은 정말 그랬었지! 그랬었구말구!"²⁹

여기서 공자의 이마와 목덜미와 어깨에 관한 묘사는 그가 추구하는 이상, 하반신에 관한 묘사는 그가 처한 현실을 비유한 것이다. 이상과 현실이 얼마나 극명히 대비되는지를 보여 준다. 요임금은 전설적인 성군이고, 요와 자산은 뛰어난 정치가이다. 공자의 상체가 이들의 모습이라는 건 그의 이상이 훌륭한 정치에 있었음을 암시해 준다. 그러나 공자의 현실은 이런 이상을 전혀 따라가지 못했다. 우임금도 전설적 성군이긴 하지만, 그가 임금이 될 수 있었던 것은 황허강의 홍수를 다스리는 데 성공했기 때문이다. 원래 황허강의 치수는 우에 앞서 그의 아버지 곤(鯤)이 맡아서 한 일이다. 그러나 곤은 치수에 실패해서 결국 그 책임으로 비극적 최후를 맞이하였다. 그런 아버지에 이어 치수를 담당했으니 우는 필사적이지 않을 수 없었다. 결국 치수에 성공해서 그 공적으로 나중에 임금 자리를 물려받지만, 몸을 돌보지 않고 너무 열심히 일한 나머지 몰골이 말이 아니었다. 공자가 그런 우 임금보다 다리가 짧았다는 묘사는 고난스러운 현실에서 멀리 도약하지 못한 공자의 처지를 풍자한 것이다.

결정타는 공자의 풀죽은 모습이 상가의 개처럼 처량하다고 묘사한 부분이다. '상가의 개', 즉 "상가지구(喪家之狗)"는 '집 잃은 떠돌이 개'로 풀이하기도 한다. 공자는 직접 정치에 참여해서 세상을 바꾸고 싶다는 포부를 펼치기 위해 여러 나라를 돌아다니면서 자기를 등용해 줄 제후를 찾아다녔고 기회를 엿보았다. 그러나 현실은 그의 소망을 이뤄주지 않았다. 만년에 공자는 노나라로 돌아와 제자들을 양성하는 데 전념하였다. 공자를 상가의 개와 같다고 하는 건 공자가 여러 나라를 떠돌면서 관직을 구하던 모습을 빗댄 것이다. 이 일화에서 흥미로운 또 한 가지는 공자가 모욕 섞인 풍자에 발끈하기보다는 오히려 "정말 그랬었지! 그랬었구말구!" 하며 맞장구를 치고 있다는 사실이다. 공자의 호쾌한 면모를 이보다 잘 보여 줄 수는 없을 것이다.

〈공자세가〉에 공자의 마지막 모습은 이렇게 전해진다.

공자가 병이 나서 자공이 뵙기를 청하였다. 공자는 마침 지팡이에 의지하여 문 앞을 거닐고 있다가 물었다. "사야, 너는 왜 이렇게 늦게 왔느냐?" 그리고 탄식하며 노래를 불렀다.

태산이 무너진다 말인가!
기둥이 부러진다 말인가!
철인(哲人)이 죽어 간다는 말인가!

그러고는 눈물을 흘렸다. 또 자공을 보고 말하였다. "천하에 도가 없어진 지 오래되었다! 아무도 나의 주장을 믿지 않는다. 장사를 치를 때 하나라 사람들은 유해를 동쪽 계단에 모셨고, 주나라 사람들은 서쪽 계단에 모셨고, 은나라 사람들은 두 기둥 사이에 모셨다. 어제 밤에 나는 두 기둥 사이에 놓여져 사람들의 제사를 받는 꿈을 꾸었다. 나의 조상은 원래 은나라 사람이었다." 그 후 7일이 지나서 공자는 세상을 떠났다. 그때 공자의 나이는 73세로, 그것은 노애공 16년 4월 기축일(己丑日)의 일이었다.[30]

자공은 공자가 세상을 떠난 뒤 마치 부모를 애도하듯 삼년상을, 그것도 자청해서 두 번이나 연이어 행했다. 공자는 이 제자와 나눈 마지막 대화에서 자신을 태산과 기둥에 비유하고 또 '철인'이라고 칭했다. 그런데 이 발언은 후대의 유학자 사이에서 다소 논란이 되었다. 겸양의 미덕을 중시한 공자가 스스로 이렇게 말했을 리 없다는 것이다. 자기는 단지 분발하면 먹는 것도 잊고, 즐거우면 근심도 잊어 늙음이 닥쳐오는 줄도 모르는 사람일 뿐이라고 말한 공자의 성품과도 거리가 꽤 멀어 보인다. 사마천이 기록한 공자의 모습은 확실히 《논어》에 나타난 그의 모습과는 차이가 있다.

사마천에 따르면, 공자의 이러한 자기 인식과 달리 세상은 그의 위대함을 알아보지 못했다. 죽음을 앞둔 공자는 이런 현실에 절망의 눈물을 흘렸다. 결국 공자의 이 마지막 발언은 그가 죽음 직전에도 이상과 현실의 괴리로 얼마나 크게 좌절했는지를 잘 보여 준다. 그러나 공자는 탄식하는 데서 멈추지 않고 꿈 이야기를 덧붙였다. 사람은 꿈으로 자기의 죽음을 예감하곤 하는데, 여기에는 일반적인 유형이 있다. 주로 자기보다 먼저 고인이 되어 더는 볼 수 없는 그리운 사람을 꿈에서 만난다는 식이다. 이런 만남의 서사는 자기의 임박한 죽음을 수용하려는 하나의 방편이라고 할 수 있다. 그런데 공자의 꿈에는 자기보다 먼저 세상을 떠난 이들, 즉 그의 아들 백어나 인생에서 힘든 시기를 함께했지만 먼저 유명을 달리한 그리운 제자들이 등장하지 않고, 자기한테 제사를 올리는 산 사람들이 등장한다. 그들은 공자가 죽은 뒤 그의 죽음을 애도하려고 모일 것이고, 그의 인생을 돌아보고 더듬으면서 그의 삶과 인격을 기리고 그의 존재를 기억할 것이다. 죽음을 앞둔 공자는 이들과 맺는 관계를 의식하고 있다. 사마천이 공자의 삶을 기록하면서 가장 강조하고 싶었던 것도 바로 이점이다. 이는 〈공자세가〉의 마지막 단락에서 더 분명히 드러난다.

> 태사공은 말하였다. "《시경》에 "높은 산은 우러러보고, 큰길은 따라간다"라는 말이 있다. 내 비록 그 경지에 이르지는 못할지라도 마음은 항상 그를 동경하고 있다. … 역대로 천하에는 군왕에서 현인에 이르기까지 많은 사람들이 있었지만 모두 생존 당시에는 영화로웠으나 일단 죽으면 그것으로 모든 것이 끝나고 말았다. 그러나 공자는 포의로 평생을 보냈지만 10여 세대를 지나왔어도 여전히 학자들이 그를 추앙한다. 천자, 왕후로부터 나라 안의 육예(六藝)를 담론하는 모든 사람들에 이르기까지 다 공자의 말씀을 판단기준으로 삼고 있으니, 그는 참으로 최고의 성인이라고 말할 수 있겠다."[31]

"태사공(太史公)"의 '태사'는 한나라 초에 있었던 관직으로서, 역사를 기록하고 보존하는 업무를 맡았다. 태사공은 사마천이 태사를 맡은 자기 자신을 칭하는 말이다. 그는 자기 아버지 사마담(司馬談)에 이어서 이 직책을 맡았고, 사마담은 죽기 전까지 30년간 이 자리에 있었다. 사마천이《사기》라는 이 장대한 역사서의 저술에 착수한 것도 아버지의 유언이 있었기 때문이다.《사기》는 본래 책 제목이 '태사공서(太史公書)'였다. 본문에 "태사공은 말하였다(太史公曰)"라는 문장으로 시작되는 단락은 사마천이 공자의 전기를 다 기록한 다음, 공자의 삶 전반을 역사가의 관점에서 평가한 부분이다. 사마천은 한 인물의 전기를 다 쓰고 나면, 매번 그 사람의 인생에 관한 자기의 견해를 붙여서 마무리했다. 그는 공자가 살면서 겪은 많은 사건 가운데서도 어쩌면 공자가 개인적으로는 알려지기를 원치 않았을 수도 있는 지독한 내용의 사건도 과감하게 기록하였다. 공자에 관한 다른 기록에서 찾아보기 힘든 이야기도 낱낱이 모아 실었다. 공자가 부모의 야합으로 태어났다는 출생설부터 시작해, 어려서 양친을 잃고 겪은 힘든 성장의 과정, 그리고 평생 계속된 정치적 좌절의 경험을 하나도 놓치지 않으려 한 것 같다. 떠돌이 개와 같다는 세간의 모욕적인 뒷담화와 심지어 공자가 죽음을 앞두고 절망하며 눈물을 흘린 이야기도 마치 직접 본 듯 생생히 묘사했다. 대체 사마천의 의도는 무엇이었을까? 이 점을 살피면서 태사공의 논평을 읽으면 더욱 흥미롭다.

공자가 평생 입었다는 "포의(布衣)"는 베옷이다. 가난한 서민이 주로 입은 옷이어서 이 표현 자체가 일반 백성이나 서민을 가리키는 데 사용되었다. 결국 공자는 평생을 큰 정치적 영향력을 행사할 수 있을 정도의 벼슬을 하지 못한 채 보냈다는 이야기이다. 그러나 반전이 있다. 공자가 죽고 사마천의 시대에 이르기까지 몇백 년 동안 육예를 이야기하는 자는 모두 공자의 말을 기준으로 삼았다는 사실이다. '육예'는 고대 중국 사회에서 귀족 자제가 익혀야 했던 여섯 가지 필수 교과목으로, 예(禮)·악(樂)·사(射)·어(御)·서(書)·수(數), 즉 예, 음악, 활쏘기, 말타기, 글쓰기, 셈하기이다.[32] 이 여섯 가지는 한 인간이 자기가 속한 사회의 책임 있는 위치에서 제 몫을 다하기 위해 반드시 익혀야 했던 기본 교과목이다. 이 교과목을 익히는 데 모두 공자의 말을 따르니, 그를 최고의 성인이라 부르지 않을 수 없다는 것이다.

사마천의 기록으로 보면, 공자는 환란과 곤궁의 일대기를 보냈다. "나는 어렸을 때 가난했기에 비천한 일에 능한 것이 많았다"[33]라고 그 스스로 말할 정도로 소싯적부터 안 해 본 일이 없이 어렵게 자랐다. 커서 사회적 인정을 받자마자 기성 정치인과 불화하며 갈등을 겪었고, 그 결과 힘든 망명 생활을 해야 했다. 여러 나라를 떠돌 때는 정치적 이상을 실현하기는커녕, 먹을 것이 없어서 일주일간 굶은 적도 있었고 암살될 뻔한 일도 있었다. 관료의 멋진 가죽옷과 비단옷이 아닌 베로 짠 거친 옷으로 평생을 보냈다.

　그러나 사마천은 공자가 그 포의의 일생을 상쇄하고도 남을 만큼, 사후에 커다란 불멸의 명성을 얻었다는 점을 강조한다. 페르시아 왕 크세르크세스의 일화를 떠올리면, 우리도 사마천의 이야기에 고개를 끄덕이게 된다. 크세르크세스는 500만 명의 군사를 이끌고 그리스 원정에 나선 어느 날 열병식을 하다 도중에 울었다고 하지 않는가. 그의 눈앞에 반짝이는 갑옷으로 무장한 채 햇빛에 날카로이 빛나는 창을 치켜들고 일제히 함성을 지르는 병사 수천 명이 있었다. 그러나 백 년 후 이들 가운데 아무도 살아 있지 않을 거라는 생각이 들자, 그는 자신의 막강한 권력이 부질없이 느껴져 눈물을 흘렸다.[34] 죽음의 권세를 아무도 이기지 못하리라는 사실과 거기에서 오는 허무함이 금과 보석으로 치장한 이 군왕의 마음을 아프게 찔렀던 것이다. 사마천이 전하는 대부분의 군왕과 제후의 운명이 이러했다. 사마천은 역사가 태사공의 입으로 공자를 "최고의 성인"으로 추대함으로써 그의 신산한 생애를 위로하고 있다. 그러나 불멸의 영예는 살아 있는 자들의 위로일 뿐 사자는 알 수 없는 것이다.

생애 서사를 통한
대화적
교육

《논어》〈위정〉에서 공자가 자기의 삶을 15세부터 70세까지 연령대별로 회고한 것은 삶의 특정 시기를 이루는 단편적 조각들을 단순히 펼쳐 놓은 것이 아니다. 그것은 서사(narrative)의 힘을 갖는 삶의 이야기이다.

누구나 신데렐라 이야기를 알 것이다. 이 이야기를 아이에게 들려준다고 해 보자. 우리는 신데렐라에게 벌어진 주요 사건을 연결해서 하나의 줄거리를 갖는 스토리로 만들어 들려줄 것이다. 그리고 그 스토리에는 아이들이 부르는 노래처럼, "신데렐라는 어려서 부모님을 잃고요, 계모와 언니들에게 구박을 받았더래요. …"라는 내용이 공통으로 들어간다. 그런데 이 기본 스토리도 어떤 관점에서 이야기하고 어떤 해석을 가미하느냐에 따라 전혀 다른 의미를 갖는 서사가 될 수 있다. 어떤 사람은 이 신데렐라 이야기를, 한 젊은 여성이 자기보다 부유하고 힘 있는 남성과 결혼하여 인생 역전을 하는 '신분 상승의 서사'로 아이에게 들려 줄 수 있다. 그런데 다른 어떤 사람은 이 이야기를, 한 인간이 고난과 역경을 잘 견디고 조력자의 도움으로 행복한 결과를 맞는 '고난 극복의 서사'로 들려 줄 수도 있다. 물론 두 서사가 결합한 방식도 가능하다. 하나의 기본 스토리를 어떤 서사로 이야기하느냐에 따라, 그 이야기에서 부각되는 디테일이나 메시지는 크게 달라질 수 있다. 삶의 이야기도 마찬가지이다. 똑같은 삶, 그 삶에서 겪은 하나의 사건을 두고도, 중요하게 생각하는 삶의 가치와 의미가 무엇인지에 따라 그 이야기의 서사는 달라질 수밖에 없다. 결국 서사는 이야기를 구성해서 전달하는 화자의 관점과 인식의 경향을 선명히 드러내 준다.

공자의 생애 서사는 몇 가지 중요한 특징이 있다. 먼저 연령대별 기술에서 공자는 그 무렵에 자기가 어떤 사건을 겪었는지, 자기가 처한 상황이나 외적 조건이 어떠했는지, 어떤 경험이나 활동을 했는지에 관해서는 전혀 언급하지 않았다. 이런 점이 궁금한 독자는 후대에 쓰인 〈공자세가〉나 《공자가어》 등 공자와 관련한 다른 기록을 살펴봐야 한다. 공자는 그런 객관적 사건이나 사실을 한마디도 하지 않았다. 그의 생애 서사는 주로 인생의 어느 시기에 어떤 성취가 있었는지, 그것도 외적인 성취가 아니라 어떠한 인격적이고 내적인 성취를 이루었는지를 고백하듯 드러내고 있다. 자기 성장에 초점이 맞춰진 서사이다. 더 심층적으로 보면, 이 서사는 공자가 자기가 태어나 살았던 세상에서 자기의 존재를 확립하고, 세상과 화해해 간 과정을 이야기한 것이라고 할 수 있다.

사마천은 공자가 인생의 굽이굽이에서 어떤 사건을 겪었고 어떤 경험을 했는지에 초점을 두었고, 좌절로 점철한 공자의 삶은 그가 죽은 후 역사에서 최고의 성인이라는 불멸의 영예로 보답을 받는 것처럼 기술했다. 물론 공자와 유가는 인간 실존의 유한한 시간을 넘어 공동체에서 오래 기억되고 보존되는 삶을 아름답게 여기는 불멸의 감각이 있었다. 그러나《논어》에 실린 공자의 자기 서사를 살펴보면, 그는 사회적 인정과 불멸의 영예를 기대하기보다 자기에게 그런 실패와 좌절을 안겨 준 세상에서 자기 존재를 어떻게 확립하고 성장하게 할지 그리고 그런 삶을 어떻게 긍정할지를 인생의 과제로 삼았음을 알 수 있다. 이 자기 서사는 공자가 한 사람의 인생을 바라볼 때, 외적 변화나 성공보다 내적 성장과 자기완성을 중요하게 생각했음을 보여 준다. 이 것은 타인의 인정이나 평가로 판단할 수 없으며, 자기 스스로 자기 삶에 의미와 가치를 부여할 때 형성된다. 물론 많은 사람이 자기 삶의 의미와 가치를 타인의 시선, 타인의 평가, 타인의 기준을 충족하는 것에서 찾곤 한다. 그러나 다른 사람의 눈으로 보면 문제없는 성공적이고 안정된 삶이 그 사람의 내적 공허함을 메워 주지는 않는다. 성공이 곧 성장은 아니다. 실패하면서도 사람은 성장을, 어쩌면 성공했을 때보다 더 큰 성장을 할 수 있다.

공자는 자기의 내적 성장의 서사를 보여 주었지만, 그렇다고 순전히 개인적이기만 한, 그래서 다른 사람에게 공유할 만한 요소가 없는 자기만의 특수한 내적 경험을 강조하지는 않았다. 이 내적 성장의 서사는 자기 공개를 통해 듣는 이가 스스로 내적 말걸기를 시도하게 한다. '나는 15세에~ ', '30세에~ ' 이런 방식으로 이야기하면, 그것을 듣거나 읽는 사람은 자연히 자신의 15세와 30세로 관심을 돌릴 것이다. 일인칭 주어의 '나'는 분명 공자 자신을 가리키는 대명사이지만, 청자나 독자는 그 자리에 얼른 자기를 갖다 놓는다. 그러니까 공자의 연령대별 서사와 자기 공개에 맞춰서 청자나 독자는 자기 인생을 돌아보며 자기 공개의 욕구를 갖게 된다. 특히 숫자로 표시된 연령대별 순차적 구성은 이런 자기 공개를 촉진한다. 누구에게나 15세가 있었고 30세가 있었으며, 60세도 70세도 올 것이기 때문이다. 이때 자기 공개는 실제로 눈앞에 누군가가 있는 상황이라면 그와 나누는 친밀한 대화로 이끌지만, 《논어》를 읽고 있다면 자기 자신과 나누는 내적인 대화로 이끈다.

공자는 이 생애 서사처럼 일인칭 주어 "나는(吾)"으로 시작하는 개인 이야기가 지닌 교육적 효과를 정확히 인식했다. 그는 진리의 담지자로서 바람직한 삶의 모범적 범례나 보편적 진리를 선포하기보다 그저 자기 이야기를 들려주었을 뿐이다. 그러나 그렇게 함으로써 다른 이가 각자 자기 자신의 삶을 성찰하고, 자기를 드러내는 작업을 촉발하는 교육활동을 효과적으로 완수한다. 앞서 살펴보았듯이 공자의 배움 공동체에서 《시경》 공부가 필수였던 것도 이러한 교육과정을 예비하려는 것이었다. 《시경》의 서정시에서 시적 화자는 자기의 내밀한 감정을 자유롭고 과감히 토로한다. 《시경》을 통해 규범적 요구에 아랑곳하지 않고 감정의 주체로서 자기를 드러내는 존재와 만나고, 시를 암송함으로써 그 자유로운 목소리를 기억하는 과정은, 유가의 학습자에게 공동체에 헌신하면서도 공동체의 성장과 변화에 기여할 수 있는 독립적이고 주체적인 목소리를 견지하게 하는 훈련이 되었다. 강력히 주체화된 목소리 덕분에 유가 공동체의 살신성인은, 가미카제 특공대에서 드러나는 '죽으라면 죽으리라'라는 식의 맹목적이고 복종적인 실천과는 결코 가까울 수 없는 것이다.

서사의
치유적
힘

한 사람이 자기가 살아온 삶에 관해 구성하는 서사는 앞으로의
자기 삶에도 큰 영향을 미친다. 맨부커상을 받은 얀 마텔(Yann
Martel)의 소설《파이 이야기》를 원작으로 한 영화 〈라이프 오브
파이(Life of Pie)〉(2013)는 이런 서사의 힘을 잘 보여 준 작품이라
할 수 있다. 이 작품은 중년이 된 주인공 파이가 젊은 소설가에
게 자기 경험을 들려주는 형식으로 전개된다.

파이가 10대 청소년일 때 파이의 가족은 인도에서 사설 동물
원을 운영했다. 동물원의 운영이 어려워지자, 파이의 부모는 두
아들과 동물을 데리고 캐나다로 가서 동물을 북미에 팔 계획을
세운다. 그렇게 해서 그들은 일본 선박회사의 큰 화물선을 타고
항해하지만, 도중에 태풍을 만나 배는 침몰하고 파이는 가까스
로 구명정에 올라 살아남는다. 그런데 그 구명정에 파이만 탄 게
아니었다. 얼룩말, 하이에나, 오랑우탄, 그리고 '리처드 파커'라

는 이름의 호랑이도 함께 올라탄다. 얼마 가지 않아 하이에나는 얼룩말을 죽이고, 이어서 오랑우탄도 죽인다. 그리고 이 하이에나는 리처드 파커에게 죽는다.

결국 구명정에 파이와 리처드 파커만 남아, 장장 270일이 넘게 바다에서 표류하다 멕시코 해안가에 닿는다. 리처드 파커는 밀림으로 사라지고, 파이는 구조되어 병원으로 옮겨진다. 파이가 회복될 무렵, 보험처리 문제로 침몰 원인을 조사하려고 일본 선박회사 직원 두 명이 병원에 찾아온다. 파이는 그간의 이야기를 들려주지만, 직원들은 그 이야기를 믿지 않는다. 어떻게 인간이 호랑이와 한배를 타고 그 긴 시간을 함께 표류할 수 있느냐는 것이다. 그들은 누구나 납득할 수 있고 보고서에 쓸 수 있는 이야기를 해 달라고 파이를 압박한다. 그러자 파이는 울상이 되어 다른 이야기를 들려준다. 이 이야기에서는 동물들이 사람으로 바뀐다. 오랑우탄은 파이의 엄마, 하이에나는 잔인한 프랑스인 요리사, 그리고 얼룩말은 선원이다. 선원은 보트에 뛰어내릴 때 얻은 부상으로 고통스럽게 죽는다. 요리사는 그의 살점으로 물고기를 낚고, 그의 행위에 분개한 파이의 엄마를 살해한다. 파이는 결국 그 요리사를 죽이고 홀로 바다를 표류하다 살아남았다는 이야기이다.

두 이야기 가운데 어떤 것이 사실일까? 영화 속 선박회사 직원들이나 젊은 소설가처럼 우리 또한 두 번째 이야기로 기울어진다. 그러나 배는 가라앉았고 가족은 죽었고 파이가 고통을 겪는다는 사실만 분명할 뿐, 어떤 이야기가 진실인지 누구도 증명할 수가 없다. 그건 욕망의 문제이다. 소설에서 파이는 직원들에게 이렇게 말한다.

원하는 게 뭔지 알아요. 놀라지 않을 이야기를 기대하겠죠. 이미 아는 바를 확인시켜 줄 이야기를 말이에요. 더 높거나 더 멀리, 다르게 보이지 않는 그런 이야기. 당신들은 무덤덤한 이야기를 기다리는 거예요. 붙박이장 같은 이야기. 메마르고 부풀리지 않는 사실적인 이야기.[35]

두 이야기 중 어느 이야기를 택하느냐에 따라 이 조난 사건이 갖는 의미와 파이의 이후 삶에 미칠 영향은 달라진다. '라이프 오브 파이'라는 제목이 보여 주듯이 이 이야기는 파이가 어린 시절 겪은 객관적 사건으로서가 아니라, 파이의 삶 전체에서 중요한 의미를 갖는 서사로서 제시되었다. 이 끔찍한 경험을 어떤 서사로 구성하느냐에 따라 파이의 이후 삶은 완전히 달라졌을 것이다.

한 아이가 도망칠 수도 없는 망망대해에서 살육의 현장을 목격한다. 극한의 상황에서 치유할 수 없는 정신적 외상을 경험한 것이다. 생존을 위해 끔찍한 행동을 서슴지 않는 이와 그 상황에서도 최소한의 인간성을 지키려는 이의 싸움으로 배 위에서는 지옥 같은 난장판이 벌어지고, 그 폭력의 시간이 끝난 뒤 남은 유일한 생존자가 된 아이는 정신의 붕괴를 경험할 수밖에 없다. 저항할 수도 없이 덮친 운명의 난폭함에 당한 아이는 구조 뒤에 무자비한 과거의 기억을 견디려고 첫 번째 이야기를 만들어 냈을지도 모른다. 이 이야기에서 아이는 인간이 아닌 동물, 즉 자기와 같은 종이 아닌 다른 종의 싸움을 목격한 존재가 된다. 그렇게 거리를 두면서 아이는 잔혹한 기억을 견딜 만한 것으로 만들어 낸다. 어떤 이는 이 거리 두기를 두고, 아이가 진실을 직면할 수 없어 이야기를 꾸며 냈다고 할 것이다. 그러나 이것은 진실을 회피하려는 속임수가 아니다. 살육이 벌어진 그곳에 있었던 것은 인간이 아니라 동물이다. 그러므로 동물 사이의 싸움은 거짓이 아니라 사태의 진실을 가장 극명히 보여 주는 것이기도 하다. 자기가 목격한 상황을 동물의 싸움으로 설명하면서 아이는 그 과거의 인물과 어떻게든 화해하려고 애쓴다. 그가 배 위에서 겪은 일은 인간세계에서 벌어져서는 안 되는 일이지만, 동물의 왕국에서는 일어날 수 있는 일이다. 인간 존재도 어떤 극한 상황이 오면 스스로 동물적 존재로 만들어 버릴 수 있다. 이런 깨달음은 인간이 사실 끔찍한 존재라는 인간 혐오의 극단적 결론을 막아 주고, 그날의 일을 이해하게끔 돕는다. 아이가 고통스러운 과거의 기억에 사로잡혀 인간은 역겹고 결코 믿을 수 없는 존재라고 결론짓는다면, 그는 사람들 사이에서 더는 살아갈 수가 없을 것이다. 세계에 관한 믿음이 붕괴하는 순간 그의 몸은 구조될지 모르지만, 그의 영혼은 의지할 사람 하나 없이 영원히 망망대해를 떠돌게 된다.

더욱이 하이에나가 호랑이에게 죽는다는 이야기는 더 고통스럽고 치명적인 기억과 연관되어 있다. 엄마를 해친 프랑스인 요리사를 아이는 통제할 수 없는 분노로, 또는 자기를 지키려고 살해했을지도 모른다. 그렇다면 아이 또한 '동물의 시간'의 구성원으로 그곳에 있었다. 구조 뒤에 그 일이 밝혀진다고 해도 아무도 그를 비난하거나 처벌하지 않겠지만, 그렇다고 그의 내적 고통이 사라지는 것은 아니다. 고통의 기억을 넘어서려고 그는 난파의 경험을 구성하는 무수한 조각 가운데 하나에 초점을 맞춘 이야기를 만들어 낸다. 살육의 시간 뒤에 홀로 끝끝내 살아남았다는 사실 말이다. 살아남기 위해 그는 망망대해에서 포기하지 않고 끈질기고 용감히 버텼다. 어쩌면 그것은 인간적 낙관의 범위를 넘어선 강력한 생명의 힘과 용기가 있었기에 가능했을 것이다. 그 초인적 생명의 힘을 아이는 호랑이 리처드 파커의 것이라고 여긴다. 우리는 속수무책으로 당하기만 하는 것 같은 수동적 상황에서도 주체성의 작고 빛나는 조각을 반드시 찾아낼 수 있다. 아이는 동물 이야기의 맥락에서 자기 안에 살아 있는 그 주체성의 힘에 호랑이의 이름을 붙여 준다.

이처럼 삶의 서사는 이미 벌어져 어찌할 수 없는 과거의 사건이나 사실의 나열과 다르다. 여기서 이야기하는 사람은 객관적 사실의 전달자가 아니라, 서사를 구성함으로써 사실만으로는 설명할 수 없는, 사실의 의미를 탐색하는 자이다. 자기 서사(self narrative)는 사실의 언어를 사용해서 구성할 수도 있지만, 비유적이고 문학적인 언어로도 구성할 수 있다. 어떤 언어를 취하든 이야기하는 자는 자기가 살아온 삶을 해석하는 데 주체적으로 관여한다. 그리고 삶을 주체적으로 해석함으로써 자기 삶의 의미를 스스로 찾아낼 수 있게 된다. 그래서 자기 생애 서사를 써 보는 것은 자기가 살아온 삶을 의식적으로 성찰하고, 또 앞으로의 삶을 능동적으로 조형해 보게 하는 실마리가 될 수 있다.

우리는 앞서 공자의 생애를 두 종류의 이야기로 살펴보았다. 하나는 공자가 직접 전하는 생애 서사이고, 다른 하나는 역사가 사마천이 공자의 삶의 행적을 전기 형식으로 전한 이야기다. 사마천은 공자가 살면서 겪은 역경을 극적인 일화로 보여 줌으로써 사후에 그가 누린 역사적 명성을 더 두드러지게 했다. 모든 일은 결국 역사가 평가하며 진정한 명예와 영광도 역사에 의해 주어질 것이라는 역사가의 관점이 《사기》〈공자세가〉를 관통한다. 사마천의 역사적 서사는 사람들에게 당장의 시도가 좌절되더라도 역사를 생각하는 장기적 안목으로 힘든 삶을 꿋꿋이 살아갈 것을 당부하는 데 효과를 발휘할 수 있다.

그러나 《논어》는 다른 관점에서 공자의 생애를 이야기한다. 자기 서사의 기술자(記述者)로서 공자는 역사가의 관점에 서 있지 않다. 내 업적이 불멸하리라는 기대는 현재 자기가 공동체에 영향을 미친다는 사실을 확인했을 때, 그리고 그것이 사후에도 지속될 거라는 예감이 들 때 생긴다. 그런데 공자처럼 자기의 정치적 이상이 현실적 힘을 거의 얻지 못한 상태에서, 자기 사상이 역사의 평가를 받으리라는 희망과 믿음만으로 삶의 모든 곤경을 인내하기는 어렵다. 물론 공자가 사는 동안 그의 사상에 반향이 전혀 없었던 것은 아니다. 그는 많은 제자를 얻었다. 공자를 거쳐 간 제자가 3000명가량이었다고 하는데, 이 가운데 10명 정도를 뛰어난 제자로 꼽는다. 후대에 '공문십철(孔門十哲)'이라고 불린 제자들이다. 이들은 공자가 그의 인생에서 가장 힘든 시기를 함께한 제자이기도 하다.[36] 그 제자 가운데 불행히도 공자보다 일찍 세상을 떠난 이들이 있었다. 용맹한 자로는 괴외의 난으로 죽었다. 공자가 가장 아낀 제자 안연의 죽음은 그를 크나큰 슬픔에 빠뜨렸다. 공자의 만년은 지독히 외로웠을지도 모른다. 그는 태생적으로 고통에 무감하거나 무신경한 사람이 아니었다. 공문십철에 속하는 제자 자공이 태재(大宰)와 나눈 대화를 전해 듣고서 공자가 했다는 말을 보면, 그가 자신이 살면서 겪은 곤궁함을 예민하게 의식한 사람이었음을 알 수 있다.

어느 날 태재가 자공에게 공자를 가리켜 "선생님은 성자(聖者)인가? 어찌 그렇게 재능이 많으신가?"[37]라고 물었다. 그러자 언변이 뛰어나기로 소문난 자공은 "진실로 하늘이 그분을 성인이되게 하시고, 또 다능케 하신 듯합니다"[38]라고 대답했다. 우리 스승은 다재다능하기에 성인인 게 아니라, 타고나기를 성인이고 다재다능은 부수적 문제라는 것이다. 섭공이 스승에 관해 물었을 때 한마디도 하지 못한 자로와 비교하면 자공은 언변이 좋은게 분명하다.

그런데 공자는 이 이야기를 전해 듣고서 "태재가 나를 아는구나! 나는 어렸을 때 가난했기에 비천한 일에 능한 것이 많았다"[39]라고 말한다. 태재와 자공이 주거니 받거니 공자를 성인의경지에 있는 사람이라고 칭찬했으니, 우쭐해질 만도 한데, 공자는 자기 자신에 대한 미사여구나 군더더기를 허용치 않는다. 여기서 공자는 '내가 다재다능한 건 맞다. 그런데 그건 내가 어려서부터 너무 가난해서 먹고살려고 여러 직업을 전전하다 보니, 어쩔 수 없이 그렇게 되었다. 내가 선택하지 않았다. 그것으로 나를 성인이라고 할 수 없다!'라고 못을 박은 것이다. 그런 다음 공자는 "군자는 능한 일이 많은가? 많지 않느니라"⁴라고 덧붙인다.

태재와 자공의 대화에서 주제가 된 것은 '성인'의 자질이었다. 주제에서 벗어나지 않으려면 공자의 말은 '성인은 능한 일이 많은가? 많지 않다'가 되어야 한다. 그런데 공자는 논점을 벗어나 '군자'라는 인간상을 끌어와 이야기한다. 혹시 과거에 고생한 기억이 떠오르고 마음의 회한이 밀려와 생각의 갈피를 잃었을까? 물론 그렇지 않다. 그는 자기를 지금의 모습으로 만든 상처와 역경을 명료히 기억하지만, 그것에 위축되거나 주눅 드는 사람이 아니었다. 공자는 자기가 인격적 이상을 '성인'에 두지 않고 '군자'에 두었다는 사실을 알리고자 이야기를 비틀었을 뿐이다. 그는 자기를 거쳐 간 슬픔과 환란을 잘 기억하는 사람, 그러나 자기를 그 상처로 붐비는 삶에 매몰하지 않고 늘 자기가 관심을 기울이는 핵심 주제로 건강히 돌아오는 사람이었다. 그렇게 살아가려고 그는 외적 평가나 환란에 흔들리지 않는 강건하고 치유적인 삶의 이야기를 구성해야 했다. 공자에게 그것은 배움과 성장의 자기 서사이다. 그 새로운 이야기에서 그는 스스로를 배우고 성장하는 사람으로 여기고, 자기 삶의 다양한 순간이 진주알처럼 하나로 꿰어져 일관된 모습으로 드러나게 했다. 그는 자신

의 삶에 관해 들려줄 가장 알맞은 이야기를 찾아낸 지혜로운 서
사 기술자다.

공자와
함께

공자처럼 배우고 성장하는 일을 일생의 과업으로 삼지 않아도, 우리는 살면서 다양한 종류의 배움 공동체의 구성원이 될 기회를 얻는다. 의무교육이나 대학 교육을 마치고 나서도 직업적 재교육의 필요성 때문에, 인간관계를 확장해야 하는 현실적 요구가 있어서, 단지 답답하고 외로워서, 또는 지금 사는 삶에 회의가 들어서라는 등의 이유로 우리는 새로운 배움의 길로 들어선다. 그 이유가 무엇이든 막 참여한 배움의 공동체에서 사람들과 진솔한 관계를 맺고 서로를 이해할 수 있다면 배우는 일에 강한 열정이 생기고 즐거움도 더욱 커진다. 동아시아 미적교육의 전통에서 공자가 보여 준 자기 공개의 방식은 우리가 학교에서, 다양한 소모임에서 다른 이와 소통하는 첫걸음을 떼는 데 도움을 줄 수 있다. 물론 자기 자신에게 말을 걸어 자기와 대화하고 자기를 알아 가는 것도 중요한 소통 가운데 하나이다. 그러므로 공자가 시도한 자기 공개의 작업을 고요한 곳에서 혼자 해 보는 것도 의미 있는 일이다. 여기서는 두 가지 활동을 소개하고자 한다.

첫 번째는 공자처럼 자기의 사람됨에 관해 이야기해 보는 작업이다. 공자는 자기의 사람됨을 밝히는 일이 모든 관계를 제대로 시작하는 출발점이라고 여긴 듯하다. 《논어》 〈술이〉에 나온 섭공과 자로의 일화를 설명하면서 다루었듯이 공자는 자기를 소개할 때 출신·집안·학력·경제력·지위 등은 전혀 언급하지 않았다. 우리도 공자처럼 자기의 사람됨을 말해야 한다면 뭐라고 할 수 있을지 곰곰이 생각한 후, '그의 사람됨은 ~이와 같을 뿐이다'로 자기를 표현해 보자. 막연하게 느껴진다면, 먹는 걸 잊을 정도로 자기를 분발하게 하는 일, 큰 시름을 떨칠 수 있을 정도로 자기에게 즐거움을 주는 일이 무엇인지를 고백하는 것으로 시작하는 것도 좋은 방법이다.

공자가 제자들에게 시도한 대화적 과정을 우리 또한 각자가 속한 배움의 공간에서 실현해 본다면 2000년도 더 된 고전에 더 생생히 다가갈 수 있을 것이다. 공자가 시도한 미적교육의 방식으로 배우고 익힌다는 것은 공자와 제자들처럼 직접 해 보기의 과정을 포함한다. 시를 읽기 좋아하는 사람은 결국 시를 쓰고, 그림 보기를 좋아하는 사람은 결국 그림을 그린다. 노래를 듣는 사람은 곧 그 노래를 따라 부른다. 공자는 음악 감상을 좋아했을 뿐 아니라, 노래 부르기와 악기 연주도 즐기는 사람이었다.《시경》을 외우다시피 읽은 후대의 유학자는 시 짓기를 일상으로 받아들였다. 이처럼 미적 활동은 인간의 다른 어떤 활동보다도 전염성이 강하다.

문학 작품을 읽는 건 좋아하지만 써 본 적은 없다고, 그런 재능은 자기에게 없다고 말하고 싶은 사람도 있을 것이다. 그런데 우리가 이렇게 생각하는 것은 우리의 능력이 부족해서라기보다 자본주의의 소비문화가 우리에게 미친 영향이 크기 때문이다. 삶의 모든 곳에 깃든 소비문화 덕분에 우리는 늘 소비자로서 자기를 주체화하는 데 익숙하다. 먹고 입고 생활하는 대부분의 일에서 생산자와 소비자가 분리된 경험을 하기에 예술에서도 비슷한 생각을 하는 것이다. 작가는 훌륭한 작품을 생산하고 우리는 그것을 소비한다는 생각이 무의식적으로 각인되어 있다. 그러나 독자는 그저 좋은 제품이나 자기 취향에 맞는 제품을 골라 소비하는 소비자가 아니다. 그는 향유자이고 그 향유 활동에 강렬히 매혹되는 순간 얼마든지 쓰고, 그리고, 연주하는 자가 될 수 있다. 시인과 화가와 연주자는 다른 이를 위해 강제 노동을 하는 사람이 아니다. 그들은 자기의 작업을 최고 수준에서 즐기는 진정한 향유자이다. 이런 점에서 미적교육의 전통에서 배우고 익힌다는 것은 보고 들은 것을 직접 실행해 본다는 뜻이기도 하다.

두 번째는 공자의 생애 서사를 읽고 우리도 공자처럼 자기 생애 서사를 직접 작성해 보는 작업이다. 자기가 거쳐 온 삶의 여러 시기를 돌아보며 각자의 이야기를 써 보자. 공자는 자기의 삶을 꿰뚫는 자기 성장의 과정을 짧은 일곱 개의 문장에 담았지만, 공자처럼 바로 내 인생을 관통하는 소망이나 욕구를 떠올리는 일이 어려울 수도 있다. 그럴 때는 먼저 연령대별로 자기의 기억에 남은 강렬한 경험이나 사건을 기록해 보고, 다시 그것들이 내 삶에서 어떤 의미인지, 그리고 그것이 지금 나의 모습에 어떤 영향을 미치는지 찬찬히 생각해 본 후에 하나하나 자세히 써 내려가면 된다.

　공자처럼 꼭 자기 성장의 서사일 필요는 없다. 어떤 종류의 서사를 구성할지 미리 생각하거나 의도할 필요도 없다. 이후에 써 놓은 내용을 보고 자기에 관해, 삶을 대하는 자기 태도에 관해 깨달을 수 있기 때문이다. 공자의 서사는 만년의 기록이므로 70세까지 이어진다. 아직 그 나이가 되지 않은 이는 현재까지만 쓰고 펜을 놓으려 할 것이다. 그러나 아직 오지 않은 40세, 50세, 60세, 70세⋯ 이 부분도 상상력으로 채워 보면 좋다. 이 나이가 되면 내게 이런 일이 일어났으면, 그게 내 삶에 이런 의미를 주었으면 하는 상상으로 미래의 삶을 생각해 보는 것도 중요하다. 자기가 그동안 의식하지 못한 자기 삶의 지향점이 드러나

기 때문이다. 미래의 자기에게 어떤 삶이 있을지 그 서사를 만들어 보는 것, 이것은 앞으로 내가 어떤 삶을 살아가고 싶은지를 명료히 들여다보게 하고, 내가 살아온 과거의 삶을 미래의 나에게 어떻게 연결해 줄지를 고민하게 한다는 점에서 큰 의의가 있다.

배움의 공동체:
기쁨, 즐거움,
노여워하지 않음

이제《논어》의 맨 앞부분으로 돌아가 보자.《논어》는 배움의 공동체에 관한 공자의 이야기로 시작한다. 어쩌면 우리가 이 책에서 다룬 내용이 공자의 이 짧은 이야기에 다 담겨 있는지도 모른다. 공자가 세상을 떠난 뒤, 여러 문인이 모여 스승이 살아생전 그들과 주고받은 대화, 그 대화에서 영근 주옥같은 말을 모아《논어》를 편찬하려고 했을 때, 특별히 주의를 기울이고 의견을 나눈 문제가 있었을 것이다. 책의 맨 앞부분을 어떻게 시작할 것인가 하는 문제도 그중 하나였음이 분명하다. 어떤 건물 안으로 들어갈 때 가장 먼저 보이는 광경은 그 건물 전체에 관한 인상을 심어 주고, 그곳에서 생활하는 사람이 어떤지, 어떤 태도로 그 공간을 둘러봐야 할지 등을 생각하게 만든다. 마찬가지로 책의 첫머리는 앞으로 어떤 내용이 펼쳐질지 궁금하게 하면서 독자를 설레게 하고, 책의 전체적인 방향을 예상하게 만든다. 예를 들어

《맹자》의 맨 앞에서 맹자가 일국의 왕을 향해 "어째서 이익에 대해서만 말하십니까? 진정 중요한 것으로는 인의가 있을 뿐입니다"[41]라고 외치는 말을 들었을 때와 《장자》의 첫머리에서 "북쪽 바다에 물고기가 있다. 그 이름이 곤이다. 곤의 크기가 몇천 리나 되는지 모른다. 그가 변화해서 새가 된다. 그 새의 이름은 붕이다. 그의 등이 몇천 리나 되는지 모른다"[42]라는 환상적인 이야기를 접했을 때, 독자는 앞으로 두 책에서 전개될 내용에 전혀 다른 기대를 하게 된다.

공자의 생애 서사가 "배움에 뜻을 두었다"라는 말로 시작하듯이, 《논어》 또한 배움, 즉 학(學)에 관한 이야기로 시작한다. '학(學)' 자는 동아시아에서 가장 오래된 문자인 갑골문(甲骨文)에서 '爻'의 형태로 등장한다. 이 글자는 사람이 지붕(∩) 위에 올라가 손(手)으로 새끼를 꼬아(爻) 지붕의 이엉을 엮는 모습을 본뜬 상형문자이다. 갑골문에 이어 등장한 금문(金文)에는 '學'으로 표기되어 있다. 지붕 아래 어린아이(子)가 있는 모습이 추가된 것이다. 이런 글자 모양에서 우리는, 옛사람에게 배움이라는 것은 자기 존재가 거주할 집을 만드는 것, 그래서 바깥의 어떤 세파에도 무너지지 않고 건강하고 안전하게 살아갈 수 있게 자기를 돌보는 일로 여겨진 것이 아닐지 상상해 볼 수 있다. '집'은 물리적 공간을 가리키기도 하지만, '도(道)'의 가장 원초적인 뜻인 '길'과 대비되어 쓰이곤 하는 비유적 표현이기도 하다. 길이 운동·변화·활동의 공간이라면, 집은 정지·머무름·휴식의 공간이다. 이 때문에 집과 길은 흔히 상반된 문학적 은유로 사용되곤 한다.

그러나 곰곰이 생각해 보면, 어떤 집도 한번 지어 놓으면 영원히 그 모습 그대로인 경우는 없다. 시간이 흐르면서 집을 둘러싼 외부 환경이 바뀌고, 집을 짓는 데 쓴 자재가 낡아 간다. 그 안에 머무는 사람도 변한다. 이 때문에 해마다 낡은 지붕을 걷어 내고 새 지붕을 엮어야 하듯이, 우리는 영혼의 집을 꾸준히 돌보고 고치고 단장해야 한다. 때로는 완전히 허물고 새로 지어야 할 때도 있다. 우리가 안전하게 머물면서 아름다운 꿈을 꾸어야 할 공간이, 오히려 우리를 가장 큰 위험과 시련에 빠뜨릴 수도 있기 때문이다. 배운다는 것은 내 존재가 거주할 집을 짓고, 또 그 집을 부단히 고치는 것, 그리하여 그곳에서 다시금 살아갈 힘을 얻기 위한 것이다.

공자는 생애 서사에서 "배움에 뜻을 두었다"라는 말로 배움의 과정에서 가장 중요한 것은 배우는 자의 '의지(志)'라는 생각을 드러내었다. 그는 교육자로서 자기의 교육 지침을 다음과 같이 공표한다.

알려고 애쓰지 않으면 일깨워 주지 않고, 표현하려 애쓰지 않으면

틔워 주지 않는다. 한 모서리를 들어 주었는데도 다른 세 모서리를
헤아리지 않는다면, 되풀이하여 가르치지 않는다.[43]

'알려고 애쓰지 않는다'로 풀이된 '불분(不憤)'에서 '분(憤)'은
마음속에서 무언가 계속 뭉쳐져서 눈덩이처럼 커지다 어느 순간
솟구쳐 오르는 것을 뜻한다. 공자가 자기소개에 사용한 "발분망
식"이라는 표현에도 이 글자가 들어 있다. 공자는 진정한 배움이
란 때가 되어 공적 교육기관에 입학하거나, 부모나 교사의 압박
에 떠밀려 마지못해 할 수 있는 게 아니라, 배우는 자의 내면에
서 간절한 것, 갈급한 것이 무엇인지를 깨닫고 거기서 의지를 확
고히 세우는 데서 시작한다고 보았다. 이런 내적 동력이 없다면
다른 사람이 아무리 일깨워 주려고 해도 오래가지 못한다.

'표현하려 애쓰지 않는다'로 풀이된 '불비(不悱)'의 '비(悱)'는
무언가 말하고 싶은 게 있는데 적절한 언어를 찾지 못해 답답하
게 애태우는 상태를 가리킨다. 공자가 아들과 제자들에게 시 공
부를 거듭 강조한 것은 그들에게 자기를 표현하고 드러낼 수 있
는 언어를 찾아 주기 위함이었다. 그리고 공자는 자기가 스승으
로서 제자들에게 줄 수 있는 것이 그리 많지 않다고 생각했다.
네 개의 모서리가 있어야 사각형이 완성된다면, 자기는 한 모서
리를 보여 주어 제자들이 온전한 사각형을 그리도록 촉발하고

격려하는 역할을 할 뿐이다. 모서리 하나만으로 어떤 사각형이 만들어질지 누가 예상할 수 있겠는가? 나머지 세 모서리를 어디에 어떻게 그릴지, 그래서 어떤 모양의 사각형을 완성할지는 순전히 제자들의 몫이다. 공자는 배우는 자에게 이런 주도성과 자발성이 없는 상태에서 배움의 진전을 시도하거나 반복적으로 가르치는 것은 큰 의미가 없다고 생각했다. 《논어》의 첫머리에 등장하는 '학'에는 공자의 이런 교육철학이 집약되어 있다.

《논어》의 첫 단락은 배움의 활동이 가져올 유익함을 이야기하는 것에서 출발한다. 그 유익함이란 다른 데 있지 않다. 기쁨(說), 즐거움(樂), 노여워하지 않음(不慍)일 뿐이다. 다른 거창하고 특별한 도입을 기대한 독자라면 다소 실망스러울지도 모르겠다. 그러나 이 단락은 공자 스스로 추구한 개인적 삶의 방향뿐만 아니라, 그가 활짝 열어 놓은 배움의 공동체가 향해 가야 할 궁극적 지향점을 보여 준다는 점에서 《논어》 전체에서 의미가 각별하다.

> 선생님께서 말씀하셨다. "배우고 그것을 때에 맞게 익혀 나가면 기쁘지 않겠는가? 벗이 먼 곳에서 찾아오면 즐겁지 않겠는가? 남들이 알아주지 않아도 노여움을 품지 않으면 군자답지 않겠는가?"[44]

세 문장으로 이루어진 공자의 말이다. 이 세 문장은 따로 떼어 한 문장씩 보아도 각각 의미의 완결성을 갖는다. 그런데도 나란히 쓰여 하나의 단락을 이룬 것은 의미가 유기적으로 연결되어 있기 때문일 것이다.

첫 문장 "학이시습지, 불역열호(學而時習之, 不亦說乎)"를 보자. 우리가 일상적으로 많이 사용하는 '학습(學習)'이라는 단어가 이 문장에서 왔다. 옛사람은 '학'을 두 가지 의미로 이해했다. 하나는 모르던 것을 알게 되는 것, 즉 '각(覺)'이다. 두 글자는 모양도 발음도 비슷하다. 이런 종류의 앎은 보고 듣는 경험으로 얻어지기도 하지만, 《시경》·《서경》·《역경》같이 공자에게 고전으로 여겨진 책을 읽음으로써 얻어지기도 한다. 이런 책을 읽으면서 인간과 사회와 세계에 관해 많은 것을 깨닫고 알게 되는 것이 배움이다. '학'의 또 다른 의미는 본받는 것이다. 맹자는 "내가 하고 싶은 일은 공자를 따라 배우는 것이다"[45]라고 말한 적이 있다. 세상에 여러 유형의 성인이 있지만, 자기는 공자 같은 성인이 되고 싶다는 뜻이다. 여기서 배움이란 단순히 인지적 차원에서 모르는 걸 알게 되는 것만이 아니라, 공자를 본받는 것, 즉 자기가 공자 같은 사람이 되는 것을 말한다. 이것은 인지적 차원에서 실행의 차원, 삶의 차원으로 넘어간다.

이 점은 '습(習)'이라는 글자에서 더 분명해진다. 이 글자는 원래 갓 태어난 새가 해가 나온 맑은 날(白=日)에 날갯짓(羽)해 가며 나는 법을 익히는 것을 가리킨다. 물론 이 과정에서 아는 것과 행하는 것, 연습과 실전은 별개의 활동이 아니라 모두 하나이다.

맹자에게 공자를 배운다는 것은 중요한 순간에 공자처럼 판단하고 행동하여 공자가 보여 준 성인됨을 자기가 직접 구현하는 것이다. 이 익힘에서 중요한 것은 타이밍이다. "때에 맞게(時)", 즉 적시적기에 해야 한다. 천둥과 번개가 치고 비바람이 세차게 몰아치는 날 새끼 새가 나는 법을 익힐 수는 없다. 배운 바를 직접 행하면서 익힐 수 있는 적절한 때가 왔을 때 그 기회를 놓쳐서는 안 된다. 이런 '학'과 '습'의 과정을 거쳐 우리는 무엇을 얻을 수 있을까? 공자는 다른 건 언급하지 않는다. 내심에서 차오르는 순수한 '희열(說)', 다만 그뿐이다.

두 번째 문장은 "유붕자원방래, 불역락호(有朋自遠方來, 不亦樂乎)"이다. '붕(朋)'은 '우(友)'와 결합하여 '붕우(朋友)'라는 단어로 많이 쓰인다. '붕'은 금문으로는 '퐀'으로 표기되었다. 같은 모양과 크기의 조개를 여러 개 꿰어 양 갈래로 늘어뜨린 모양을 본뜬 상형문자이다. 이로부터 동류(同類)나 동문(同門)이라는 의미가 파생되는데, 단순한 고향 친구나 어릴 적 소꿉친구가 아니라, 뜻을 함께하는 동료나 친구를 가리킨다는 점에서 '붕'은 '우'와 구별된다. 이들이 '먼 곳에서 찾아온다'라는 말은 우연히 들르거나 특별한 이유 없이 놀러 오는 것이 아니라, 절실한 이유와 의지로 자발적으로 찾아옴을 뜻한다. 그렇다면 무엇이 이들을 자발적으로 찾아오게 하는 것일까? 이 두 번째 문장을 첫 번째 문장과 연결해서 읽는다면, 그것은 바로 앞 문장에서 말한 배움과 배움이 주는 희열을 함께하고 싶은 마음일 것이다.

《논어》의 이 첫 단락이 공자 자신의 이야기라면, 이 두 번째 문장은 공자를 중심으로 한 배움의 공동체가 만들어지는 과정을 표현했다고 할 수 있다. 공자가 15세에 배움에 뜻을 둔 후로 열심히 연마하여 그 배움의 결실이 세상에 차츰차츰 알려지자, 그가 추구하는 가치와 이상, 그리고 배움의 기쁨을 함께하고 싶은 사람이 모여들어 자연스럽게 배움의 공동체가 형성된 것이다. 공자는 배움의 의지와 기본적인 예를 갖춘 사람이라면 누구든 가르치기를 마다하지 않았다. 그는 "포 한 묶음 이상을 가지고 와 스승 뵙는 예를 차리기만 해도, 내 일찍이 가르쳐 주지 않은 적이 없었다"[46]라고 말했다. 이 제자들은 제도적인 공적 교육을 받으려고 공자를 찾아온 것도 아니었고, 그의 후광으로 영향력 있는 관직이나 명성을 얻을 수 있을까 하는 기대감에 몰려든 것도 아니었다. 그런 면에서 공자는 별로 줄 게 없는 스승이다. 그는 함께 공부하려고 모여든 사람으로 이루어진 자발적 학문 공동체의 유연한 구심점 역할을 했을 뿐이다. 이런 배움의 공동체가 공자와 제자들에게 가져다준 것도 부나 권력, 지위나 명예 같은 것이 아니라, 자기와 뜻이 맞는 자가 서로 격려하면서 함께 성장하는 데서 오는 '즐거움'이었다.

　마지막 문장은 "인부지이불온, 불역군자호(人不知而不慍, 不亦君子乎)"이다. '노여움을 품지 않는다'로 풀이되는 '불온(不慍)'의 '온(慍)'은 마음속이 분노로 가득 차 있는 것을 말한다. '남이 알아준다'라는 것은 힘 있는 자가 내 자질과 능력을 알아보고 나의 사회적 존재 가치를 인정해 주며 그것에 상응하는 공적 임무와 지위를 보장해 주는 것이다. 다른 사람에게 인정받으려는 것은 행위에 동기를 부여하는 인간의 주요 욕구 가운데 하나이다. 그러나 내 능력이 아무리 뛰어나도, 다른 사람에게 그것을 알아보는 안목과 철학이 없거나 이해관계가 상충하면 외면당할 수 있다. 내가 그럴 만한 능력이 없어서 인정받지 못한다면야 어쩔 수 없고 당연한 결과이겠지만, 그런 게 아니라면 누구라도 화가 차오르면서 좌절을 느끼지 않기 힘들다. 그러나 공자는 그렇더라도 노여워하지 않아야 군자라고 말한다. 어떻게 해야 그럴 수 있을까? 분노 조절을 위한 명상이나 마음 챙김이라도 해야 할까? 그런 개인적 노력만으로 가능할까? 이 답의 실마리는 앞의 두 문장에 있다. 배움에서 오는 내심의 희열이 있고, 그 배움의 길에서 동료와 함께하는 데서 오는 즐거움이 있다면, 외적 인정이나 보상이 즉각적으로 주어지지 않는다 해도 좌절이나 분노의 감정은 극복할 수 있다. 외부의 시선에 기대는 일 없이 자기 스스로 확인할 수 있는 성장의 기쁨이야말로 배움의 과정을 처음부터 끝까지 끌어가는 근본 동력이고 배움이 주는 선물이다. 그런 점에서 진정한 배움은 "다른 사람을 위한 것(爲人)", 즉 타인의 기준을 충족해 인정받으려는 것이 아니라, "자기 자신을 위한 것(爲己)"이다.[47] 이후 유학자는 그것을 '위기지학(爲己之學)', 자기를 위한 배움이라고 불렀다.[48]

epilogue

미적교육과
예술적
증여

니체는 사랑에 관해 비판적으로 이야기하길 좋아했다. 그는 "한 사람에 대한 사랑은 야만성이다: 그것은 다른 사람을 모두 희생하며 행해지기 때문이다"[1]라고 말했다. 사랑이 연인이나 가족과 같이 협소한 관계에서만 오가면, 사랑의 원 밖에 머무는 이에게는 철저히 무관심하고 그 안에 존재하는 사람에게는 맹목적 충실함을 보이는 경향을 띤다. 니체는 이런 경향을 야만적이라고 여겼다.

《논어》에 나타난 공자의 배움 공동체는 니체가 염려한 야만성에서 한참 벗어난 공공적 사랑의 가능성을 우리에게 보여 준다. 이 배움 공동체는, 자기의 삶을 누군가가 소비할 상품으로 생각하는 대신 일종의 예술작품으로 여긴 이들의 공동체이다. 공자와 제자들은 자기들이 꿈꾸는 공동체적 이상을 철회하거나 현실과 적절한 타협을 시도하며 정치적 상품으로서 자기의 존재

가치를 높이기보다, 미적교육이라는 공동체 특유의 방식을 창안하는 쪽을 택했다.《논어》의 첫 단락이 보여 주듯이 공자와 제자들에게 현실의 인정과 평가를 넘어선 배움이 주는 희열과 그 배움을 함께하는 이들과 맺는 관계가 선사하는 즐거움은 삶의 동력이 되었다. 루이스 하이드의 표현을 빌리자면, 그들은 선물이 전달될 때와 같은 '에로틱한 상업'을 만들어 냈다.[2]

에로틱한 상업은 물질적인 재화든 정신적인 재화든 사람 사이를 순환하며 서로를 연결한다. 그것은 관계와 연결을 낳기에 에로스적이다. 그리고 이렇게 만들어지는 공동체는 탈중심화된 응집성이 생겨난다. 인류학자 클로드 레비스트로스(Claude Levi-Strauss, 1908~2009)가 언급한 프랑스 남부의 싸구려 식당의 식사 의례는 간단하지만, 에로틱한 상업을 이해하는 데 도움을 준다.[3] 긴 식탁에 서로 잘 모르는 손님이 모여 앉아 있다. 그들의 접시 옆에 포도주가 한 병씩 놓여 있는데, 식사 전에 자기의 잔이 아니라 옆에 앉은 모르는 이의 잔에 포도주를 따라 준다. 그러면 옆 사람은 답례로 자기의 포도주병을 들어 상대의 빈 잔을 채운다. 경제적 차원에서 각자 자기 잔에 따라 마시는 것과 아무런 차이가 없다. 그러나 포도주를 따르는 순간 그 전까지 존재하지 않은 공동체가 출현한다.

이처럼 선물의 에로틱한 상업에 익숙한 공동체에서는 소유보다 증여의 활동이 활성화된다. 남아프리카에서 부시맨들과 함께 산 한 인류학자 부부는 그곳을 떠나면서 그 지역에서 구하기 힘든 조개껍데기를 여성 부시맨들에게 선물했다. 1년 뒤 부부는 부시맨을 다시 만나면서, 자기들이 뉴욕의 중개상을 통해 구해서 선물한 조개껍데기가 예쁜 목걸이가 되어 여성들 목에 걸렸으리라고 기대했다. 그렇지만 조개껍데기는 온전한 목걸이가 아니라, 주변에 사는 부족들의 목걸이나 장신구에 한두 개씩 박혀 있었다.[4] 조개껍데기는 누군가의 아름답지만 짧은 목걸이로 남지 않고, 대신 더 많은 사람 사이를 돌며 공동체를 이어 주는 훨씬 기다란 목걸이가 되어 있었다.

우리가 살펴본 동아시아 고대 유가의 공동체에서 에로틱한 상업의 순환에 놓인 것은 포도주나 조개껍데기 대신 시·음악, 그리고 철학적 사유를 담은 개념어이다. 공자와 제자들은 대화하면서 서로 배움을 나누고, 지혜를 증여하면서 점점 확장하는 성찰적 공동체를 만들었다. 이 책에서 우리는 지혜에 관한 사랑에서 배우는 사람이 점점 늘어나고 배움이 점점 풍부해진 고대 유가의 교육을 미적교육이라 불렀다.

미적교육은 소유 대신 증여의 이상이 유지되는 곳에서만 가능하다. 그런 점에서 '삶은 예술작품'이라는 은유가 중요해지는 것이다. 그러한 은유의 빛 아래서 삶은 상품으로서의 이미지를 벗어 버릴 수 있다. 즉 무언가를 더 많이 소유하거나 더 많이 소비할 때만 자기의 삶이 가치 있다고 여기는 일을 멈출 수 있다는 말이다. 예술가가 자기 자신의 독특성을 드러내는 예술작품을 만들어 가듯이, 우리는 삶을 자신의 방식으로 형성하는 활동에 참여할 수 있다. 이렇게 단순 소비로 대신할 수 없는 참여의 경험을 하고 거기서 오는 기쁨을 알 게 될 때, 사람들은 현대사회가 기성품처럼 찍어 내는 행복의 관념으로부터 스스로 거리를 둘 것이다.

또한, 삶을 예술작품으로 보는 태도는 관계의 에로틱한 힘을 키운다. 예술은 근본적으로 관계의 활동이다. 따라서 이러한 은유 안에서 크고 작은 공동체가 활성화된다. 50년 동안 개인 금고에 들어 있는 금괴는 상품으로서의 생명이 줄지 않는다. 50년 후 더 비싼 값으로 팔리기만 하면 된다. 그러나 예술작품은 그렇지 않다. 누군가에게 나누어져 감정과 자극을 만들어 낼 때만 가치 있기 때문이다. 즉 미적이고 공적인 증여로만 예술은 생명을 유지할 수 있다.

공자의 배움 공동체에서 배움은 이러한 예술적 증여의 과정을 거친다. 공자에게 시와 음악이 그토록 중요하고 삶을 예술작품으로 보는 관념이 강했던 것은 우연이 아니다. 이 은유 자체가 이들의 미적교육의 이상을 보여 주면서 미적교육이 작동하는 방식을 강력히 내포하기 때문이다. 진정한 삶은 기성 제품 가운데 하나를 그저 골라잡는 데 있지 않고, 부단한 내적 성찰로 자기를 갱신해 가는 데 있다. 그리고 그런 성찰적 삶은 타자와 대화하고 연결됨으로써만 제대로 형성하고 실현할 수 있다. 공자와 제자들의 배움 공동체는 동아시아 미적교육의 이 두 측면을 구체적이고 풍요롭게 보여 준다.

마사 누스바움(Martha Nussbaum)은 혐오와 배제와 무관심이 판치는 현실을 바꾸기 위해 세계시민 교육을 실행하는 일이 긴급하다고 한다. 누스바움은 이 문제를 언급한 자신의 책《인간성 수업》의 서두에서 세네카의 격언을 인용한다.

사는 동안, 인간들과 함께하는 동안 우리의 인간성을 계발하자.[5]

저자들은 공자의 미적교육이야말로 이러한 세네카의 이상을 역사에서 아름답고 설득력 있게 보여 준 사례라고 확신한다.

주

prologue

1 "왕께서는 어째서 이익에 대해서만 말하십니까? 진정 중요한 것으로는
   인의(仁義)가 있을 뿐입니다(王何必曰利? 亦有仁義而已矣)", 박경환 옮김,
   〈양혜왕상〉, 《맹자》, 홍익, 2023, 31쪽.
2 루이스 하이드 지음, 전병근 옮김, 《선물》, 유유, 2022, 28쪽.
3 마거릿 애트우드 지음, 이재경 옮김, 《타오르는 질문들》, 위즈덤하우스,
   2022, 237쪽.

1. 미적교육에 관한 일곱 가지 이야기

1 김수현, 《미적 교육론》, 현실문화, 2011, 19쪽.
2 앙드레 지드 지음, 김화영 옮김, 《지상의 양식》, 민음사, 2007, 101쪽.
3 임마누엘 칸트 지음, 백종현 옮김, 《판단력비판》, 아카넷, 2009, 323~324
   쪽.

4 "문왕은 백성들의 힘으로 누대를 만들고 연못을 만들었는데, 백성들이
그것을 기뻐하고 즐거워하며 그 누대를 영대라고 부르고 그 연못을 영소
라고 부르며 그곳에 사슴과 물고기와 자라가 있는 것을 즐거워했던 것입
니다. 옛날의 현자들은 이처럼 백성들과 즐거움을 함께했기에 진정 즐길
수 있었습니다. 반면《서경》의〈탕서〉에는 폭군 걸의 일을 기록한 '이 해
가 언제나 없어지려나. 내 너와 함께 망하련다'는 구절이 있습니다. 만약
백성들이 이처럼 임금을 저주하여 차라리 함께 망하기를 바란다면, 비
록 누대와 연못이 있고 거기에 새와 짐승이 있다 한들 어떻게 혼자서 그
것을 즐길 수 있겠습니까?(文王以民力爲臺爲沼. 而民歡樂之, 謂其臺曰靈臺,
謂其沼曰靈沼, 樂其有麋鹿魚鱉. 古之人與民偕樂, 故能樂也. 湯誓曰 時日害喪? 予
及女偕亡. 民欲與之偕亡, 雖有臺池鳥獸, 豈能獨樂哉?)", 박경환 옮김, 〈양혜왕
상〉,《맹자》, 홍익, 2023, 35쪽.

5 "맹자가 '혼자만 음악을 즐기는 것과 다른 사람과 함께 음악을 즐기는 것
중에서 어느 것이 더 즐겁겠습니까?'라고 묻자, 왕은 '혼자 즐기는 것은
다른 사람과 함께 즐기는 것보다 못합니다'라고 했다. 다시 맹자가 '몇몇
사람들과 음악을 즐기는 것과 많은 사람들과 함께 음악을 즐기는 것 중
어느 것이 더 즐겁겠습니까?'라고 묻자, 왕은 '몇몇의 사람들과 즐기는
것은 많은 사람들과 함께 즐기는 것보다 못합니다'라고 했다(曰 獨樂樂,
與人樂樂, 孰樂? 曰 不若與人. 曰 與少樂樂, 與衆樂樂, 孰樂? 曰 不若與衆)", 박경
환 옮김, 〈양혜왕하〉,《맹자》, 홍익, 2023, 59쪽.

6 샤를 보들레르 지음, 이건수 옮김,《벌거벗은 내 마음》, 문학과지성사,
2001, 48쪽.

7 나탈리 골드버그 지음, 권경희 옮김,《뼛속까지 내려가서 써라》, 한문화,
2008, 117쪽.

8 롤랑 바르트 지음, 변광배 옮김,《롤랑 바르트, 마지막 강의》, 민음사,

2015, 326쪽.

9 존 듀이 지음, 이홍우 옮김,《민주주의와 교육》, 교육과학사, 2007, 392쪽.

10 "子曰 君子不器", 〈爲政〉,《論語》(번역은 동양고전연구회 역주,《논어》, 민음사, 2016, 49쪽).

11 "百工居肆以成其事, 君子學以致其道", 〈子張〉,《論語》(번역은 동양고전연구회 역주,《논어》, 민음사, 2016, 407쪽).

12 샤를 보들레르, 앞의 책, 2001, 108쪽.

13 앨런 심프슨(Alan Simpson)은 미적교육에 관한 현대의 논의를 다음과 같이 분류했다. 첫째 미적 요소는 예술뿐만 아니라 삶의 모든 영역에서 발견할 수 있다는 포괄적 견해이다. 둘째 미적 요소를 예술작품에만 있고 예술을 예술로 만드는 특별한 성격으로 보는 단독적 견해이다. 셋째 미적 요소는 예술작품에서 발견되는 것으로서 예술을 이루는 여러 요소 중의 하나로 보는 만화경적 견해이다. 넷째 미적 요소는 그 자체로 중요하지 않고 자기표현이나 사회적 인식, 또는 치료적 경험에 이바지해야 한다는 주변적 견해이다(김수현,《미적 교육론》, 현실문화, 2011, 20쪽).
여기서 우리가 언급한 미적교육은 포괄적 견해나 주변적 견해와 유사하다고 할 수 있지만, 동일하지는 않다. 포괄적 견해를 제시한 허버트 리드(Herbert Read)는 교육과정을 예술적 유희의 과정과 동일시하면서 모든 학습 주제를 예술처럼 가르쳐야 한다든가 수학이나 과학 같은 교과목도 예술을 수단으로 해서 가르쳐야 한다고 주장한다. 이에 동의하지 않는 포괄주의자는 미적교육을 예술교육으로 한정하려고 한다(김수현,《미적 교육론》, 현실문화, 2011, 21쪽).
그러나 우리가 이야기하는 미적교육은 교육과정이 미적 성격이나 미적 태도를 지녀야 한다는 점에서 교육의 전 과정을 이끄는 이념으로서의 성격을 띤다. 또한 주변적 견해처럼 미적교육이 예술교육과 거의 무관하다는 식의 태도를 보이지도 않는다. 예술교육은 미적교육의 중요한 일부로서 실제로 미적태도를 체화하게 하는 미적교육의 구체적인 장이다.

14   김수현, 《미적 교육론》, 현실문화, 2011, 25쪽.

15   빌헬름 딜타이 지음, 손승남 옮김, 《고대 그리스와 로마의 교육》, 지만지, 2012, 48쪽.

16   "선생님께서 제나라에서 소(韶)를 듣고는 석 달 동안 고기 맛을 잊고, '이 음악이 이 나라에까지 이를 줄은 미처 생각하지 못했다'라고 하셨다(子在齊 聞韶, 三月不知肉味)", 동양고전연구회 역주, 〈술이〉, 《논어》, 민음사, 2016, 147쪽.

17   "예, 예 하는데, 옥이나 비단 같은 예물만을 말하겠는가? 음악, 음악 하는데, 종이나 북 같은 악기만을 말하겠는가?(樂云樂云, 鐘鼓云乎哉?)", 동양고전연구회 역주, 〈양화〉, 《논어》, 민음사, 2016, 375쪽.

18   "人而不仁, 如樂何?", 〈八佾〉, 《論語》(번역은 동양고전연구회 역주, 《논어》, 민음사, 2016, 61쪽).

19   롤랑 바르트 지음, 변광배 옮김, 《롤랑 바르트, 마지막 강의》, 민음사, 2015, 329쪽.

20   샤를 보들레르, 앞의 책, 2001, 183쪽.

21   리처드 세넷 지음, 김병화 옮김, 《투게더》, 현암사, 2013, 42~43쪽.

22   리처드 세넷, 위의 책, 2013, 48쪽.

23   리처드 세넷, 위의 책, 2013, 48쪽.

24   일레인 스캐리 지음, 이성민 옮김, 《아름다움과 정의로움에 대하여》, 도서출판b, 2019, 11쪽.

25   자크 랑시에르 지음, 주형일 옮김, 《미학 안의 불편함》, 인간사랑, 2008, 157쪽.

26 김상봉,《나르시스의 꿈》, 한길사, 2002, 120~121쪽.

27 일레인 스캐리, 앞의 책, 2019, 18쪽에서 재인용.

28 일레인 스캐리, 앞의 책, 2019, 18쪽.

2. 시를 통한 미적교육

1 비스와바 쉼보르스카 지음, 최성은 옮김, 〈선택의 가능성〉,《끝과 시작》, 문학과지성사, 2021, 298쪽.

2 프랑수아 줄리앙 지음, 최애리 옮김,《무미예찬》, 산책자, 2010, 16쪽에서 재인용.

3 프랑수아 줄리앙, 위의 책, 2010, 16쪽.

4 《논어》의 편찬과 판본에 관해서는 동양고전연구회 역주,《논어》, 민음사, 2016, 12~15쪽 참조.

5 "子曰 人而不仁, 如禮何? 人而不仁, 如樂何?", 〈八佾〉,《論語》(번역은 동양고전연구회 역주,《논어》, 민음사, 2016, 61쪽).

6 앵거스 그레이엄 지음, 김경희 옮김,《장자》, 이학사, 2014, 58~59쪽.

7 공자의 시 교육론 대한 상세한 연구는 김경희,《〈논어〉에 나타난 공자의 인문예술교육의 현대적 의의〉,《문화예술교육연구》17-6, 2022, 383~408쪽 참조. 이 장의 이후 내용은 이 논문에서 다룬 내용의 일부를 이 책의 의도에 맞추어 재기술한 것이다.

8 "文學者學於詩書禮樂之文而能言其意者也", 朱熹,《論語或問》.

9 "子夏問曰 巧笑倩兮, 美目盼兮, 素以爲絢兮. 何謂也?", 〈八佾〉,《論語》(번역은 동양고전연구회 역주,《논어》, 민음사, 2016, 65쪽).

10 "碩人其頎. 衣錦褧衣. 齊侯之子, 衛侯之妻, 東宮之妹, 邢侯之姨, 譚公維私. 手如柔荑. 膚如凝脂. 領如蝤蠐. 齒如瓠犀. 螓首蛾眉. 巧笑倩兮. 美目

盼兮", '碩人', 〈衛風〉, 《詩經》(이 작품의 번역은 정상홍 옮김, 《시경》, 을유문화사, 2014, 281~282쪽을 따랐으나, 자하가 인용한 시구와 일치하는 마지막 두 행은 동양고전연구회 역주, 《논어》, 민음사, 2016, 65쪽에 맞추어 수정하였다).

11 "曰 禮後乎?", 〈八佾〉, 《論語》(번역은 동양고전연구회 역주, 《논어》, 민음사, 2016, 65쪽).

12 "子曰 起予者商也! 始可與言詩已矣", 〈八佾〉, 《論語》(번역은 동양고전연구회 역주, 《논어》, 민음사, 2016, 65~66쪽).

13 "樊遲問仁. 子曰 愛人", 〈顏淵〉, 《論語》(번역은 동양고전연구회 역주, 《논어》, 민음사, 2016, 265쪽).

14 "子曰 參乎! 吾道一以貫之. 曾子曰 唯. 子出, 門人問曰 何謂也? 曾子曰 夫子之道, 忠恕而已矣", 〈里仁〉, 《論語》(번역은 동양고전연구회 역주, 《논어》, 민음사, 2016, 91쪽).

15 "子曰 溫故而知新, 可以爲師矣", 〈爲政〉, 《論語》(번역은 동양고전연구회 역주, 《논어》, 민음사, 2016, 49쪽).

16 "子貢曰 貧而無諂, 富而無驕, 何如? 子曰 可也, 未若貧而樂, 富而好禮者也. 子貢曰 詩云, 如切如磋, 如琢如磨, 其斯之謂與? 子曰 賜也, 始可與言詩已矣, 告諸往而知來者", 〈學而〉, 《論語》(번역은 동양고전연구회 역주, 《논어》, 민음사, 2016, 35쪽).

17 "子謂伯魚曰 女爲周南·召南矣乎? 人而不爲周南·召南, 其猶正牆面而立也與?", 〈陽貨〉, 《論語》.

18 "子曰 小子何莫學夫詩? 詩, 可以興, 可以觀, 可以群, 可以怨. 邇之事父, 遠之事君, 多識於鳥獸草木之名 〈陽貨〉, 《論語》(번역은 동양고전연구회 역주, 《논어》, 민음사, 2016, 373쪽).

19 허신은 《설문해자》에서 '흥(興)'을 '기(起)'로 풀이한다. "흥은 일으키는 것이다. '여(舁)'와 '동(同)'으로 이루어져 있다. 힘을 함께 모은다는 뜻이

다(興, 起也. 从舁从同. 同力也)", 〈舁部〉,《說文解字》.

20 '흥'을 이런 일반적인 의미로만 보는 데 그치지 않고, 대화의 수사학적 기법 가운데 하나로 이해할 수도 있다. 시구를 원 맥락에서 분리하여 대화의 상황에 적합한 비유로서 인용하는 '인유(引喩, metaphorical allusion)'의 기법으로 보는 것이다(김경희, 앞의 논문, 2022, 392~393쪽 참조).

21 올리비아 랭 지음, 정미나 옮김,《강으로》, 현암사, 2018, 41쪽.

22 올리비아 랭, 위의 책, 2018, 21쪽.

23 "關關雎鳩 在河之洲. 窈窕淑女 君子好逑", 〈關雎〉, 〈周南〉,《詩經》(번역은 정상홍 옮김,《시경》, 을유문화사, 2014, 93쪽).

24 백낙청,《서양의 개벽사상가 D. H. 로런스》, 창비, 2020, 49쪽 주 36에서 재인용.

25 백낙청, 위의 책, 2020, 49쪽 주 36에서 재인용.

26 "陳亢問於伯魚曰 子亦有異聞乎? 對曰 未也. 嘗獨立, 鯉趨而過庭. 曰 學詩乎? 對曰 未也. 不學詩, 無以言. 鯉退而學詩. 他日, 又獨立, 鯉趨而過庭. 曰 學禮乎? 對曰 未也. 不學禮, 無以立. 鯉退而學禮. 聞斯二者. 陳亢退而喜曰 問一得三, 聞詩聞禮, 又聞君子之遠其子也", 〈季氏〉,《論語》(번역은 동양고전연구회 역주,《논어》, 민음사, 2016, 361쪽).

27 송희경,《동아시아의 아름다운 스승, 공자》, 서해문집, 2019, 146~150쪽 참조.

28 양자오 지음, 김택규 옮김,《시경을 읽다》, 유유, 2019, 44~47쪽 참조.

29 양자오, 위의 책, 2019, 56~58쪽.

3. 삶의 미학화

---

1 "自古皆有死", 〈顏淵〉,《論語》(번역은 동양고전연구회 역주,《논어》, 민음사,

2016, 255쪽).

2 "子在川上曰 逝者如斯夫! 不舍晝夜", 〈子罕〉, 《論語》(번역은 동양고전연
구회 역주, 《논어》, 민음사, 2016, 193쪽).

3 "程子曰 頤自十七八讀論語, 當時已曉文義, 讀之愈久, 但覺意味深長",
朱熹, 〈序說〉, 《論語集註》.

4 "徐子曰 仲尼亟稱於水, 曰 水哉, 水哉! 何取於水也? 孟子曰 原泉混混,
不舍晝夜. 盈科而後進, 放乎四海, 有本者如是, 是之取爾. 苟爲無本,
七八月之間雨集, 溝澮皆盈 其涸也, 可立而待也. 故聲聞過情, 君子恥
之", 〈離婁下〉, 《孟子》(번역은 박경환 옮김, 《맹자》, 홍익, 2023, 240쪽).

5 "孔子之稱水, 其旨微矣. 孟子獨取此者, 自徐子之所急者言之也", 朱熹,
〈離婁下〉, 《孟子集註》.

6 후대 유학자에게서 나타나는 두 종류의 해석과 그 해석의 양립 가능성에
관한 상세한 논의는 김경희, 《논어》에 나타난 죽음 인식과 불멸성의 추
구〉, 《공자학》 33, 2017, 37~72쪽 참조.

7 "人之生也, 固若是芒乎? 其我獨芒, 而人亦有不芒者乎?", 〈齊物論〉, 《莊
子》.

8 "人生天地之間, 若白駒之過郤, 忽然而已. 注然勃然, 莫不出焉; 油然漻
然, 莫不入焉. 已化而生, 又化而死, 生物哀之, 人類悲之", 〈知北遊〉, 《莊
子》.

9 마르틴 하이데거 지음, 이기상 옮김, 《존재와 시간》, 까치, 1998, 345쪽.

10 어빈 D. 얄롬 지음, 이혜성 옮김, 《보다 냉정하게 보다 용기 있게》, 시네마
프레스, 2008.

11 어빈 D. 얄롬, 위의 책, 2008, 8쪽에서 재인용.

12 "季路問事鬼神. 子曰 未能事人, 焉能事鬼? 曰 敢問死. 曰 未知生, 焉知
死?", 〈先秦〉, 《論語語》(번역은 동양고전연구회 역주, 《논어》, 민음사, 2016,

229-231쪽).

13 전자는 하안(何晏)과 형병(邢昺)의《논어주소(論語註疏)》에 수록된 고주에서, 후자는 주희의《논어집주(論語集註)》에 수록된 신주에서 확인된다(하안 주, 형병 소, 정태현 옮김,《역주 논어주소 2》, 전통문화연구회, 2014, 167쪽; 박성규 역주,《논어집주》, 소나무, 2011, 427쪽 참조).

14 "子不語怪力亂神", 〈述而〉,《論語》(번역은 동양고전연구회 역주,《논어》, 민음사, 2016, 151쪽).

15 하안 주, 형병 소, 정태현 옮김,《역주 논어주소 1》, 379쪽 주 참조. "王曰: 怪는 怪異함이다. 力은 奡가 陸地에서 배를 끌고 다니고 烏穫이 千鈞을 든 것 등을 이른다. 亂은 신하가 임금을 弑害하고 자식이 아비를 弑害하는 것을 이른다. 神은 鬼神의 일을 이른다."

16 "務民之義, 敬鬼神而遠之, 可謂知矣", 〈雍也〉,《論語》(번역은 동양고전연구회 역주,《논어》, 민음사, 2016, 129쪽).

17 "子曰 吾不與祭, 如不祭", 〈八佾〉,《論語》(번역은 동양고전연구회 역주,《논어》, 민음사, 2016, 69쪽).

18 "六合之外, 聖人存而不論, 六合之內, 聖人論而不議. 春秋經世先王之志, 聖人議而不辯", 〈齊物論〉,《莊子》.

19 프리드리히 니체 지음, 김정현 옮김,《선악의 저편 도덕의 계보》, 책세상, 2002, 410쪽.

20 빅터 프랭클 지음, 이시형 옮김,《죽음의 수용소에서》, 청아출판사, 2005, 187쪽.

21 이 시는 필자가 번역했다.

22 어빈 D. 얄롬, 앞의 책, 2008, 101쪽.

23 어빈 D. 얄롬, 앞의 책, 2008, 103쪽.

24 비스와바 쉼보르스카, 앞의 책, 2021, 34쪽.

25 "子曰 志士仁人, 無求生以害仁, 有殺身以成仁", 〈衛靈公〉, 《論語》(번역은 동양고전연구회 역주, 《논어》, 민음사, 2016, 329쪽).

26 하랄트 바인리히 지음, 백설자 옮김, 《망각의 강 레테》, 문학동네, 2004, 65~66쪽.

27 이-푸 투안 지음, 윤영오·김미선 옮김, 《공간과 장소》, 사이, 2020, 85~86쪽.

28 수전 손택·조너선 콧 지음, 김선형 옮김, 《수전 손택의 말》, 마음산책, 2015, 77쪽에서 재인용.

29 재커리 심슨 지음, 김동규·윤동민 옮김, 《예술로서의 삶》, 갈무리, 2016, 110쪽.

30 프리드리히 니체 지음, 안성찬·홍사현 옮김, 《즐거운 학문》, 책세상, 2005, 275~276쪽.

31 빅터 프랭클, 앞의 책, 2005. '인간의 의미 탐색(Man's Search for Meaning)'이라는 이 책의 제목은 우리말로 '죽음의 수용소에서'로 번역되었다.

32 "孔子之謂集大成. 集大成也者, 金聲而玉振之也. 金聲也者, 始條理也, 玉振之也者, 終條理也. 始條理者, 智之事也, 終條理者, 聖之事也. 智, 譬則巧也, 聖, 譬則力也. 由射於百步之外也, 其至, 爾力也, 其中, 非爾力也", 〈萬章下〉, 《孟子》(번역은 박경환 옮김, 《맹자》, 홍익, 2023, 289쪽).

33 "條理, 猶言脈絡, 指衆陰而言也", 朱熹, 〈萬章下〉, 《孟子集註》.

34 "伯夷, 聖之淸者也 ; 伊尹, 聖之任者也; 柳下惠, 聖之和者也", 〈萬章下〉, 《孟子》.

35 "三子者不同道, 其趣一也. 一者何也? 曰 仁也", 〈告子下〉, 《孟子》(번역은 박경환 옮김, 《맹자》, 홍익, 2023, 354쪽).

36 "故凡同類者, 擧相似也, 何獨至於人而疑之? 聖人與我同類者", 〈告子上〉, 《孟子》(번역은 박경환 옮김, 《맹자》, 홍익, 2023, 324쪽).

37 "麒麟之於走獸, 鳳凰之於飛鳥, 太山之於丘垤, 河海之於行潦, 類也. 聖人之於民, 亦類也. 出於其類, 拔乎其萃, 自生民以來, 未有盛於孔子也", 〈公孫丑上〉,《孟子》(번역은 박경환 옮김,《맹자》, 홍익, 2023, 102쪽).

38 "可以久而久, 可以處而處, 可以仕而仕, 孔子也. … 孔子, 聖之時者也", 〈萬章下〉,《孟子》(번역은 박경환 옮김,《맹자》, 홍익, 2023, 288-289쪽).

39 Eske Møllaggard, *An introduction to Daoist thought: action, language, and ethics in Zhuangzi*, New York: Routledge, 2007, pp.15~16.

40 프리드리히 니체 지음, 정동호 옮김,《차라투스트라는 이렇게 말했다》, 책세상, 2000, 120~121쪽.

4. 유럽의 댄디와 유가의 군자

1 쥘 바르베 도르비이 지음, 고봉만 옮김, 이주은 그림 해설,《멋쟁이 남자들의 이야기 댄디즘》, 이봄, 2014, 113쪽.

2 샤를 보들레르, 앞의 책, 2001, 73~74쪽.

3 조은라,〈댄디즘의 철학적 접근〉,《한국프랑스학논집》90, 2015, 327~329쪽 참조.

4 샤를 보들레르, 박기현 옮김,《현대 생활의 화가》, 인문서재, 2013, 84쪽.

5 미셸 푸코,〈계몽이란 무엇인가〉, 김성기 엮음,《모더니티란 무엇인가》, 민음사, 2007, 358쪽.

6 정원석,〈잊혀진 댄디를 찾아서〉,《뷔히너와 현대문학》45, 2015, 46쪽에서 재인용.

7 샤를 보들레르, 앞의 책, 2001, 73~74쪽.

8 정원석, 앞의 논문, 2015, 47쪽에서 재인용.

9 정원석, 앞의 논문, 2015, 42쪽에서 재인용.

10 "叔于田, 巷無居人. 豈無居人, 不如叔也, 洵美且仁. 叔于狩, 巷無飮酒. 豈無飮酒, 不如叔也, 洵美且好. 叔適野, 巷無服馬. 豈無服馬, 不如叔也, 洵美且武", '叔于田', 〈鄭風〉, 《詩經》(번역은 정상홍 옮김, 《시경》, 을유문화사, 2014, 345~346쪽). 참고한 번역서에는 '인(仁)'이 겉모습과 거리가 먼 '어진 이'로 번역되었으나, 맥락에 따라 외양적 특성을 묘사한 말로 보고 '인한 이'로 수정하였다.

11 "將叔無狃, 戒其傷女", '大叔于田', 〈鄭風〉, 《詩經》(번역은 정상홍 옮김, 《시경》, 을유문화사, 2014, 348쪽).

12 정상홍 옮김, 《시경》, 을유문화사, 2014, 346~347쪽 참조.

13 "盧令令, 其人美且仁. 盧重環, 其人美且鬈. 盧重鋂, 其人美且偲", '盧令', 〈齊風〉, 《詩經》.

14 "정나라의 소리를 금지하고, 아첨하는 사람을 멀리해야 한다. 정나라의 소리는 음탕하고, 아첨하는 사람은 위험하기 때문이다(放鄭聲, 遠佞人. 鄭聲淫, 佞人殆)", 동양고전연구회 역주, 〈위령공〉, 《논어》, 민음사, 2016, 329쪽. "자주색이 붉은색의 지위를 빼앗는 것을 미워하며, 정나라의 음탕한 음악이 우아한 음악을 어지럽히는 것을 미워하며, 말재주가 있는 사람이 국가를 뒤집어엎는 것을 미워한다(惡紫之奪朱也, 惡鄭聲之亂雅樂也, 惡利口之覆邦家者)", 동양고전연구회 역주, 〈양화〉, 《논어》, 민음사, 2016, 381쪽.

15 "孟子曰 仁也者, 人也. 合而言之, 道也", 〈盡心下〉, 《孟子》(번역은 박경환 옮김, 《맹자》, 홍익, 2023, 428쪽).

16 신정근, 《사람다움이란 무엇인가》, 글항아리, 2011, 43쪽.

17 정원석, 앞의 논문, 2015, 48쪽에서 재인용.

18 "孟子曰 盡其心者, 知其性也. 知其性, 則知天矣", 〈盡心上〉, 《孟子》(번역은 박경환 옮김, 《맹자》, 홍익, 2023, 373쪽).

19 "孟子曰 欲貴者, 人之同心也. 人人有貴於己者, 弗思耳", 〈告子上〉, 《孟

子》(번역은 박경환 옮김, 《맹자》, 홍익, 2023, 338쪽).

20 "子曰 苗而不秀者有矣夫! 秀而不實者有矣夫!", 〈子罕〉, 《論語》(번역은 동양고전연구회 역주, 《논어》, 민음사, 2016, 195쪽).

21 공자의 말을 이렇게 해석한 대표적인 학자는 주희다. "곡식이 처음 난 것을 '묘(苗)'라고 하고, 꽃을 틔운 것을 '수(秀)'라고 하며, 곡식이 성숙한 것을 '실(實)'이라고 한다. 배우더라도 완성이 이르지 못하는 경우에도 이와 같은 점이 있다. 이 때문에 군자는 스스로 노력하는 것을 귀하게 여긴다(穀之始生曰苗, 吐華曰秀, 成穀曰實. 蓋學而不至於成, 有如此者, 是以君子貴自勉也)", 朱熹, 〈子罕〉, 《論語集註》.

공자가 식물의 비유로 전달하고자 한 뜻이 무엇인지에 관해서는 이와 다른 의견도 있다. 이 비유로 공자가 각별히 아낀 제자 안연(顏淵)의 이른 죽음에 안타까움을 표현하려 했다는 견해이다. 대표적으로 형병의 견해를 들 수 있는데, 일리가 있다. 이 단락의 바로 앞에서 공자는 안연을 언급하며, "(그가 일찍 죽은 것이) 애석하도다! 나는 그가 나아가는 것은 보았으나, 그가 멈추는 것은 본 적이 없다(惜乎! 吾見其進也, 未見其止也)"(하안 주, 형병 소, 정태현 역주, 《역주 논어주소 2》, 전통문화연구회, 2014, 84쪽)라고 말했기 때문이다. 그러나 공자는 이 말에서 안연이 배우는 데 중단 없이 전진만 있었다는 점도 강조한 만큼, 이 또한 안연처럼 성실히 배움의 길을 가야 한다는 권면의 의도가 있다고 볼 수도 있다.

22 "不學禮, 無以立", 〈季氏〉, 《論語》(번역은 동양고전연구회 역주, 《논어》, 민음사, 2016, 361쪽).

23 "論語者, 孔子應答弟子時人及弟子相與言而接聞於夫子之語也. 當時弟子各有所記. 夫子既卒, 門人相與輯而論纂, 故謂之論語", 班固, 〈藝文志〉, 《漢書》(번역은 반고, 《완역 한서4: 지2》, 이한우 옮김, 21세기북스, 2020, 588쪽).

24 “君召使擯, 色勃如也. 足躩如也, 揖所與立, 左右手, 衣前後, 襜如也. 趨進, 翼如也. 賓退, 必復命曰 賓不顧矣”, 〈鄕黨〉, 《論語》(번역은 동양고전연구회 역주, 《논어》, 민음사, 2016, 203~205쪽).

25 “寢不尸, 居不容. 見齊衰者, 雖狎, 必變. 見冕者與瞽者, 雖褻, 必以貌. 凶服者式之. 式負版者. 有盛饌, 必變色而作. 迅雷風烈必變”, 〈鄕黨〉, 《論語》(번역은 동양고전연구회 역주, 《논어》, 민음사, 2016, 215~217쪽).

26 흉복을 상복으로 보는 견해도 있으나, 여기서는 번역서의 주해에 따라 수의로 본다. “공안국은 죽은 이를 보내는 옷가지(送死之衣物)로 보았는데, 염의(殮衣)와 수의(壽衣) 등을 가리킨다”, 동양고전연구회 역주, 《논어》, 민음사, 2016, 216쪽.

27 “禮, 履也. 所以事神致福也”, 許愼, 《說文解字》.

28 “禮之可以爲國也久矣, 與天地竝. 君令臣共, 父慈子孝, 兄愛弟敬, 夫和妻柔, 姑慈婦德, 禮也”, 〈昭公 26年〉, 《春秋左傳》.

29 “世之治也, 君子尙能而讓其下, 小人農力以事其上, 是以上下有禮, 而讒慝黜遠, 由不爭也, 謂之懿德. 及其亂也, 君子稱其功以加小人, 小人伐其技以馮君子, 是以上下無禮, 亂虐幷生, 由爭善也, 謂之昏德. 國家之敝, 恒必由之”, 〈襄公 13年〉, 《春秋左傳》.

30 “有子曰 禮之用, 和爲貴. 先王之道, 斯爲美, 小大由之. 有所不行, 知和而和, 不以禮節之, 亦不可行也”, 〈學而〉, 《論語》. 이 구절은 번역서를 따르지 않고 필자가 번역하였다. 원문의 '절(節)'은 대부분의 번역서에서 '절제한다'로 풀이하는데, 필자는 조화나 어우러짐을 뜻하는 '화(和)'와 의미상 대비되게 거리 두기와 구별 짓기를 의미하는 '분절(分節)'로 풀이하였다.

31 “君臣朝廷尊卑貴賤之序, 下及黎庶車輿衣服宮室飮食嫁娶喪祭之分, 事有宜適, 物有節文”, 司馬遷, 〈禮書〉, 《史記》.

32 "使民如承大祭", 〈顏淵〉, 《論語》(번역은 동양고전연구회 역주, 《논어》, 민음
사, 2016, 251쪽). 〈안연〉에서 공자가 중궁과 문답한 내용은 이 장의 '진정
한 사랑의 태도: 충서'에서 자세히 다루기로 한다.

33 형병은 "大祭는 禘祭와 郊祭이다"라고 설명한다(하안 주, 형병 소, 정태현
역주, 《역주 논어주소 2》, 전통문화연구회, 2014, 207쪽).

34 "子曰 先進於禮樂, 野人也, 後進於禮樂, 君子也. 如用之, 則吾從先進",
〈先進〉, 《論語》(번역은 동양고전연구회 역주, 《논어》, 민음사, 2016, 223쪽).

35 주희는 야인을 "교외의 백성(郊外之民)"으로, 군자를 "뛰어난 사대부(賢士
大夫)"로 보았고(朱熹, 〈先進〉, 《論語集註》), 형병은 야인을 "朴野(꾸밈이 없
는 순박함)한 사람"으로, 군자를 "禮樂에 의거하되 시대에 따라 損益하여
禮樂에 있어서 모두 時中을 얻"은 자로 보았다(하안 주, 형병 소, 정태현 역
주, 《역주 논어주소 2》, 155쪽). 유보남은 야인을 "아직 작위와 녹을 받지 않
은 백성들을 두루 칭한다(凡民未有爵祿之稱也)"라고 했고, 군자를 "경·대
부를 칭한다(卿大夫之稱也)"라고 했다(劉寶楠 撰, 高流水 點校, 《論語正義》, 中
華書局, 1990, 438쪽).

36 "質勝文則野, 文勝質則史", 〈雍也〉, 《論語》; "野哉, 由也! 君子於其所不
知, 蓋闕如也", 〈顏淵〉, 《論語》.

37 "林放問禮之本. 子曰 大哉問! 禮, 與其奢也寧儉, 喪, 與其易也寧戚", 〈八
佾〉, 《論語》(번역은 동양고전연구회 역주, 《논어》, 민음사, 2016, 63쪽).

38 "子曰 質勝文則野, 文勝質則史. 文質彬彬, 然後君子", 〈雍也〉, 《論語》(번
역은 동양고전연구회 역주, 《논어》, 민음사, 2016, 129쪽).

39 "史, 掌文書, 多聞習事, 而誠或不足也(사는 문서를 관장하여 들은 것이 많고
일에도 숙달되어 있다. 그러나 간혹 성실성이 부족한 경우가 있다)", 朱熹, 〈雍
也〉, 《論語集註》.

40 "彬彬, 猶班班, 物相雜而適均之貌(빈빈이란 반반과 같다. 사물들이 서로 뒤

섞여 적절하게 균형을 이룬 모습이다)", 朱熹, 〈雍也〉, 《論語集註》.

41 "棘子成曰 君子質而已矣, 何以文爲? 子貢曰 惜乎, 夫子之說君子也! 駟
不及舌. 文猶質也, 質猶文也. 虎豹之鞹猶犬羊之鞹", 〈顏淵〉, 《論語》(번
역은 동양고전연구회 역주, 《논어》, 민음사, 2016, 255~257쪽).

42 샤를 보들레르, 앞의 책, 2001, 93쪽.

43 쥘 바르베 도르비이, 앞의 책, 2014, 150쪽.

44 유선경, 《문득 묻다 두 번째 이야기》, 지식너머, 2015, 48~49쪽에서 재인
용.

45 샤를 보들레르 지음, 윤영애 옮김, 〈넌 전 우주를 네 규방에 끌어넣겠구
나〉, 《악의 꽃》, 문학과지성사, 2021, 80쪽.

46 송홍진, 〈거울을 통해 본 보들레르의 작품세계〉, 서울대학교 석사학위논
문, 2013, 55쪽에서 재인용.

47 쥘 바르베 도르비이, 앞의 책, 2014, 27쪽에서 재인용.

48 샤를 보들레르, 앞의 책, 2001, 44쪽.

49 프리드리히 니체 지음, 백승영 옮김, 《이 사람을 보라》, 책세상, 2002, 362
쪽.

50 프리드리히 니체, 위의 책, 2002, 363쪽.

51 위버멘슈는 인간이 자기 자신을 극복함으로써 도달할 수 있는 존재이다.
영어로는 'superman'이나 'overman'으로 번역된다. 국내에서는 '초인(超
人)'으로 번역되었다가, 니체 전집이 완역되면서 'Übermensch'를 소리
나는 대로 '위버멘슈'로 번역한 말이 주로 사용된다. 초인은 현실을 초월
한 사람이라는 인상을 주기 때문이다. 한국어로 번역하면 '극복인' 정도
가 적절하다.

52 유럽 댄디의 중요한 특징 가운데 하나는 냉정함이다. 바르베 도르비이는
냉정함을 통해 "댄디즘은 근대의 혼잡함 속에 고대의 차분함을 도입했

다"라고 평했다. 여기서 냉정함이란 "자기의 감정이나 욕심, 충동 따위를 이성적 의지로 눌러 이기는 것을 말한다. 여론이나 불확실한 대중적 의견(doxa)에 의해 인정된 가치 질서를 뒤바꾸는 것이다. 자아에 대해 비평적 거리를 두는 이러한 태도는 보여 주려고 결심한 것만을 보여 주는 것이므로 의지의 승리를 보장하는 것이다. 이처럼 각각의 댄디들은 스스로를 위해 그에게 하나의 슬로건이 될 경구인 '닐 미라리(nil mirari: 결코 흥분하지 말지니라)'의 의미를 새롭게 발견하게 된다"(고봉만, 〈조지 브러멀과 댄디즘에 관하여〉,《프랑스문화예술연구》31, 2010, 11쪽).

53 "子貢曰 貧而無諂, 富而無驕, 何如? 子曰 可也, 未若貧而樂, 富而好禮者也. 子貢曰 詩云, 如切如磋, 如琢如磨, 其斯之謂與? 子曰 賜也, 始可與言詩已矣, 告諸往而知來者",〈學而〉,《論語》(번역은 동양고전연구회 역주,《논어》, 민음사, 2016, 35쪽).

54 형병의 설명(하안 주, 형병 소, 정태현 역주,《역주 논어주소 1》, 전통문화연구회, 2012, 103쪽) 참조.

55 재커리 심슨, 앞의 책, 2016, 104쪽.

56 쥘 바르베 도르비이 또한 고대인과 댄디의 차이를 비슷하게 언급했다. "댄디즘은 근대의 혼잡함 속에 고대의 차분함을 도입했다. 그러나 고대인들의 차분함은 그들이 지닌 능력의 조화로움에서 자유로운 발전을 이루었던 **인생의 완전함**에서 발생한 것이었던 반면, 댄디즘은 여러 가지 사상과 친숙하면서도 너무 권태로워 그 사상에 생명을 불어넣지 못하는 지성인이 취하게 되는 태도이다. 웅변가인 댄디가 있다면 그는 페리클레스처럼 연설하면서도 외투 안에서는 팔짱을 끼고 있었을 것이다"(쥘 바르베 도르비이, 앞의 책, 2014, 104쪽. 강조는 인용자).

57 "以心察言而知意也", 許愼,《說文解字》.

58 Amira Katz-Goehr, "'The (True) Meaning of Xing had been lost!' Words

and Poetry in the Analects of Confucius", in *Monumenta Serica* 54, 2006, p.153.

59 "樊遲問仁. 子曰 愛人", 〈顏淵〉,《論語》(번역은 동양고전연구회 역주,《논어》, 민음사, 2016, 265쪽).

60 올리비아 랭 지음, 김병화 옮김,《외로운 도시》, 어크로스, 2020, 202쪽.

61 올리비아 랭, 위의 책, 2020, 202쪽.

62 올리비아 랭, 위의 책, 2020, 201~202쪽.

63 "子貢曰 如能博施於民, 而能濟衆, 何如? 可謂仁乎? 子曰 何事於仁, 必也聖乎! 堯舜其猶病諸! 夫仁者, 己欲立而立人, 己欲達而達人. 能近取譬, 可謂仁之方也已", 〈雍也〉,《論語》(번역은 동양고전연구회 역주,《논어》, 민음사, 2016, 137쪽).

64 "仁遠乎哉? 我欲仁, 斯仁至矣", 〈述而〉,《論語》(번역은 동양고전연구회 역주,《논어》, 민음사, 2016, 157쪽).

65 "仲弓問仁. 子曰 出門如見大賓, 使民如承大祭. 己所不欲, 勿施於人. 在邦無怨, 在家無怨. 仲弓曰 雍雖不敏, 請事斯語矣", 〈顏淵〉,《論語》(번역은 동양고전연구회 역주,《논어》, 민음사, 2016, 251쪽).

66 "德行, 顏淵閔子騫冉伯牛仲弓", 〈先進〉,《論語》.

67 〈마태복음〉 7장,《성경》.

68 "子貢問曰 有一言而可以終身行之者乎? 子曰 其恕乎! 己所不欲, 勿施於人", 〈衛靈公〉,《論語》(번역은 동양고전연구회 역주,《논어》, 민음사, 2016, 335쪽).

69 전국시대 말 시교(尸校)라는 사람이 썼다고 전해지는《시자(尸子)》에서는 '서'를 다음과 같이 정리했다. "서는 자신을 척도로 삼는 것이다. 자기가 원하지 않는 것은 남에게 하지 말라. 남에게서 싫은 것은 자기에게서 먼저 버리고, 남에게서 원하는 것은 자신에게서 먼저 구하라. 이것이 서

다(恕者, 以身爲度者也. 己所不欲, 毋加諸人. 惡諸人則去諸己, 欲諸人則求諸己. 此恕也)".

70 "子曰 參乎! 吾道一以貫之. 曾子曰 唯",〈里仁〉,《論語》(번역은 동양고전 연구회 역주,《논어》, 민음사, 2016, 91쪽).

71 "일이관지"는 〈위령공〉에도 나오는 표현이다. "선생님께서 말씀하셨다. '사야, 자네는 내가 많이 배워서 그것을 기억하는 사람이라고 여기는가?' (자공이) 대답하여 말했다. '그렇습니다. 그렇지 않습니까?' 선생님께서 말씀하셨다. '아니다. 나는 하나로써 관통하느니라'(子曰 賜也, 女以予爲多 學而識之者與? 對曰 然, 非與? 曰 非也, 予一以貫之)", 동양고전연구회 역주, 〈위령공〉,《논어》, 민음사, 2016, 325쪽.

72 "曾參, 南武城人, 字子輿. 少孔子四十六歲",〈仲尼弟子列傳〉,《史記》.

73 "孟軻, 騶人也. 受業子思之門人",〈孟子荀卿列傳〉,《史記》.

74 "參也魯",〈先進〉,《論語》.

75 공안국(孔安國)은 "魯는 鈍이다. 曾子는 性質이 遲鈍(굼뜨고 영리하지 못함)하였다"라고 풀이한다(하안 주, 형병 소, 정태현 옮김,《역주 논어주소 2》, 전통문화연구회, 2014, 175쪽).

76 "子出, 門人問曰 何謂也? 曾子曰 夫子之道, 忠恕而已矣",〈里仁〉,《論語》(번역은 동양고전연구회 역주,《논어》, 민음사, 2016, 91쪽).

77 형병은 "忠은 忠心을 다함", 즉 속에서 우러나오는 마음을 다하는 것으로 풀이한다(하안 주, 형병 소, 정태현 옮김,《역주 논어주소 1》, 전통문화연구회, 2012, 242쪽).

78 "親愛利子謂之慈, 反慈爲嚚. 子愛利親謂之孝, 反孝爲孽. 愛利出中謂之 忠, 反忠爲倍", 賈誼,《新書》.

79 "曾子曰 吾日三省吾身, 爲人謀而不忠乎? 與朋友交而不信乎? 傳不習 乎?",〈學而〉,《論語》(번역은 동양고전연구회 역주,《논어》, 민음사, 2016, 25

쪽).

80 "孔子長九尺有六寸, 人皆謂之 長人而異之", 司馬遷, 〈孔子世家〉, 《史記》(번역은 사마천 지음, 정범진 외 옮김, 《사기세가 하》, 까치, 1994, 420쪽).

81 왕숙 지음, 임동석 역주, 《공자가어 1》, 동서문화사, 2009, 221~222쪽. 번역서의 "어짊과 용서"를 필자가 "인과 서"로 고쳐서 인용하였다.

82 "子路曾晳冉有公西華侍坐. 子曰 以吾一日長乎爾, 毋吾以也. 居則曰 不吾知也! 如或知爾, 則何以哉?", 〈先進〉, 《論語》(번역은 동양고전연구회 역주, 《논어》, 민음사, 2016, 241쪽).

83 "政事, 冉有季路", 〈先進〉, 《論語》.

84 "孟武伯問子路仁乎? 子曰 不知也. 又問 子曰, 由也, 千乘之國, 可使治其賦也, 不知其仁也. 求也何如? 子曰 求也, 千室之邑, 百乘之家, 可使爲之宰也, 不知其仁也. 赤也何如? 子曰 赤也, 束帶立於朝, 可使與賓客言也, 不知其仁也", 〈公冶長〉, 《論語》.

85 "子路率爾而對曰 千乘之國, 攝乎大國之間, 加之以師旅, 因之以饑饉, 由也爲之, 比及三年, 可使有勇, 且知方也. 夫子哂之. 求! 爾何如? 對曰 方六七十, 如五六十, 求也爲之, 比及三年, 可使足民. 如其禮樂, 以俟君子. 赤! 爾何如? 對曰 非曰能之, 願學焉. 宗廟之事, 如會同, 端章甫, 願爲小相焉. 點! 爾何如? 鼓瑟希, 鏗爾, 舍瑟而作, 對曰 異乎三者之撰. 子曰 何傷乎? 亦各言其志也. 曰 莫春者, 春服旣成, 冠者五六人, 童子六七人, 浴乎沂, 風乎舞雩, 詠而歸. 夫子喟然歎曰 吾與點也!", 〈先進〉, 《論語》(번역은 동양고전연구회 역주, 《논어》, 민음사, 2016, 241~243쪽).

86 "曰 如琴張曾晳牧皮者, 孔子之所謂狂矣. 何以謂之狂也? 曰 其志嘐嘐然, 曰 古之人, 古之人. 夷考其行而不掩焉者也", 〈盡心下〉, 《孟子》. 이 구절은 번역서를 따르지 않고 필자가 번역하였다.

87 "狂者進取", 〈子路〉, 《論語》.

1 안핑 친 지음, 김기협 옮김,《공자평전》, 돌베개, 2010, 9~10쪽.

2 "非不說子之道, 力不足也",〈雍也〉,《論語》(번역은 동양고전연구회 역주, 《논어》, 민음사, 2016, 125쪽).

3 "力不足者, 中道而廢. 今女畫",〈雍也〉,《論語》(번역은 동양고전연구회 역주,《논어》, 민음사, 2016, 125쪽).

4 "有能一日用其力於仁矣乎? 我未見力不足者. 蓋有之矣, 我未之見也",〈里仁〉,《論語》(번역은 동양고전연구회 역주,《논어》, 민음사, 2016, 85-87쪽).

5 "葉公問孔子於子路, 子路不對. 子曰 女奚不曰, 其爲人也, 發憤忘食, 樂以忘憂, 不知老之將至云爾",〈述而〉,《論語》(번역은 동양고전연구회 역주, 《논어》, 민음사, 2016, 151쪽).

6 "未得, 則發憤而忘食. 已得, 則樂之而忘憂. 以是二者俛焉日有孳孳, 而不知年數之不足, 但自言其好學之篤耳", 朱熹,《論語集註》.

7 "興於詩, 立於禮, 成於樂"〈泰伯〉,《論語》. 이 문장은 필자가 번역했다.

8 이 주제에 관한 상세한 연구는 김경희, 앞의 논문, 2022, 399~403쪽 참조. 이 절의 내용은 이 논문에서 다뤄진 내용 일부를 이 책의 의도에 맞게 재기술하고 보충했다.

9 한홍섭,〈주희의 '음분시' 고찰〉,《민족문화연구》52, 2010, 327쪽.

10 정상홍 옮김,《《시경》을 읽기 전에〉,《시경》, 을유문화사, 2014, 57쪽.

11 한홍섭, 앞의 논문, 2010, 317~371쪽.

12 "詩三百, 一言以蔽之, 曰 思無邪(《시》 삼백 편을 한마디로 뭉뚱그린다면, 그것은 생각에 사특함이 없다는 것이다)",〈爲政〉,《論語》.

13 앵거스 플레처 지음, 박미경 옮김,《우리는 지금 문학이 필요하다》, Being, 2021.

14 "大車檻檻, 毳衣如菼, 豈不爾思, 畏子不敢. 大車啍啍, 毳衣如璊, 豈不爾
   思, 畏子不奔. 穀則異室, 死則同穴, 謂予不信, 有如曒日", '大車', 〈王風〉,
   《詩經》(번역은 정상홍 옮김, 《시경》, 을유문화사, 2014, 333~334쪽). 플레처가
   읽은 〈대거〉(앵거스 플레처, 위의 책, 2021 82~83쪽)는 우리말로 다음과 같
   이 번역되었다.

   커다란 수레가 덜커덩덜커덩 지나가네,
   새파란 잔디 같은 초록색 관복 차림의 판사를 태우고
   내가 기억하는 사람은 바로 당신,
   하지만 나는 법을 알기에 몸을 떨었네.

   커다란 수레가 덜커덩덜커덩 지나가네.
   루비처럼 빛나는 관복 차림의 판사를 태우고.
   내가 원하는 사람은 바로 당신,
   하지만 나는 법을 알기에 얼른 멈추었네.

   우리는 서로 다른 방에서 살아야 하네,
   하지만 죽어서는 한 무덤에 거할 거라네.
   당신은 내가 거짓말을 한다고 생각하나요?
   나는 태양의 영원한 빛에 대고 그것을 맹세해요.

15 정상홍 옮김, 《시경》, 을유문화사, 2014, 57쪽.

16 앵거스 플레처, 앞의 책, 2021, 86쪽.

17 앵거스 플레처, 앞의 책, 2021, 83쪽.

18 비스와바 쉼보르스카, 앞의 책, 2021, 288~289쪽.

19 "子曰 吾十有五而志于學, 三十而立, 四十而不惑, 五十而知天命, 六十而

耳順, 七十而從心所欲不踰矩", 〈爲政〉,《論語》(번역은 동양고전연구회 역
　　주,《논어》, 민음사, 2016, 41쪽).

20　"공자가 열아홉 살에 이르러 송나라 병관 씨에게 장가들어 일 년이 지나
　　아들 백어를 낳았다(至十九, 娶于宋之亓官氏, 一歲而生伯魚)", 왕숙 지음,
　　임동석 역주, 〈본성해〉,《공자가어 3》, 동서문화사, 2009, 1027쪽.

21　"我四十不動心", 〈公孫丑上〉,《孟子》(번역은 박경환 옮김,《맹자》, 홍익,
　　2023, 93쪽).

22　"子絕四 : 毋意, 毋必, 毋固, 毋我", 〈子罕〉,《論語》.

23　"人生十年曰幼, 學. 二十曰弱, 冠. 三十曰壯, 有室. 四十曰强, 而仕. 五十
　　曰艾, 服官政. 六十曰耆, 指使. 七十曰老, 而傳. 八十九十曰耄, 七年曰
　　悼, 悼與耄, 雖有罪, 不加刑焉. 百年曰期, 頤. 大夫七十而致事. 若不得
　　謝, 則必賜之几杖, 行役以婦人. 適四方乘安車. 自稱曰老夫, 於其國則稱
　　名. 越國而問焉, 必告之以其制", 〈曲禮上〉,《禮記》(번역은 이상옥 역주,《예
　　기 중》, 명문당, 2003, 53쪽).

24　"孔子生魯昌平鄕陬邑. 其先宋人也, 曰孔防叔. 防叔生伯夏, 伯夏生叔梁
　　紇. 紇與顏氏女野合而生孔子, 禱於尼丘得孔子. 魯襄公二十二年而孔子
　　生. 生而首上圩頂, 故因名曰丘云. 字仲尼, 姓孔氏", 司馬遷, 〈孔子世家〉,
　　《史記》(번역은 정범진 외 옮김,《사기세가 하》, 까치, 1994, 417쪽).

25　"丘生而叔梁紇死, 葬於防山. 防山在魯東, 由是孔子疑其父墓處, 母諱之
　　也. 孔子爲兒嬉戲, 常陳俎豆, 設禮容. 孔子母死, 乃殯五父之衢, 蓋其愼
　　也. 郰人輓父之母誨孔子父墓, 然後往合葬於防焉", 司馬遷, 〈孔子世家〉,
　　《史記》(번역은 정범진 외 옮김,《사기세가 하》, 까치, 1994, 417쪽).

26　"孔子要絰, 季氏饗士, 孔子與往. 陽虎絀曰, 季氏饗士, 非敢饗子也. 孔子
　　由是退", 司馬遷, 〈孔子世家〉,《史記》(번역은 정범진 외 옮김,《사기세가 하》,
　　까치, 1994, 418쪽).

27 "孔子貧且賤. 及長, 嘗爲季氏史, 料量平. 嘗爲司職吏而畜蕃息. 由是爲司空", 司馬遷, 〈孔子世家〉, 《史記》(번역은 정범진 외 옮김, 《사기세가 하》, 까치, 1994, 419~420쪽).

28 "已而去魯, 斥乎齊, 逐乎宋, 衛, 困於陳蔡之間, 於是反魯. 孔子長九尺有六寸, 人皆謂之長人而異之. 魯復善待, 由是反魯", 司馬遷, 〈孔子世家〉, 《史記》(번역은 정범진 외 옮김, 《사기세가 하》, 까치, 1994, 420쪽).

29 "孔子適鄭, 與弟子相失, 孔子獨立郭東門. 鄭人或謂子貢曰, 東門有人, 其顙似堯, 其項類皋陶, 其肩類子產, 然自要以下不及禹三寸, 纍纍若喪家之狗. 子貢以實告孔子, 孔子欣然笑曰, 形狀, 末也. 而謂似喪家之狗, 然哉. 然哉", 司馬遷, 〈孔子世家〉, 《史記》(번역은 정범진 외 옮김, 《사기세가 하》, 까치, 1994, 433~434쪽).

30 "孔子病, 子貢請見. 孔子方負杖逍遙於門, 曰, 賜, 汝來何其晚也. 孔子因歎, 歌曰, 太山壞乎, 梁柱摧乎, 哲人萎乎. 因以涕下. 謂子貢曰, 天下無道久矣, 莫能宗予. 夏人殯於東階, 周人於西階, 殷人兩柱閒. 昨暮予夢坐奠兩柱之間, 予始殷人也. 後七日卒. 孔子年七十三, 以魯哀公十六年四月己丑卒", 司馬遷, 〈孔子世家〉, 《史記》(번역은 정범진 외 옮김, 《사기세가 하》, 까치, 1994, 452~453쪽).

31 "太史公曰, 詩有之, 高山仰止, 景行行止. … 天下君王至於賢人眾矣, 當時則榮, 沒則已焉. 孔子布衣, 傳十餘世, 學者宗之. 自天子王侯, 中國言六藝者折中於夫子, 可謂至聖矣", 司馬遷, 〈孔子世家〉, 《史記》(번역은 정범진 외 옮김, 《사기세가 하》, 까치, 1994, 455쪽).

32 "養國子以道, 乃教之六藝. 一曰五禮, 二曰六樂, 三曰五射, 四曰五御, 五曰六書, 六曰九數", 〈保民〉, 《周禮》.

33 "吾少也賤, 故多能鄙事", 〈子罕〉, 《論語》(번역은 동양고전연구회 역주, 《논어》, 민음사, 2016, 187쪽).

34 캐서 폴릿의 시 〈밤 지하철〉 참조.

"어찌 크세르크세스를 생각하지 않을 수 있으랴/ 번쩍이는 갑옷으로 무장하고 창끝을 햇빛에 번득이는/ 수천의 병사를 열병하면서 백 년 후에는 이들 가운데/ 아무도 살아 있지 않으리라 생각하고 그는 울었다", 진은영, 《시시하다》, 예담, 2016, 110쪽에서 재인용.

35 얀 마텔 지음, 공경희 옮김, 《파이 이야기》, 작가정신, 2008, 375쪽.

36 '공문십철'은 《논어》 〈선진〉에서 '덕행'·'언어'·'정사'·'문학' 등에 뛰어난 제자로 꼽힌 사람을 말한다. "덕행에는 안연·민자건·염백우·중궁이 뛰어나고, 언어에는 재아·자공이 능하고, 정사에는 염유·계로가 밝았고, 문학에는 자유·자하가 능통했다(德行, 顏淵閔子騫冉伯牛仲弓. 言語, 宰我子貢. 政事, 冉有季路. 文學, 子游子夏)"(번역은 동양고전연구회 역주, 《논어》, 민음사, 2016, 225쪽).

37 "夫子聖者與? 何其多能也?", 〈子罕〉, 《論語》(번역은 동양고전연구회 역주, 《논어》, 민음사, 2016, 185~186쪽).

38 "固天縱之將聖, 又多能也", 〈子罕〉, 《論語》(번역은 동양고전연구회 역주, 《논어》, 민음사, 2016, 186쪽).

39 "子聞之曰 大宰知我乎! 吾少也賤, 故多能鄙事", 〈子罕〉, 《論語》(번역은 동양고전연구회 역주, 《논어》, 민음사, 2016, 186쪽).

40 "君子多乎哉? 不多也", 〈子罕〉, 《論語》(번역은 동양고전연구회 역주, 《논어》, 민음사, 2016, 186쪽).

41 "王何必曰利? 亦有仁義而已矣", 〈梁惠王·上〉, 《孟子》(번역은 박경환 옮김, 《맹자》, 홍익, 2023, 31쪽).

42 "北冥有魚, 其名爲鯤. 鯤之大, 不知其幾千里也. 化而爲鳥, 其名爲鵬. 鵬之背, 不知其幾千里也", 〈逍遙遊〉, 《莊子》.

43 "不憤不啓, 不悱不發. 擧一隅, 不以三隅反, 則不復也", 〈述而〉, 《論語》

(번역은 동양고전연구회 역주, 《논어》, 민음사, 2016, 45쪽).

44 "子曰 學而時習之, 不亦說乎? 有朋自遠方來, 不亦樂乎? 人不知而不慍, 不亦君子乎?", 〈學而〉, 《論語》(번역은 동양고전연구회 역주, 《논어》, 민음사, 2016, 23쪽).

45 "乃所願, 則學孔子也", 〈公孫丑上〉, 《孟子》(번역은 박경환 옮김, 《맹자》, 홍익, 2023, 100쪽).

46 "自行束脩以上, 吾未嘗無誨焉", 〈述而〉, 《論語》(번역은 동양고전연구회 역주, 《논어》, 민음사, 2016, 143쪽).

47 "옛날의 학자들은 자신을 충실히 하기 위해 공부했고, 오늘날의 학자들은 남에게 인정받기 위해 공부한다(子曰 古之學者爲己, 今之學者爲人)", 동양고전연구회 역주, 〈헌문〉, 《논어》, 민음사, 2016, 309쪽).

48 형병이 소개한 일설 참조. "옛날에 배우는 자들은 자기를 위하였으니, 이미 선왕의 도를 얻어 품은 미덕이 안으로 비추었다. 다른 사람이 보지 못하고 알지 못하여도 나는 노하지 않는다", 하안 주, 형병 소, 정태현 역주, 《역주 논어주소 1》, 전통문화연구회, 2012, 74쪽. 번역은 필자가 수정하였다.

***

epilogue

1 프리드리히 니체, 앞의 책, 2002, 108쪽.

2 "學而時習之, 不亦說乎? 有朋自遠方來, 不亦樂乎? 人不知而不慍, 不亦君子乎?", 〈學而〉, 《論語》(번역은 동양고전연구회 역주, 《논어》, 민음사, 2016, 23쪽).

3 루이스 하이드, 앞의 책, 2022, 151~152쪽.

4 루이스 하이드, 앞의 책, 2022, 187쪽.

5   마사 C. 누스바움 지음, 정영목 옮김,《인간성 수업》, 문학동네, 2018, 15
     쪽에서 재인용.

참고문헌

원전

《論語》

《孟子》

《詩經》

《莊子》

《春秋左傳》

賈誼,《新書》

劉寶楠,《論語正義》

班固,《漢書》

司馬遷,《史記》

尸校,《尸子》

朱熹,《論語集註》

―――,《論語或問》

―――,《孟子集註》

許愼,《說文解字》

원전 번역서

동양고전연구회 역주, 《논어》, 민음사, 2016

반고 지음, 이한우 옮김, 《완역 한서4: 지2》, 21세기북스, 2020

사마천 지음, 정범진 외 옮김, 《사기세가 하》, 까치, 1994

왕숙 지음, 임동석 역주, 《공자가어》, 동서문화사, 2009

이상옥 역주, 《예기》, 명문당, 2003

정상홍 옮김, 《시경》, 을유문화사, 2014

주희 지음, 박성규 역주, 《논어집주》, 소나무, 2011

단행본

김상봉, 《나르시스의 꿈》, 한길사, 2002

김성기, 《모더니티란 무엇인가》, 민음사, 2007

김수현, 《미적 교육론》, 현실문화, 2011

나탈리 골드버그 지음, 권경희 옮김, 《뼛속까지 내려가서 써라》, 한문화, 2008

롤랑 바르트 지음, 변광배 옮김, 《롤랑 바르트, 마지막 강의》, 민음사, 2015

루이스 하이드 지음, 전병근 옮김, 《선물》, 유유, 2022

리처드 세넷 지음, 김병화 옮김, 《투게더》, 현암사, 2013

마거릿 애트우드 지음, 이재경 옮김, 《타오르는 질문들》, 위즈덤하우스, 2022

마르틴 하이데거 지음, 이기상 옮김, 《존재와 시간》, 까치, 1998

마사 C. 누스바움 지음, 정영목 옮김, 《인간성 수업》, 문학동네, 2018

박은순 외, 《왜관수도원으로 돌아온 겸재정선화첩》, 사회평론아카데미, 2013

백낙청, 《서양의 개벽사상가 D. H. 로런스》, 창비, 2020

비스와바 쉼보르스카 지음, 최성은 옮김,《끝과 시작》, 문학과지성사, 2021

빅터 프랭클 지음, 이시형 옮김,《죽음의 수용소에서》, 청아출판사, 2005

빌헬름 딜타이 지음, 손승남 옮김,《고대 그리스와 로마의 교육》, 지만지,
   2012

샤를 보들레르 지음, 박기현 옮김,《현대 생활의 화가》, 인문서재, 2013

──────── ────, 윤영애 옮김,《악의 꽃》, 문학과지성사, 2021

──────────, 이건수 옮김,《벌거벗은 내 마음》, 문학과지성사, 2001

송희경,《동아시아의 아름다운 스승, 공자》, 서해문집, 2019

신정근,《사람다움이란 무엇인가》, 글항아리, 2011

안핑 친 지음, 김기협 옮김,《공자평전》, 돌베개, 2010

앙드레 지드 지음, 김화영 옮김,《지상의 양식》, 민음사, 2007

앵거스 그레이엄 지음, 김경희 옮김,《장자》, 이학사, 2014

앵거스 플레처 지음, 박미경 옮김,《우리는 지금 문학이 필요하다》, Being,
   2021

양자오 지음, 김택규 옮김,《시경을 읽다》, 유유, 2019

어빈 D. 얄롬 지음, 이혜성 옮김,《보다 냉정하게 보다 용기있게》,
   시네마프레스, 2008

올리비아 랭 지음, 김병화 옮김,《외로운 도시》, 어크로스, 2020

──────────, 정미나 옮김,《강으로》, 현암사, 2018

유선경,《문득 묻다 두 번째 이야기》, 지식너머, 2015

이-푸 투안 지음, 윤영오·김미선 옮김,《공간과 장소》, 사이, 2020

일레인 스캐리 지음, 이성민 옮김,《아름다움과 정의로움에 대하여》,
   도서출판b, 2019

임마누엘 칸트 지음, 백종현 옮김,《판단력비판》, 아카넷, 2009

자크 랑시에르 지음, 주형일 옮김,《미학 안의 불편함》, 인간사랑, 2008

재커리 심슨 지음, 김동규·윤동민 옮김,《예술로서의 삶》, 갈무리, 2016

존 듀이 지음, 이홍우 옮김,《민주주의와 교육》, 교육과학사, 2007

쥘 바르베 도르비이 지음, 고봉만 옮김, 이주은 그림·해설,《멋쟁이 남자들의
    이야기 댄디즘》, 이봄, 2014

진은영,《시시하다》, 예담, 2016

프랑수아 줄리앙 지음, 최애리 옮김,《무미예찬》, 산책자, 2010

프리드리히 니체 지음, 김정현 옮김,《선악의 저편 도덕의 계보》, 책세상,
    2002

_____, 백승영 옮김,《이 사람을 보라》, 책세상, 2002

_____, 안성찬·홍사현 옮김,《즐거운 학문》, 2005

_____, 정동호 옮김,《차라투스트라는 이렇게 말했다》,
    책세상, 2000

하랄트 바인리히 지음, 백설자 옮김,《망각의 강 레테》, 문학동네, 2004

하안 주, 형병 소, 정태현 옮김,《역주 논어주소》1~2, 전통문화연구회,
    2012~2014

何新 主編,《孔子聖迹圖》, 中國書店, 2012

Eske Møllaggard, *An introduction to Daoist thought: action, language, and
    ethics in Zhuangzi*, New York: Routledge, 2007

논문

고봉만,〈조지 브러멀과 댄디즘에 관하여〉,《프랑스문화예술연구》31, 2010

김경희, 《《논어》에 나타난 죽음 인식과 불멸성의 추구〉, 《공자학》 33, 2017

———, 《《논어》에 나타난 공자의 인문예술교육의 현대적 의의〉,
　　《문화예술교육연구》 17-6, 2022

송홍진, 《거울을 통해 본 보들레르의 작품세계》, 서울대학교 석사학위논문,
　　2013

정원석, 〈잊혀진 댄디를 찾아서〉, 《뷔히너와 현대문학》 45, 2015

조은라, 〈댄디즘의 철학적 접근〉, 《한국프랑스학논집》 90, 2015

한홍섭, 〈주희의 '음분시' 고찰〉, 《민족문화연구》 52, 2010

Amira Katz-Goehr, "'The (True) Meaning of Xing had been lost!' Words and
　　Poetry in the Analects of Confucius", *Monumenta Serica* 54, 2006

김경희

한국상담대학원대학교 철학상담 교수. 이화여자대학교 철학과를 졸업하고 같은 대학원에서 석사·박사학위를 받았다. 동·서양의 철학과 문학을 상담과 접목하는 인문상담을 연구하고 가르치고 있다.

지은 책으로 《문학, 내 마음의 무늬 읽기》(공저), 《덕의 귀환》(공저), 《동양철학 산책》(공저)이 있고, 옮긴 책으로 《도덕경의 철학》, 《장자: 사유의 보폭을 넓히는 새로운 장자 읽기》, 《장자, 영혼의 변화를 위한 철학》이 있으며, 논문으로는 〈《논어》에 나타난 공자의 인문예술교육의 현대적 의의〉, 〈한 교수의 문학상담 집단 프로그램 기획 및 진행 경험에 대한 예술기반 자문화기술지〉, 〈유교적 수치심의 관점에서 본 윤동주의 시 세계〉 등 다수가 있다.

진은영

조선대학교 문예창작학과 교수. 이화여자대학교 철학과를 졸업하고 같은 대학원에서 석사·박사학위를 받았다. 2000년 《문학과 사회》 봄호에 시를 발표하면서 등단하였다. 대산문학상·현대문학상·천상병 시문학상·백석문학상·형평문학상·이호철통일로문학상 특별상 등을 수상하였다.

시집 《일곱 개의 단어로 된 사전》, 《우리는 매일매일》, 《훔쳐가는 노래》, 《나는 오래된 거리처럼 너를 사랑하고》를 출간했고, 시집 이외에도 《나는 세계와 맞지 않지만》, 《천사들은 우리 옆집에 산다》, 《니체, 영원회귀와 차이의 철학》, 《칸트의 순수이성비판, 이성을 법정에 세우다》, 《문학의 아토포스》, 《문학, 내 마음의 무늬 읽기》(공저) 등의 책을 펴냈다.